Carnegie,Rede

Dale Carnegie

REDE

Die Macht des gesprochenen Wortes

Verlag Lebendiges Wort GmbH
Grünberg

Titel des Originals: The Quick and Easy Way to Effective Speaking
Aus dem Amerikanischen von Evamarie Hild und Ruth Müller
© 1962 by Dorothy Carnegie

1. Auflage 1970
2. Auflage 1972
3. Auflage 1974
4. Auflage 1976
5. Auflage 1978
6. Auflage 1979
7. Auflage 1981
8. Auflage 1983
9. Auflage 1985
10. Auflage 1986
11. Auflage 1987
Verlag Lebendiges Wort GmbH 1969
Gesamtherstellung:
St.-Johannis-Druckerei C. Schweickhardt, Lahr-Schwarzwald
Printed in Germany 23304/1987
ISBN 3 87470 340 1

EINFÜHRUNG

Dale Carnegie begann seinen ersten Redekurs 1912 für den CVJM (Christlicher Verein Junger Männer) in New York in der 125. Straße. In jenen Tagen wurde die öffentliche Rede mehr als Kunst denn als Fertigkeit angesehen. Das Ziel dieser Kunst war es, gewaltige Redner und eindrucksvolle Vortragskünstler heranzubilden. Der Durchschnittsmensch im Geschäft und Beruf, der nur das Verlangen hatte, sich mit größerer Leichtigkeit und Sicherheit auszudrücken, war nicht geneigt, Zeit oder Geld aufzuwenden, um Sprachmechanismen zu studieren, Stimmschulung zu betreiben und rhetorische Regeln und formale Gesten zu erlernen. Dale Carnegies Kurse für wirkungsvolles Sprechen hatten sofort Erfolg, weil sie diesem Durchschnittsmenschen die erwünschten Resultate vermittelten. Dale Carnegie ging an das öffentliche Reden nicht heran wie an eine verfeinerte Kunst, die ganz besondere Talente und Fähigkeiten erforderte, sondern wie an eine Fertigkeit, die jeder mit normaler Intelligenz begabte Mensch erwerben und nach seinem Willen entwickeln kann.
Heute gibt es Dale Carnegie Kurse in aller Welt. Tausende von Kursteilnehmern bezeugen überall die Wirksamkeit der Lehrmethode Dale Carnegies — Männer und Frauen aus den verschiedensten Lebensbereichen, die ihr Redevermögen wie auch ihre ganz persönlichen Fähigkeiten verbesserten.
Das Textbuch, *Public Speaking and Influencing Men in*

Business, das Carnegie für seine Kurse schrieb, hat über fünfzig Auflagen erfahren, es wurde in elf Sprachen übersetzt und mehrfach von Dale Carnegie überarbeitet, um mit seinem eigenen vermehrten Wissen, seinen neu gewonnenen Erfahrungen Schritt zu halten. Mehr Menschen benutzten dieses Buch jedes Jahr, als insgesamt in den größten Universitäten eingeschrieben waren.

Die vorliegende vierte Überarbeitung des Buches beruht auf den eigenen Notizen und Gedanken meines Mannes. Er selbst wählte den neuen Titel, ehe der Tod seine Arbeit beendete. Ich habe mich bemüht, mir seine Grundphilosophie stets vor Augen zu halten, daß wirkungsvolles Sprechen mehr ist, als vor einem Hörerkreis »ein paar Worte zu sagen«; es ist der Ausdruck des innersten Wesens eines Menschen. Alles Tätigsein und Handeln in unserem Leben ist in gewisser Weise Kommunikation — doch durch die Sprache hebt der Mensch sich deutlich von anderen Lebewesen ab. Er allein hat die Gabe verbaler Gedankenübermittlung, und durch die Art seiner Sprache hat er die unvergleichliche Möglichkeit, sein Ich, sein Inneres auszudrücken. Wenn er nicht fähig ist, klar zu sagen, was er meint — sei es wegen Nervosität, Schüchternheit oder Unklarheit der Gedanken —, so bleibt seine Persönlichkeit eingeengt und unverstanden.

In hohem Maße hängen Beruf, gesellschaftliche und persönliche Genugtuung von dem Vermögen eines Menschen ab, zu klarer Kommunikation mit seinen Mitmenschen zu kommen über das, was er ist, was er wünscht und woran er glaubt. Und gerade heute, in einer Atmosphäre internationaler Spannungen, Ängste und Unsicherheiten sind wir wie nie zuvor auf gute Möglichkeiten der Verständigung unter den Völkern angewiesen. Ich hoffe aufrichtig, daß *Rede — Die Macht des gesprochenen Wortes* in allen diesen Bemühungen Hilfe bieten wird. Das vorliegende Buch soll jenen helfen, die leichter und selbstsicherer ihre praktischen Ziele verfolgen wollen, als auch jenen, die danach streben, sich vollkommener auszudrücken, und dadurch eine reichere Erfüllung ihrer Persönlichkeit suchen.

Dorothy Carnegie

Teil 1

Grundsätzliches über wirkungsvolles Sprechen

Für jede Kunst gibt es einige wenige Grundsätze und mancherlei Techniken.
In dem ersten Teil dieses Buches erläutern wir die Grundvoraussetzungen für wirkungsvolles Sprechen und erklären, wie man diese Voraussetzungen erfüllt.
Wir sind Erwachsene, und daher wollen wir rasch und ohne viel Mühe lernen, wie man erfolgreich spricht. Es gibt nur einen einzigen Weg, der uns rasch zu Ergebnissen führt: die richtige Einstellung auf unser Ziel und eine feste Grundlage von Regeln, auf der wir arbeiten können.

Kapitel 1

Das Erwerben der Grundkenntnisse

1912, in dem Jahr, in dem die Titanic in den eisigen Wassern des Nordatlantik versank, begann ich, Kurse in freier Rede zu halten. (Seit damals haben weit über 2 Millionen Menschen derartige Kurse mit Erfolg besucht.)
Der ersten Sitzung der Dale-Carnegie-Kurse gehen Demonstrationsabende voraus. Bei dieser Gelegenheit berichten Menschen, weshalb sie überhaupt am Kurs teilnehmen und was sie dadurch erreichen wollen. Selbstverständlich drücken sie das unterschiedlich aus. Der zentrale Wunsch jedoch, das dringlichste Anliegen, ist in den weitaus meisten Berichten dasselbe: »Wenn man von mir verlangt, aufzustehen und zu sprechen, werde ich so befangen, so unsicher, daß ich nicht mehr klar denken, mich nicht mehr konzentrieren kann. Ja, ich kann mich nicht einmal mehr erinnern, was ich eigentlich sagen wollte. Ich möchte Selbstvertrauen und Sicherheit gewinnen und die Fähigkeit, klar zu formulieren, was ich denke. Ich möchte meine Gedanken logisch ordnen können und imstande sein, präzise und überzeugend im Geschäftsleben oder im privaten Kreis zu sprechen.«
Klingen diese Worte nicht vertraut? Hatten Sie nicht auch schon dieses Empfinden der Unzulänglichkeit? Würden

Sie nicht ein kleines Vermögen hingeben für die Fähigkeit, eindringlich und überzeugend in der Öffentlichkeit sprechen zu können? Ich bin sicher, das wäre es Ihnen wert! Allein die Tatsache, daß Sie dieses Buch aufgeschlagen haben, beweist, wie wichtig es Ihnen ist, wirkungsvoll zu reden.

Ich weiß, was Sie sagen wollen: »Aber, Herr Carnegie, glauben Sie tatsächlich, daß ich das Selbstvertrauen entwickeln könnte, mich vor eine Gruppe von Menschen zu stellen und zusammenhängend und fließend zu ihnen zu sprechen?« Fast mein ganzes Leben habe ich damit zugebracht, Menschen zu helfen, ihre Ängste zu überwinden und Mut und Selbstvertrauen zu gewinnen. Ich könnte viele Bücher schreiben über die »Wunder«, die in meinen Kursen geschehen sind. Deshalb handelt es sich gar nicht darum, was ich *denke*. Ich *weiß*, Sie können es, wenn Sie die Anweisungen und Ratschläge befolgen, die dieses Buch enthält.

Warum sollten Sie, wenn Sie vor einem Zuhörerkreis stehen, nicht genauso fähig sein zu denken, als wenn Sie irgendwo sitzen? Gibt es irgendeinen Grund, weshalb Ihre Knie schlottern sollten, wenn Sie aufstehen, um vor einer Gruppe zu sprechen? Sie vermögen sich wohl selbst klarzumachen, daß dieses Übel heilbar ist, daß Schulung und Übung Ihr Lampenfieber beseitigen und Ihnen Sicherheit und Selbstvertrauen schenken können.

Das vorliegende Buch wird Ihnen helfen, dieses Ziel zu erreichen. Es ist kein gewöhnliches Lesebuch. Es ist keine Ansammlung von Regeln der Sprechtechnik. Es handelt nicht von den physiologischen Voraussetzungen der Aussprache und Artikulierung. Es ist das Konzentrat eines ganzen Lebens, das der Schulung Erwachsener auf dem

Gebiet des erfolgreichen Sprechens gewidmet war. Es nimmt Sie, wie Sie sind — und von diesem Punkt aus führt es Sie auf ganz natürliche Weise zu dem, was Sie sein möchten. Sie haben dabei nichts weiter zu tun, als mitzuarbeiten, den Anweisungen dieses Buches zu folgen, sie bei jeder Gelegenheit und immer wieder anzuwenden.
Wollen Sie den größten Nutzen aus diesem Buche ziehen, wollen Sie dabei schnell und stetig vorankommen, so werden Ihnen die in diesem Kapitel erläuterten vier Leitsätze helfen.

MACHEN SIE SICH DIE ERFAHRUNGEN ANDERER ZUNUTZE

Nirgends auf der Welt gibt es so ein Fabelwesen wie den geborenen Redner. In jenen Tagen, als das Sprechen in der Öffentlichkeit als hohe Kunst galt, die die sorgfältige Befolgung rhetorischer Regeln und peinlich genaue Akzentuierung erforderte, wäre es sogar noch schwieriger gewesen, zum Redner geboren zu sein. Heute empfinden wir das Sprechen in der Öffentlichkeit als eine Art ausgeweiteter Unterhaltung. Für immer dahin ist der alte Redeschwulst und die Stentorstimme. Was wir heute gerne hören — sei es bei Festessen oder im Gottesdienst, bei Vorträgen im Fernsehen oder im Radio — ist ein schlichtes Wort, aus klarer Empfindung entsprungen und vorgetragen als Gespräch *mit* uns — nicht als Rede *an* uns.
Was auch immer viele Schulbücher uns glauben machen wollen, Sprechen in der Öffentlichkeit ist keine Geheim-

wissenschaft, die man erst nach Jahren der Stimmschulung und Kämpfen mit den Mysterien der Rhetorik meistern kann. In meiner Laufbahn habe ich in allererster Linie den Menschen bewiesen, daß es *leicht* ist, öffentlich zu sprechen, wenn sie nur ein paar einfache, aber wichtige Regeln beherzigen. Als ich 1912 im New Yorker CVJM zu unterrichten begann, wußte ich das ebensowenig wie meine ersten Schüler. Jene ersten Kurse lehrte ich etwa in der gleichen Art, wie man mich auf dem College in Warrensburg, Missouri, gelehrt hatte. Doch bald entdeckte ich, daß ich auf dem Holzweg war: Ich versuchte, erwachsene Geschäftsleute zu unterrichten, als seien sie Schüler einer Oberklasse. Ich erkannte, wie nutzlos es war, Webster, Burke, Pitt und O'Connell als Beispiele anzusehen und nachzuahmen. Was die Schüler meiner Kurse sich wünschten war, genug Mut zu erlangen, um aufrecht dazustehen und bei der nächsten geschäftlichen Besprechung einen klaren, zusammenhängenden Bericht zu geben. Es hat nicht lange gedauert, bis ich die Lehrbücher aus dem Fenster warf, mich ans Rednerpult stellte und ein paar einfache Ideen mit diesen Leuten durcharbeitete, bis sie ihre Berichte überzeugender vortragen konnten. Das glückte, weil sie unermüdlich mitmachten.

Ich wollte, Sie könnten die zahllosen Briefe und Dankschreiben in meinem Haus oder in den Büros meiner Mitarbeiter in vielen Teilen der Welt überfliegen. Sie wurden geschrieben von Industriekapitänen, deren Namen häufig im Wirtschaftsteil der *New York Times* und des *Wall Street Journal* erscheinen, von Staatsgouverneuren und Parlamentsmitgliedern, von College-Präsidenten und Berühmtheiten aus der Welt der Bühne. Tausende gibt es — von Hausfrauen und Beamten, von Lehrern und jungen

Männern und Frauen, deren Namen man kaum kennt, von einfachen und von leitenden Angestellten, gelernten und ungelernten Arbeitern, Gewerkschaftlern, Studenten und Geschäftsfrauen. Alle diese Menschen hatten das Verlangen, ihre Hemmungen zu überwinden und zu lernen, sich in der Öffentlichkeit gut auszudrücken. Weil sie so dankbar waren, daß sie diese beiden Ziele erreichten, machten sie sich die Mühe, mir diese Briefe zu schreiben.
Wenn ich an die Tausende denke, die ich unterrichtet habe, dann kommt mir ein Erlebnis in Erinnerung, das seinerzeit einen ungeheuren Eindruck auf mich machte. Vor einigen Jahren, kurz nach seinem Eintritt in den Kursus, lud mich D. W. Ghent, ein erfolgreicher Geschäftsmann aus Philadelphia, zum Essen ein. Er lehnte sich über den Tisch und sagte: »Ich bin jeder Gelegenheit aus dem Wege gegangen, bei den verschiedensten Versammlungen zu sprechen, Herr Carnegie, und es gab eine Fülle derartiger Gelegenheiten. Doch nun bin ich Vorsitzender eines Schulaufsichtsrates und muß bei den Sitzungen präsidieren. Glauben Sie, daß ich noch lernen kann zu sprechen — so alt, wie ich jetzt bin?«
Aufgrund der Erfahrungen mit Männern in ähnlichen Stellungen, die Mitglieder meiner Kurse gewesen waren, versicherte ich ihm, daß ich keinerlei Zweifel hegte, daß er das erreichen würde.
Etwa drei Jahre später aßen wir wieder zusammen; wir saßen im gleichen Speisezimmer, ja, am gleichen Tisch wie seinerzeit. Ich erinnerte ihn an unsere damalige Unterhaltung und fragte ihn, ob ich mit meiner Vorhersage recht gehabt habe. Er lächelte, zog ein kleines rotes Notizbuch aus der Tasche und zeigte mir eine Terminliste von Vorträgen, die er im Laufe der kommenden Monate zu

halten hatte. »Die Fähigkeit, diese Reden zu halten«, bekannte er, »die Befriedigung, die es mir verschafft, dazu noch der Dienst, den ich dadurch leisten kann — das gehört zu den größten Freuden meines Lebens.«
Doch das war noch nicht alles. Mit berechtigtem Stolz spielte Ghent sein As aus. Seine Kirchengemeinde hatte den Premierminister von England eingeladen, auf einer Versammlung in Philadelphia zu sprechen. Und die Einführung dieses Staatsmannes auf einer seiner wenigen Vortragsreisen nach Amerika war keinem anderen übertragen worden als D. W. Ghent. Das war der Mann, der sich vor knapp drei Jahren über eben jenen Tisch gelehnt und mich gefragt hatte, ob ich glaube, daß er je fähig sein würde, in der Öffentlichkeit zu sprechen!
Hier ein anderes Beispiel. Der verstorbene David M. Goodrich, Vorstandsvorsitzer der B. F. Goodrich Gesellschaft, kam eines Tages in mein Büro. »Mein ganzes Leben lang«, sagte er, »habe ich nie eine Rede halten können, ohne daß mir heiß und kalt geworden wäre. Als Vorsitzer muß ich bei unseren Sitzungen präsidieren. Mit allen unseren Vorstandsmitgliedern bin ich seit Jahren befreundet, und es macht mir keine Mühe, zu ihnen zu sprechen, wenn wir um einen Tisch herumsitzen. Aber sowie ich aufstehe, um zu sprechen, bin ich wie erstarrt. Ich kann kaum ein Wort herausbringen. Und so ist das seit Jahren. Ich kann nicht glauben, daß Sie mir helfen können. Mein Problem ist zu schwerwiegend. Und es besteht schon zu lange.«
»Tja«, sagte ich, »wenn Sie meinen, daß ich Ihnen doch nicht helfen kann, weshalb haben Sie mich dann aufgesucht?«
»Nur aus einem einzigen Grunde«, antwortete er. »Ich

habe einen Buchhalter, der meine persönlichen Geschäfte erledigt. Das ist ein schüchterner Bursche. Wenn er in sein Büro will, muß er durch meinen Raum hindurchgehen. Jahrelang ist er durch mein Büro geschlichen, den Blick auf dem Boden, und hat kaum einen Laut von sich gegeben. Aber in letzter Zeit ist er wie verwandelt. Jetzt kommt er herein mit freier Stirn, mit klarem Blick und sagt mit Sicherheit und Lebhaftigkeit: ›Guten Morgen, Herr Goodrich.‹ Ich war ganz überrascht von dieser Veränderung. So fragte ich ihn: ›Was ist denn mit Ihnen passiert?‹ Da berichtete er mir, daß er an einem Ihrer Kurse teilnähme. Und nur weil ich die Verwandlung dieses kleinen, ängstlichen Mannes miterlebt habe, bin ich gekommen, um Sie zu sprechen.« Ich erklärte Herrn Goodrich, wenn er regelmäßig am Kurs teilnähme und die gegebenen Anordnungen befolge, könne er in wenigen Wochen mit Vergnügen vor einer Zuhörerschaft sprechen.
»Wenn Sie das bei mir erreichen«, erwiderte er, »werde ich einer der glücklichsten Menschen im Lande sein.«
Er absolvierte den Kursus, machte gewaltige Fortschritte, und drei Monate später schlug ich ihm vor, im Ballsaal des Hotels Astor vor dreitausend Menschen über das zu sprechen, was er durch den Kursus erreicht habe. Er bedauerte, daß er nicht kommen könne — er hatte eine früher getroffene Verabredung. Am nächsten Tag rief er mich an. »Ich möchte mich entschuldigen«, sagte er. »Ich habe die andere Verabredung verschoben. Ich werde kommen und sprechen. Das schulde ich Ihnen. Ich werde diesen Menschen sagen, was ich durch den Kursus gewonnen habe, in der Hoffnung, daß meine Geschichte einige der Zuhörer anspornen wird, sich von den Ängsten zu befreien, die ihr Leben verheeren.«

Ich bat ihn, nur zwei Minuten zu sprechen. Doch er sprach elf Minuten zu dreitausend Menschen.
Tausende von ähnlichen erstaunlichen Veränderungen habe ich in meinen Kursen miterlebt. Männer und Frauen habe ich gesehen, deren ganzes Leben verändert wurde durch dieses Training. Viele von ihnen erreichten Beförderungen, weit über ihre kühnsten Träume hinaus, oder erlangten führende Stellungen in Geschäft, Beruf und Gemeinde. Manchmal wurde das durch eine einzige Rede bewirkt, die im rechten Augenblick gehalten wurde. Lassen Sie mich die Geschichte von Mario Lazo berichten.
Es ist Jahre her, da bekam ich ein Telegramm aus Cuba, das mich sehr überraschte. Es lautete: »Erhalte ich keine telegrafische Absage, so komme ich nach New York, um die Vortragskunst zu lernen.« Unterschrift: Mario Lazo. Wer war das? Ich wußte es nicht. Ich hatte nie zuvor von ihm gehört.
Als Lazo in New York ankam, berichtete er: »Der Havanna Country Club will den fünfzigsten Geburtstag seines Gründers festlich begehen. Und ich bin ausgewählt worden, ihm eine Ehrengabe zu überreichen und die Festrede des Abends zu halten. Obgleich ich Anwalt bin, habe ich nie in meinem Leben eine öffentliche Rede gehalten. Ich bin entsetzt bei dem Gedanken, sprechen zu müssen. Versage ich, so wird das für meine Frau und mich gesellschaftlich äußerst peinlich sein. Darüber hinaus kann es mir beruflich sehr schaden. Darum bin ich den ganzen Weg aus Cuba hergekommen, um Sie um Hilfe zu bitten. Ich kann nur drei Wochen bleiben.« Während dieser drei Wochen veranlaßte ich Mario Lazo, von einem Kurs zum anderen zu gehen und drei- oder viermal an einem Abend zu sprechen. Drei Wochen später sprach er zu der Fest-

versammlung im Havanna Country Club. Seine Ansprache war so hervorragend, daß in der Zeitschrift *Time* unter *Auslandsnachrichten* darüber berichtet und Mario Lazo als ein »Redner mit Silberzunge« bezeichnet wurde. Das klingt wie ein Wunder, nicht wahr? Es *ist* ein Wunder — ein Wunder der Überwindung von Furcht im zwanzigsten Jahrhundert.

BEHALTEN SIE IHR ZIEL IM AUGE

Als Herr Ghent davon sprach, welches Vergnügen ihm die neuerworbene Fähigkeit des Sprechens in der Öffentlichkeit bereitete, berührte er damit einen Punkt, der, wie ich glaube, mehr als irgendein anderer zu seinem Erfolg beitrug. Zwar ist es richtig, daß er die Anweisungen befolgte und gewissenhaft seine Aufgaben erledigte. Doch ich bin sicher, daß er diese Dinge tat, weil er sie tun wollte; und er wollte sie tun, weil er sich als erfolgreichen Redner sah. Er projizierte sein Bild in die Zukunft - und dann arbeitete er daran, dieses Zukunftsbild zu verwirklichen. Genau das ist es, was auch Sie tun müssen. Stellen Sie sich einmal deutlich vor, was Selbstvertrauen und die Fähigkeit, wirkungsvoller sprechen zu können, für Sie bedeuten werden. Überlegen Sie, was das gesellschaftlich ausmachen kann, wieviel Freunde Sie gewinnen werden, wie es Ihre Möglichkeiten steigern wird, Dienste zu leisten in Ihrer Gemeinde, Ihrer gesellschaftlichen oder kirchlichen Gruppe, wie Ihr Einfluß in Ihrem Beruf wachsen wird. In einem Artikel über *Rede und Management im Geschäftsleben* schrieb S. C. Allyn, Vorstandsvorsitzender der

National Cash Register Gesellschaft und Vorsitzer der UNESCO, im *Quarterly Journal of Speech:* »In der Geschichte unseres Geschäftes haben zahlreiche Männer Beachtung gefunden durch das, was sie auf dem Rednerpult leisteten. Vor einer ganzen Reihe von Jahren hielt ein junger Mann, damals Leiter einer kleinen Niederlassung in Kansas, eine recht bemerkenswerte Rede — und heute ist er Vizepräsident der Verkaufsabteilung.« Mir ist bekannt, daß dieser Vizepräsident heute Präsident der National Cash Register Gesellschaft ist.

Niemand kann vorhersagen, wie weit die Fähigkeit, frei sprechen zu können, Sie eines Tages führen wird. Einer unserer Kursteilnehmer, Henry Blackstone, Präsident der Servo Corporation of America, sagt: »Männer, die bei uns Führungspositionen erhalten wollen, müssen sich klar ausdrücken, effektvoll verhandeln können und fähig sein, andere zur Mitarbeit zu gewinnen.« Überlegen Sie einmal, welche Befriedigung und welches Vergnügen es für Sie bedeuten wird, wenn Sie mit Selbstvertrauen und Zuversicht Ihre Gedanken und Gefühle an Ihre Zuhörer weitergeben können. Ich habe die ganze Welt bereist, doch ich kenne wenig Dinge, die größeres Vergnügen bereiten als die gebannte Aufmerksamkeit einer Gruppe von Zuhörern. Menschen durch das gesprochene Wort zu fesseln, gibt ein Gefühl der Stärke, der Macht. »Zwei Minuten, ehe ich beginne«, sagte einer meiner Kursteilnehmer, »würde ich mich lieber auspeitschen lassen als anzufangen. Aber zwei Minuten vor Ende meiner Rede möchte ich mich lieber erschießen lassen als aufzuhören.«

Führen Sie sich jetzt einmal vor Augen, wie es wäre, wenn Sie aufgerufen würden, eine Rede zu halten. Sehen Sie sich selbst, wie Sie mit Zuversicht vortreten. Hören

Sie, wie die Geräusche verstummen, wenn Sie beginnen. Fühlen Sie das aufmerksame Mitgehen Ihrer Zuhörer, während Sie Ihre Rede weiter und weiter entwickeln. Empfinden Sie die Herzlichkeit des Beifalls, wenn Sie geendet haben. Vernehmen Sie die Worte der Anerkennung und des Dankes einzelner Zuhörer bei Beendigung der Veranstaltung. Glauben Sie mir, hierin liegt ein eigener Zauber, ein Entzücken, das Sie nie vergessen werden.
William James, der bedeutendste Professor für Psychologie an der Harvard-Universität, schrieb sechs Sätze, die das Sesam-öffne-dich zur Schatzkammer des Erfolgs sind: »Bei fast allem, *was* du tust, kommt es darauf an, *wie* du es tust. Ist dir das Ergebnis wichtig genug, so wirst du es gewiß erreichen. Wünschst du, ein guter Mensch zu sein — so wirst du auch einer werden. Wünschst du, reich zu werden — so wirst du reich werden. Wünschst du, klug zu werden — so wirst du klug werden. Nur mußt du diese Dinge wirklich wollen — mit Ausschließlichkeit wünschen — und nicht hundert andere damit unvereinbare Dinge genauso stark herbeisehnen.«
Wenn Sie lernen, erfolgreich vor Gruppen zu sprechen, bringt Ihnen das noch andere Vorteile, als nur das Vermögen, eine wirksame öffentliche Rede zu halten. Es ist tatsächlich so: Haben Sie noch nie in Ihrem Leben eine gute öffentliche Rede gehalten, so werden Sie nun durch dieses Training vielfältige Gaben empfangen. Vor allem ist die Übung im öffentlichen Reden der sicherste Weg zu größerem Selbstvertrauen. Haben Sie erst einmal erfahren, daß Sie es fertigbringen, aufzustehen und vernünftig zu einer Gruppe zu sprechen, so ist es logisch, daß Sie mit noch größerer Sicherheit, noch stärkerem Selbstvertrauen auch zu einzelnen Menschen sprechen können.

Viele Männer und Frauen haben meine Kurse für wirkungsvolles Sprechen in erster Linie besucht, weil sie im größeren Kreis schüchtern und unsicher waren. Als sie feststellten, daß sie imstande waren, vor ihren »Mitschülern« frei zu sprechen, ohne daß der Himmel einstürzte, wurde ihnen klar, wie lächerlich Befangenheit ist. Nun beeindruckten sie durch ihre neugewonnene Haltung auch andere: Familienmitglieder, Freunde, Kollegen, Kunden und Klienten. Viele Absolventen unserer Kurse wurden, so wie Goodrich, durch den bemerkenswerten Persönlichkeitswandel von Menschen in ihrer Umgebung dazu veranlaßt, am Kursus teilzunehmen.
Diese Schulung hat auch Einfluß auf Ihre Persönlichkeit in einer Weise, die nicht ganz so offensichtlich ist. Vor nicht allzu langer Zeit fragte ich den Chirurgen Dr. David Allmann aus Atlantic City, ehemaliger Präsident der American Medical Association, worin seiner Meinung nach die Auswirkung des Trainings im öffentlich Sprechen hinsichtlich der geistigen und körperlichen Gesundheit bestünde. Er lächelte und erwiderte, diese Frage könne er am besten beantworten mit einem »Rezept, das keine Apotheke herstellen kann. Das Mittel kann nur der einzelne finden — und wenn er meint, er könne es nicht, so irrt er sich.«
Ich habe die Verordnung vor mir liegen. Jedesmal, wenn ich sie lese, bin ich von neuem beeindruckt. Hier ist sie, gerade so, wie Dr. Allmann sie niederschrieb:

Tun Sie alles in Ihrer Macht Stehende, daß andere Ihnen in Herz und Gedanken sehen können. Lernen Sie, Ihre Gedanken und Ideen anderen klarzumachen — einzelnen Menschen, ganzen Gruppen, der Öffentlichkeit. Je besser Sie das lernen,

desto stärker werden Sie, wird Ihr eigentliches Selbst andere beeindrucken und beeinflussen, in einer Weise, wie Sie es nie zuvor vermochten.
Eine doppelte Ernte wird die Befolgung dieser Verordnung Ihnen einbringen. Ihr Selbstvertrauen festigt sich, während Sie lernen, zu anderen zu sprechen, und Ihre ganze Persönlichkeit wird reicher und reifer. Das bedeutet eine bessere Beherrschung Ihres Gefühlslebens, was wiederum ein größeres körperliches Wohlbefinden zur Folge hat. Heute ist es jedem gestattet, in der Öffentlichkeit zu sprechen — Mann und Frau, jung und alt. Aus eigener Erfahrung kann ich nichts über die Vorteile sagen, die das in Geschäft und Industrie bringt; ich habe nur gehört, daß sie enorm sind. Doch kann ich die Vorteile bezüglich der Gesundheit sehr wohl beurteilen. Sprechen Sie, so oft Sie können, zu wenigen oder zu vielen Menschen. Sie werden diese Kunst immer besser lernen, so wie ich es selbst erlebt habe. Sie werden dadurch eine Schwungkraft des Geistes erlangen, das Empfinden, eine ganze, abgerundete Persönlichkeit zu sein, wie Sie es nie zuvor gekannt haben. Das ist eine herrliche Erfahrung, die Ihnen keine Pille der Welt verschaffen kann.

Der zweite Leitsatz heißt also: Stellen Sie sich ganz lebhaft vor, wie Sie einmal erfolgreich das tun werden, wovor Sie sich jetzt noch fürchten, und denken Sie an den Gewinn und die Möglichkeiten, die Ihnen die Kunst der öffentlichen Rede einbringen werden. Denken Sie an die Worte von William James: »Ist Dir ein Ziel groß und wichtig genug, so wirst Du es bestimmt erreichen.«

RICHTEN SIE IHREN WILLEN AUF DEN ERFOLG

Innerhalb eines Radioprogramms wurde ich einmal aufgefordert, in drei Sätzen zu sagen, welches die für mich bedeutungsvollste Lehre gewesen sei. Meine Antwort war folgende: »Das Wertvollste, was ich je lernte, ist, wie ungeheuer wichtig das ist, was wir denken. Wenn ich wüßte, was Sie denken, wüßte ich, was Sie sind, denn Ihre Gedanken machen Sie zu dem, was Sie sind. Durch die Veränderung unserer Gedanken vermögen wir unser Leben zu verändern.«

Sie haben Ihre Bemühungen auf das Ziel größerer Selbstsicherheit und besserer Kommunikation gerichtet. Nun, so denken Sie von heute an nicht mehr negativ, sondern nur in positiver Weise über den Erfolg Ihrer Anstrengungen in dieser Richtung nach. Sie sollen einen zuversichtlichen Optimismus hinsichtlich der Vervollkommnung Ihrer Redekunst entwickeln. Hinter jedem Wort, hinter jeder Tat, die Sie der Entwicklung dieser Fähigkeit widmen, muß Ihre ganze Entschlußkraft stehen. Lassen Sie mich Ihnen eine Geschichte berichten, die beweist, wie wichtig eine solche Zielsetzung für jeden ist, der lernen will, seine Anliegen deutlich und eindrucksvoll vorzubringen. Der Mann, von dem ich erzählen will, ist auf der Erfolgsleiter so weit nach oben gestiegen, daß er in der Geschäftswelt zur legendären Gestalt geworden ist. Als er im College zum erstenmal eine Rede halten sollte, versagte ihm die Stimme. Er kam nicht über die Mitte seines ihm aufgegebenen Fünf-Minuten-Vortrags hinaus. Er wurde weiß im Gesicht, brach in Tränen aus und verließ schnellstens das Rednerpult. Der Mann, der als junger

Student diese bittere Erfahrung machte, ließ sich von diesem Mißgeschick nicht entmutigen. Er beschloß, ein guter Redner zu werden, und hat sich in diesem Entschluß nicht beirren lassen, bis er ein in der ganzen Welt anerkannter Wirtschaftsberater der Regierung geworden ist. Sein Name ist Clarence B. Randall. In einem seiner inhaltsreichen Bücher, *Freedom's Faith*, schreibt er über das Reden in der Öffentlichkeit: »Ich habe in meinem Leben bei zahllosen Anlässen das Wort ergreifen müssen, bei Zusammenkünften und Festessen, bei Versammlungen von Fabrikanten, von Handelskammern, Rotary-Clubs, Gründungsversammlungen, Altherrenorganisationen und allen möglichen anderen Gelegenheiten. Eine patriotische Ansprache in Escanaba, Michigan, hat mich in den Ersten Weltkrieg hineingebracht. Über Wohltätigkeit habe ich mit Mickey Rooney zusammen Vorträge gehalten und über Erziehung mit James Bryant Conant, Präsident der Harvard Universität, und mit Robert M. Hutchins, Rektor der Universität Chicago. Ja, ich habe sogar nach einem Essen eine Rede in sehr schlechtem Französisch gehalten. Ich glaube, ich weiß einiges darüber, was ein Publikum sich gerne anhört und wie das Gesagte dargeboten werden sollte. *Und auf diesem Gebiet gibt es einfach nichts, was ein Mann von Verstand und Verantwortungsbewußtsein nicht lernen könnte, wenn er es wirklich will.*«

Ich gebe Herrn Randall recht. Der Wille, ans Ziel zu gelangen, muß Ihren Fortschritt wesentlich mitbestimmen. Könnte ich in Ihren Geist hineinblicken und mich von der Intensität Ihres Wollens, der Kraft Ihrer Gedanken überzeugen, so könnte ich Ihnen mit großer Wahrscheinlichkeit sagen, wie rasch Sie an das Ziel gelangen werden, Ihre Gedanken wirksam an den Mann zu bringen.

In einem meiner Kurse im Mittelwesten stand am ersten Abend ein Mann auf und sagte ohne Scheu, daß er als Architekt sich nicht eher zufrieden geben werde, bis er Sprecher der Architektenvereinigung American Home Builders' Association geworden sei. Nichts wünschte er sehnlicher, als landauf und landab jedermann, mit dem er zu tun hatte, die Probleme und Leistungen seines Faches erläutern zu können. Joe Haverstick war es ernst mit dem, was er sagte. Er war einer der Kursteilnehmer, die das Entzücken jedes Lehrers sind: Er stand voll zu seinem Wort. Er wollte nicht nur über lokale Angelegenheiten reden können, sondern ebenso gut über nationale; dieses Ziel strebte er mit ganzem Herzen an. Er bereitete seine Reden sorgfältig vor, übte sie gewissenhaft und fehlte bei keiner einzigen Sitzung, obwohl es für Männer seines Berufes die arbeitsreichste Jahreszeit war. Es geschah, was derartigen Kursteilnehmern immer wieder geschieht: Er entwickelte seine natürlichen Fähigkeiten in einem Ausmaß, das ihn überraschte. In zwei Monaten war er ein hervorragendes Mitglied seines Kurses geworden und wurde zum Vorsitzenden gewählt.
Etwa ein Jahr später war der Leiter jenes Kurses in Norfolk, Virginia. Er schrieb von dort folgendes: »Ich dachte gar nicht mehr an Joe Haverstick aus Ohio, als ich neulich morgens beim Frühstück die hiesige Zeitung *Virginia Pilot* aufschlug. Da bemerkte ich ein Bild von Joe Haverstick und einen ausführlichen Artikel über ihn. Am Vorabend hatte er auf einer großen Tagung von Städteplanern gesprochen — und ich erfuhr, daß Joe nicht nur Sprecher der National Home Builders' Association geworden war, sondern ihr Präsident.«
Sollen Ihre Bemühungen in dieser Richtung von Erfolg

gekrönt sein, so brauchen Sie Eigenschaften, die zu den Voraussetzungen jedes lohnenden Unternehmens gehören: den Wunsch, der zum Willen wird, Beharrlichkeit, die Berge überwindet, und Unerschütterlichkeit des Glaubens an den Erfolg.

Was tat Julius Cäsar, um den Erfolg seiner Armee zu sichern, als er, aus Gallien kommend, den Ärmelkanal überquerte und mit seinen Legionen an der Küste des heutigen England landete? Etwas sehr Kluges: Er versammelte seine Soldaten auf den Kalkfelsen von Dover, und da sahen sie, wie auf den Wellen 60 Meter unter ihnen Feuer jedes einzelne ihrer Schiffe verzehrte. Nun waren sie in Feindesland, vernichtet war das letzte Verbindungsglied zum Kontinent, die letzte Rückzugsmöglichkeit war verbrannt. Es blieb ihnen nur eine Möglichkeit: zu siegen, zu erobern. Und genau das taten sie.

Das war die Geisteshaltung Cäsars: Warum machen nicht auch Sie sich diese Haltung zu eigen und besiegen Ihre Ängste vor größeren Hörerkreisen? Werfen Sie jedes Stückchen negativen Denkens ins brennende Feuer und schneiden Sie sich entschlossen den Rückweg in die Unentschlossenheit der Vergangenheit ab!

NUTZEN SIE JEDE GELEGENHEIT ZUR ÜBUNG

Der Lehrgang, wie ich ihn vor dem Ersten Weltkrieg im New Yorker CVJM abhielt, hat sich seither fast bis zur Unkenntlichkeit verändert. Jedes Jahr wurden neue Ideen in den Sitzungen verarbeitet und alte wurden entfernt.

Aber ein Merkmal des Kursus bleibt unverändert. Jeder Kursteilnehmer muß einmal, in den weitaus meisten Fällen sogar zweimal bei jeder Sitzung eine Rede vor den anderen Teilnehmern halten. Warum? Weil kein Mensch lernen kann, öffentlich zu sprechen, wenn er nicht öffentlich spricht — so wenig wie irgend jemand das Schwimmen lernen kann, wenn er sich nicht ins Wasser wagt. Wenn Sie jedes einzelne Buch, das je über öffentliches Reden geschrieben worden ist, lesen würden — dieses hier inbegriffen —, so würden Sie dadurch allein doch noch nicht sprechen können. Dieses Buch ist ein echter Wegweiser. Aber Sie müssen seine Anweisungen praktisch anwenden.

Als George Bernard Shaw gefragt wurde, wie er gelernt habe, so unwiderstehlich in der Öffentlichkeit zu sprechen, antwortete er: »Ich habe es auf die gleiche Weise gelernt, wie ich das Schlittschuhlaufen erlernt habe — indem ich mich mit Ausdauer zum Narren machte, bis ich es konnte.« Als Jugendlicher war Shaw einer der schüchternsten Menschen in ganz London. Oft ging er zwanzig Minuten oder länger am Themseufer entlang, ehe er es wagte, an eine Tür zu klopfen. »Nur wenige Menschen«, bekannte er, »haben durch bloße Feigheit mehr gelitten oder haben sich deswegen schrecklicher geschämt als ich.« Endlich aber traf er auf die beste, schnellste und sicherste Methode, die je ersonnen wurde, um Schüchternheit, Feigheit und Furcht zu besiegen. Er beschloß, seine größte Schwäche zu seinem stärksten Kapital zu machen. Er trat einem Debattierclub bei. Er suchte jede Versammlung in London auf, bei der eine Aussprache zu erwarten war, und jedesmal stand er auf und bat ums Wort. Von ganzem Herzen nahm er sich der Sache des Sozialismus an, und indem er sich aufmachte und für diese Sache sprach, verwandelte Shaw sich in einen der überzeugendsten und brillantesten Redner unseres Jahrhunderts.

Überall finden sich Gelegenheiten zum Sprechen. Suchen Sie nach Beschäftigungen, die Ihren rednerischen Einsatz fordern. Stehen Sie auf und setzen Sie sich durch bei öffentlichen Versammlungen — und sei es, um einen Antrag zu unterstützen. Setzen Sie sich nicht auf die hinterste Bank. Sprechen Sie freiweg. Unterrichten Sie in einer Sonntagsschule. Werden Sie Führer einer Jugendgruppe. Treten Sie irgendeiner Vereinigung bei, durch die Sie Gelegenheit bekommen, aktiv an Versammlungen teilzunehmen. Sie brauchen nur die Augen aufzumachen, so werden Sie Gelegenheiten zum freien Sprechen in Geschäft oder Gemeinde, in der Politik, in Ihrem Beruf oder in Ihrer Nachbarschaft finden. Nie werden Sie erfahren, was für Fortschritte Sie machen können, wenn Sie nicht sprechen, sprechen und immer wieder sprechen.

»Das alles weiß ich wohl«, sagte ein junger Geschäftsmann einst zu mir, »aber ich scheue mich vor der Plackerei des Lernens.«

»Plackerei!« entgegnete ich, »löschen Sie diese Vorstellung aus Ihren Gedanken. Sie haben das Lernen nie im richtigen Geist angesehen!«

»Welcher Geist soll das sein?« fragte er.

»Der Geist des Abenteuers«, erwiderte ich, und ich erzählte ihm einiges über den Weg zum Erfolg durch öffentliches Sprechen und die Entwicklung, die Bereicherung der eigenen Persönlichkeit.

»Ich will es versuchen«, sagte er schließlich. »Ich will mich in dieses Abenteuer stürzen.«

Wenn Sie dieses Buch weiterlesen, wenn Sie seine Vorschläge in die Praxis umsetzen, werden auch Sie sich in dieses Abenteuer stürzen. Sie werden erkennen, daß es ein Abenteuer ist, in dem Ihre Selbstdisziplin und Ihre Vorstellungskraft Sie tragen werden. Sie werden erkennen, daß es ein Abenteuer ist, das Sie verwandeln wird, innerlich und äußerlich.

Kapitel 2

Selbstvertrauen entwickeln

»Es ist fünf Jahre her, Herr Carnegie, da kam ich zu dem Hotel, in dem Sie einen Ihrer Demonstrationsabende abhielten. Ich trat an die Eingangstür heran — und dann blieb ich stehen. Ich wußte ja, wenn ich diesen Raum betreten und mich zum Kurs einschreiben würde, so müßte ich früher oder später eine Rede halten. Meine Hand am Türgriff erstarrte. Ich kehrte um und verließ das Hotel. — Hätte ich doch damals schon gewußt, wie leicht Sie es einem machen, diese Angst zu überwinden, diese lähmende Angst vor einem Publikum, dann hätte ich nicht diese letzten fünf Jahre vergeudet.«
Der Mann, der diese bewegenden Worte sprach, äußerte sie nicht am Wohnzimmertisch. Er richtete seine Worte an einen Hörerkreis von gut zweihundert Menschen. Es handelte sich um die Abschlußsitzung eines meiner Kurse in New York. Bei seiner Rede beeindruckten mich insbesondere seine Haltung und Sicherheit. Hier ist ein Mann, so ging es mir durch den Kopf, dessen berufliche Fähigkeiten ganz außerordentlich verstärkt werden durch seine neuerworbene Ausdrucksfähigkeit und sein Selbstvertrauen. Als sein Lehrer war ich begeistert zu sehen, daß er seiner Furcht den Todesstoß versetzt hatte. Und ich mußte denken: Wieviel erfolgreicher und — was ja viel

mehr bedeutet! — wieviel glücklicher hätte dieser Mann sein können, wenn er seinen Sieg über die Furcht schon fünf oder zehn Jahre früher errungen hätte.

Emerson sagt: »Furcht besiegt mehr Menschen als irgend etwas anderes auf der Welt.« Oh, wie habe ich die bittere Wahrheit dieses Wortes erfahren! Und wie dankbar bin ich, daß es mir in meinem Leben vergönnt war, Menschen von Furcht zu befreien. Als ich 1912 meine Kurse begann, hatte ich kaum eine Ahnung davon, daß sich dieses Training als eine der besten Methoden erweisen würde, um Menschen von Furcht und Minderwertigkeitsgefühlen zu befreien. Ich habe erkannt, daß öffentliches Sprechen das naturgegebene Verfahren zur Überwindung von Unsicherheit und zur Entwicklung von Zuversicht und Mut ist. Warum? Weil öffentliches Sprechen uns fähig macht, die Furcht zu besiegen. Viele Jahre habe ich Männer und Frauen gelehrt, öffentlich zu sprechen. Dabei habe ich ein paar Einfälle gehabt, die auch Ihnen helfen können, Lampenfieber schnell zu überwinden und in nur wenigen Wochen des Trainings Selbstvertrauen zu entwickeln.

TATSACHEN ÜBER DIE FURCHT VOR ÖFFENTLICHEM SPRECHEN

Erste Tatsache:
Sie sind nicht der einzige, der Furcht vor öffentlichen Reden hat. Statistische Erhebungen haben ergeben, daß 80 bis 90 % aller Menschen, die an Redekursen teilnehmen, bei Beginn des Kurses an Lampenfieber leiden. Ich nehme

an, daß die Zahl bei Erwachsenen am Beginn meiner Kurse sogar noch höher ist und bei nahezu 100 % liegt.
Zweite Tatsache:
Ein gewisses Ausmaß von Lampenfieber ist nützlich. Auf diese Weise bereitet uns die Natur darauf vor, ungewöhnlichen Anforderungen unserer Umwelt zu begegnen. Stellen Sie also fest, daß Ihr Puls heftiger und Ihre Atmung schneller wird, so lassen Sie sich nicht beunruhigen. Ihr Körper, der auf äußere Einflüsse stets lebhaft reagiert, macht sich dadurch einsatzbereit. Bleibt diese körperliche Ankurbelung in Grenzen, so verhilft sie Ihnen dazu, schneller als normal zu denken, flüssiger zu sprechen und Ihre Gedanken eindringlicher auszudrücken.
Dritte Tatsache:
Viele Berufsredner haben mir versichert, daß sie das Lampenfieber niemals völlig verlieren. Es ergreift sie fast jedesmal, wenn sie sich anschicken zu sprechen, und mag während der ersten Sätze ihrer Reden auch noch anhalten. Das ist der Preis dafür, daß diese Männer und Frauen Rennpferden gleichen und nicht Ackergäulen. Redner, die von sich sagen, daß sie stets kalt wie ein Eisklotz seien, lassen gewöhnlich auch andere kalt. Wer sich nicht selbst mitreißen läßt, kann auch andere nicht mitreißen.
Vierte Tatsache:
Die Hauptursache Ihrer Furcht vor öffentlichen Reden ist lediglich das Ungewohnte der Situation. »Furcht ist der widernatürliche Abkömmling von Unwissenheit und Unsicherheit«, sagt Professor Robinson in seinem Buch *The Mind in the Making*. Für die Mehrzahl der Menschen ist öffentliches Sprechen eine unbekannte Erfahrung und folglich mit Angst und Furcht verbunden. Die Redekunst erscheint dem Anfänger als höchst unbegreiflich und

schwierig, verwickelter als etwa das Erlernen des Tennisspielens oder des Autofahrens. Um aus dieser beängstigenden Situation herauszukommen, gibt es nur eines: Übung, Übung und nochmals Übung. Wie Tausende und Abertausende vor Ihnen werden auch Sie erfahren, daß öffentliches Sprechen ein Vergnügen statt eines Alptraumes sein kann. Dazu müssen Sie einfach immer wieder erfolgreiche Erfahrungen sammeln.

Die Geschichte, wie Albert Edward Wiggam, der berühmte Lehrer und bekannte Psychologe, seine Furcht besiegte, ist mir stets wie eine Offenbarung vorgenommen. Er berichtet, wie schreckerfüllt er bei dem Gedanken war, er solle in der Schule vortreten und fünf Minuten deklamieren. »Wenn der Tag herankam«, schreibt er, »wurde ich buchstäblich krank. Immer wieder, wenn der entsetzliche Gedanke mich durchdrang, schoß mir das Blut zu Herzen und meine Wangen brannten so schmerzhaft, daß ich hinter das Schulgebäude eilte und sie gegen das kalte Gemäuer preßte in der Hoffnung, Linderung zu finden. Auch während meiner College-Zeit konnte ich diesen Zustand nicht überwinden.

Bei einer Gelegenheit hatte ich mir wieder einmal eine Deklamation sorgfältig eingeprägt. Sie begann mit den Worten: ›Adam und Jefferson sind nicht mehr.‹ Als ich vor meinen Zuhörern stand, schien alles um mich zu wogen, und ich wußte kaum, wo ich war. Irgendwie brachte ich den Mund auf und äußerte: ›Adam und Jefferson sind verstorben.‹ Ich konnte kein weiteres Wort herausbringen, verneigte mich... und ging unter Beifallsklatschen zu meinem Sitzplatz. Der Präsident erhob sich und sagte: ›Wir sind höchst bestürzt, diese traurige Mitteilung zu erfahren, Edward, aber wir wollen unser möglichstes tun,

um mit dieser Situation fertigzuwerden.‹ In dem brüllenden Gelächter, das diesen Worten folgte, wäre mir der Tod eine willkommene Erlösung gewesen. Noch Tage hinterher fühlte ich mich elend und zerschlagen. Das letzte, was ich mir je hätte vorstellen können, war, einmal als öffentlicher Redner aufzutreten.«
Ein Jahr nach Verlassen des Colleges war Wiggam in Denver. Die politischen Kämpfe des Jahres 1896 gingen um die Freigabe des Silbers zu Prägezwecken. Eines Tages las er eine Flugschrift, in dem die Befürworter des »Freien Silbers« ihre Vorschläge erläuterten. Er geriet derartig in Wut über das, was er als Irrtümer und windige Versprechungen von Bryan und seinen Anhängern ansah, daß er seine Uhr ins Leihhaus trug, um sich Geld zur Heimreise nach Indiana zu beschaffen. Dort angekommen, erbot er sich, einen Vortrag über gesunde Währungspolitik zu halten. Unter den Zuhörern waren viele seiner ehemaligen Schulfreunde. »Als ich begann«, schreibt er, »tauchte das Bild der Adam-und-Jefferson-Rede vor meinem geistigen Auge auf. Ich würgte und stammelte, und alles schien verloren. Aber, wie Chauncey Depew oft sagte: Meine Zuhörer und ich schafften es irgendwie, die Einleitung zu überstehen. Durch diesen winzigen Erfolg ermutigt, fuhr ich fort zu sprechen, wie ich meinte, etwa fünfzehn Minuten lang. Zu meiner Überraschung stellte ich dann fest, daß ich anderthalb Stunden gesprochen hatte. Daraus ergab sich, daß ich zu meinem eigenen größten Erstaunen in den folgenden Jahren meinen Lebensunterhalt als öffentlicher Redner verdiente.
So weiß ich aus erster Hand, was William James meint, wenn er von der Gewohnheit des Erfolges spricht.«
Tatsächlich, Albert Edward Wiggam erfuhr, daß eine der

zuverlässigsten Möglichkeiten zur Überwindung verheerender Furcht für den öffentlichen Redner darin besteht, immer wieder erfolgreiche Erfahrungen zu sammeln.
Ein gewisses Maß an Furcht sollten Sie als natürliche Beigabe zu Ihrem Wunsch, in der Öffentlichkeit zu sprechen, von vornherein erwarten, und Sie sollten lernen, eine begrenzte Portion Lampenfieber als Hilfe zum besseren Reden einzusetzen.
Wenn Sie aber das Lampenfieber überwältigt, wenn Sie Ihrer Fähigkeit beraubt werden durch Leere des Gehirns, Mangel an Lebhaftigkeit, unüberwindliches Zittern und Verkrampfung der Muskeln, dann sollten Sie nicht verzweifeln. Diese Symptome sind bei Anfängern ganz normal. Fangen Sie nur an, und Sie werden schon bald das Lampenfieber auf das Ausmaß reduziert haben, das Ihnen Hilfe, nicht aber Behinderung bietet.

DIE RICHTIGE VORBEREITUNG

Vor ein paar Jahren war der Hauptredner bei einem Essen eines New Yorker Rotary-Clubs ein bekannter Regierungsbeamter. Wir warteten darauf, daß er die Tätigkeit seines Arbeitsbereiches beschreiben würde.
Er hatte kaum begonnen, da wurde schon deutlich, daß er seine Rede nicht vorbereitet hatte. Zunächst bemühte er sich, frei zu sprechen. Als das mißlang, fischte er eine Handvoll Notizzettel aus der Tasche, unter denen offensichtlich keine bessere Ordnung herrschte als auf dem Fuhrwerk eines Schrotthändlers. Diese Zettel faltete er

auf und zu, knitterte und rollte Sie zusammen und wurde dabei immer unfähiger, die rechten Worte zu finden. Von Minute zu Minute wurde er hilfloser und verwirrter. Doch fuhr er fort, sich abzuzappeln und sich zu entschuldigen. Dabei versuchte er, mit zitternder Hand ein Glas Wasser an die trockenen Lippen zu führen und währenddessen vernünftige Gedanken von seinem Zettel abzulesen. Er bot das jämmerliche Bild eines völlig von Furcht überwältigten Mannes — und das lag an seiner äußerst mangelhaften Vorbereitung. Endlich setzte er sich nieder als einer der gedemütigtsten Redner, die ich je gesehen habe. Er hielt seine Rede so, wie Rousseau es vom Schreiber eines Liebesbriefes verlangt: Er begann, ohne zu wissen, was er sagen wollte — und endete, ohne zu wissen, was er gesagt hatte.

Seit 1912 ist es meine Aufgabe gewesen, jährlich mehr als fünftausend Reden zu beurteilen. Überragend wie der Mount Everest steht aufgrund dieser Erfahrung eine Lehre vor meinen Augen: *Nur der wohlvorbereitete Redner verdient seine Zuversicht.* Wie kann einer erwarten, die Festung der Furcht zu erstürmen, der mit mangelhaften Waffen oder gar ohne Munition in den Kampf zieht?

»Ich glaube«, sagt Lincoln, »daß ich nie alt genug sein werde, um ohne Beschämung zu sprechen, wenn ich nichts zu sagen habe.«

Wollen Sie Selbstvertrauen entwickeln, warum tun Sie nicht das einzige, das Ihnen Sicherheit als Redner geben wird? »Wahre Liebe« schreibt der Apostel Johannes, »überwindet die Furcht.« Das gilt auch von guter Vorbereitung. Daniel Webster äußerte, daß es für ihn ebenso undenkbar sei, halbvorbereitet vor dem Publikum zu erscheinen wie halbbekleidet.

Lernen Sie eine Rede niemals wörtlich auswendig

Ist unter »guter Vorbereitung« wohl zu verstehen, daß Sie Ihre Rede auswendig lernen? Nein! Und nochmals nein! In ihrem Bestreben, sich vor drohender geistiger Leere des Gehirns angesichts ihrer Zuhörer zu schützen, geraten viele Redner in die Falle des Auswendiglernens. Hat er sich daran erst einmal gewöhnt, dann ist der Redner hoffnungslos an eine zeitraubende Vorbereitungsmethode gefesselt, die jegliche persönliche Wirkung auf den Zuhörer zunichte macht. Als H. V. Kaltenborn, der berühmte amerikanische Nachrichten-Kommentator, noch Student der Harvard-Universität war, nahm er an einem Redner-Wettkampf teil. Er wählte eine Kurzgeschichte aus mit dem Titel: »Meine Herren, der König!« Wort für Wort lernte er sie auswendig und wiederholte sie wohl hundertmal. Am Tage des Wettstreites kündigte er den Titel »Meine Herren, der König!« an. Dann verflüchtigten sich alle seine Gedanken. Sie verflüchtigten sich – und es blieb die absolute Leere. Ihm wurde schwarz vor den Augen. In seiner Verzweiflung begann er die Geschichte in seinen eigenen Worten vorzutragen. Er war der erstaunteste aller anwesenden jungen Männer, als das Komitee ihm den ersten Preis zusprach. Von diesem Tage an hat H. V. Kaltenborn nie wieder eine Rede abgelesen oder auswendig gelernt. Das ist das Geheimnis seines Erfolges als Rundfunksprecher. Er macht sich ein paar Notizen und spricht dann ohne Manuskript frei und natürlich zu seinen Hörern.

Wer seine Reden ausschreibt und Wort für Wort auswendig lernt, verschwendet Zeit und Kraft und fordert das Unheil heraus. Sprechen wir doch unser ganzes Leben lang immerfort spontan. Dabei brauchen wir auch nicht erst nach Worten zu suchen. Wir müssen uns Gedanken machen. Sind unsere Gedanken klar, dann kommen uns die Worte so natürlich und ungezwungen wie die Luft, die wir atmen.

Selbst Winston Churchill mußte diese Lektion durch bittere Erfahrung lernen. Als junger Mann schrieb Churchill seine Reden aus und lernte sie auswendig. Dann passierte es ihm eines Tages, daß er während des Hersagens einer solchen auswendig gelernten Rede vor dem englischen Parlament plötzlich den Faden verlor, keine Worte mehr finden konnte und sich mit hochrotem Kopf setzen mußte. Von diesem Tage an hat Winston Churchill nie wieder den Versuch gemacht, eine auswendig gelernte Rede vorzutragen.

Lernen wir unsere Rede Wort für Wort auswendig, so werden wir sie vermutlich vergessen, wenn wir unseren Zuhörern gegenübertreten. Selbst wenn wir sie *nicht* vergessen, werden wir sie wahrscheinlich trocken und mechanisch von uns geben. Warum? Weil sie dann nicht von Herzen kommt, sondern aus dem Gedächtnis. Sprechen wir im Privatleben mit anderen, dann überlegen wir, was wir sagen wollen – und sagen es, ohne mühsam nach Worten zu suchen. So haben wir es unser ganzes Leben lang gemacht. Warum sollten wir versuchen, das jetzt zu ändern? Schreiben wir aber unsere Rede nieder und lernen sie auswendig, dann mag uns geschehen, was Vance Bushnell zustieß.

Vance war Student der Kunstakademie von Paris und wurde später Präsident einer der größten Versicherungsgesellschaften der Welt, der Equitable Life Assurance Society. Vor Jahren wurde er aufgefordert, auf einer Tagung von zweitausend Repräsentanten dieser Versicherungsgesellschaft in White Sulphur Springs, Virginia, das Wort zu ergreifen. Er war zu dieser Zeit erst zwei Jahre im Versicherungsgeschäft tätig, hatte dabei aber so großen Erfolg gehabt, daß man ihn für eine Zwanzig-Minuten-Rede bestimmte.

Das war eine Auszeichnung für Vance. Er wußte, er würde dadurch an Ansehen gewinnen. Aber unseligerweise legte er seine Rede schriftlich nieder und lernte sie auswendig. Vierzigmal übte er sie vor einem Spiegel ein. Er hatte jede Einzelheit festgelegt: jeden Satz, jede Geste, selbst den Gesichtsausdruck. Alles war nach seiner Meinung tadellos vorbereitet.

Doch was geschah? Als er sich erhob, um zu beginnen, ergriff ihn die Angst. Er sagte: »Meine Aufgabe heute ist es...« und verlor den Faden. In seiner Verwirrung trat er zwei Schritte zurück und versuchte noch einmal anzufangen. Wieder verlor er den Faden. Abermals trat er zwei Schritte zurück und versuchte es von neuem. Diese Vorstellung wiederholte er dreimal. Das Podium war etwas über einen Meter hoch, es war nicht durch ein Geländer gesichert, und zwischen Podium und Wand befand sich ein breiter Zwischenraum. Als er daher zum viertenmal zurücktrat, stürzte er rückwärts vom Podium und verschwand in der Versenkung. Die Zuschauer brüllten vor Vergnügen. Ein Mann fiel von seinem Stuhl und rollte in den Gang. Nie vorher und nie nachher ist in der Geschichte der Equitable Life Assurance Society eine so komische Vorstellung gegeben worden. Das erstaunlichste an dieser Geschichte ist, daß die Anwesenden glaubten, dies alles habe so sein sollen. Noch heute sprechen alte Hasen der Gesellschaft von dieser Galavorstellung.

Aber wie stand es mit dem Redner Vance Bushnell? Er selbst bekannte mir, daß es das beschämendste Ereignis seines ganzen Lebens gewesen sei. Er fühlte sich so blamiert, daß er ein Entlassungsgesuch schrieb. Doch seine Vorgesetzten veranlaßten ihn, das Gesuch zu zerreißen. Sie stellten sein Selbstvertrauen wieder her, und in späteren Jahren wurde Bushnell einer der erfolgreichsten Redner seiner Organisation. Doch hat er nie wieder eine Rede auswendig gelernt. Machen Sie sich seine Erfahrung zunutze!
Ich habe zahllose Männer und Frauen gehört, die eine auswendig gelernte Rede von sich gaben —, doch erinnere ich mich keines einzigen Redners, der nicht lebendiger, mitreißender, einfach menschlicher gewirkt hätte, wenn er diese memorierte Ansprache in den Papierkorb geworfen hätte. Dabei wären dann möglicherweise einige seiner Gedanken verloren gegangen. Vielleicht wäre er auch vom Thema abgeschweift, aber er wäre zumindest menschlich gewesen.
Abraham Lincoln hat einmal gesagt: »Ich mag keine ›eingeweckte‹ Predigt anhören. Höre ich einem Prediger zu, dann sehe ich ihn gern in Aktion, als wehrte er sich gegen einen Bienenschwarm.« Lincoln wünschte sich einen Redner gelöst und angeregt. Kein Redner wird je den Eindruck erwecken, als erwehre er sich eines Bienenschwarmes, wenn er bemüht ist, sich seiner auswendig gelernten Worte zu entsinnen.

Sammeln und ordnen Sie Ihr Material vorher

Welches ist denn dann die richtige Weise, eine Rede vorzubereiten? Ganz einfach! Durchforschen Sie Ihr Leben nach eindrucksvollen Erfahrungen, aus denen Sie etwas gelernt haben, und sammeln Sie *Ihre* Gedanken, *Ihre* Ideen, *Ihre* Überzeugungen, die Sie aus diesen Erfahrungen gewonnen haben. Echte Vorbereitung bedeutet, über seinem Thema gleichsam zu brüten. So hat Dr. Charles Reynold Brown es vor einigen Jahren in einer beherzigenswerten Vorlesungsreihe an der Yale Universität ausgedrückt: »Brüten Sie über Ihrem Thema, bis es reift und anschwillt... dann bringen Sie alle diese Gedanken zu Papier, nur in ein paar Stichworten, nur um sie festzuhalten... notieren Sie sie auf einzelnen Zetteln — Sie werden erfahren, daß es leichter ist, diese Einzelnotizen in die richtige Reihenfolge zu bringen, wenn Sie darangehen, Ihr Material zu ordnen.« Das klingt nicht nach einem mühevollen Unterfangen, nicht wahr? Ist es auch nicht. Es erfordert nur ein wenig Konzentration und sinnvolles Denken.

Proben Sie Ihre Rede mit Ihren Freunden

Sollten Sie Ihre Rede proben, nachdem Sie sie in eine gewisse Ordnung gebracht haben? Aber ganz gewiß. Das ist eine todsichere Methode, und sie ist einfach und wirkungsvoll. Benützen Sie die Gedanken, die Sie gesammelt haben, in der täglichen Unterhaltung mit Ihren Freunden und Bekannten. Anstatt über die letzten Sportereignisse zu sprechen, lehnen Sie sich beim Mittagessen einfach über den Tisch und sagen etwa folgendes: »Weißt du, Joe, ich habe neulich etwas Ungewöhnliches erlebt. Das würde ich dir gern erzählen.« Joe wird höchstwahrscheinlich gern Ihren Worten lauschen. Achten Sie auf seine Reaktionen. Hören Sie auf seine Antwort. Möglicherweise steuert er einen für Sie wertvollen Gedanken bei. Er weiß ja nicht, daß Sie Ihre Rede proben, das ist auch nicht wichtig. Aber vermutlich wird er sagen, daß ihn diese Unterhaltung interessiert hat.

Allan Nevins, der hervorragende Historiker, rät Schriftstellern ähnliches: »Suche dir einen Freund, der sich für das betreffende Thema interessiert, und trage ihm deine Ansichten ausführlich vor. Auf diese Weise wirst du erkennen, welche Tatsachen du zu erläutern versäumt, welche Gesichtspunkte du dir nicht klargemacht hast. Und du wirst entdecken, welches die für deine Geschichte brauchbarste Form ist.«

RICHTEN SIE IHREN WILLEN AUF DEN ERFOLG

Sie werden sich erinnern, daß dieser Satz im ersten Kapitel in der Absicht gebraucht wurde, die richtige Haltung beim Erlernen der Kunst der öffentlichen Rede ganz generell zu finden. Dieselbe Regel läßt sich auf die spezielle Aufgabe anwenden, der Sie sich jetzt gegenüber sehen: jede Gelegenheit zum Sprechen zu einer erfolgreichen Erfahrung werden zu lassen. Drei Wege führen zu diesem Ziel: Verlieren Sie sich an Ihr Thema. Halten Sie Ihre Gedanken von negativen Einflüssen frei. Halten Sie sich selbst eine Anfeuerungsrede.

Verlieren Sie sich an Ihr Thema

Nachdem Sie Ihr Thema gewählt, den Stoff geordnet und Ihren Vortrag schließlich durch die Unterhaltung mit

Ihren Freunden geprobt haben, sind Ihre Vorbereitungen noch nicht beendet. Sie müssen von der Wichtigkeit Ihres Themas ganz und gar eingenommen sein. Sie müssen die Einstellung erlangen, die alle wirklich großen Gestalten der Geschichte beflügelt hat: den Glauben an Ihre Sache. Wie entfachen Sie das Feuer des Glaubens an Ihre Botschaft? Durch die Erforschung aller Einzelheiten Ihres Themas, indem Sie tiefer eindringen in seinen Gehalt und indem Sie sich fragen, was Sie tun können, damit Ihre Zuhörer durch Ihre Worte zu besseren Menschen werden.

HALTEN SIE IHRE GEDANKEN VON NEGATIVEN EINFLÜSSEN FREI

Wenn Sie sich beispielsweise vorstellen, Sie würden grammatikalische Fehler machen oder in der Mitte Ihrer Ansprache plötzlich schon am Ende sein, so wäre das ganz gewiß eine Vorstellung, die negativ auf Sie zurückwirken, die Ihr Selbstvertrauen aufheben könnte, ehe Sie noch begonnen haben. Vor allem ist es, während Sie darauf warten, beginnen zu können, wichtig, Ihre Aufmerksamkeit von sich selbst abzulenken. Konzentrieren Sie sich auf das, was die anderen Redner sagen, schenken Sie ihnen Ihre ungeteilte Aufmerksamkeit, und Sie werden kein übermäßiges Lampenfieber entwickeln.

HALTEN SIE SICH SELBST EINE ANFEUERUNGSREDE

Ein Redner, der nicht von seiner großen Aufgabe ganz und gar erfüllt ist, einer Aufgabe, der er sein ganzes Leben geweiht hat, wird immer Augenblicke des Zweifels über sein Thema erleben.

Er wird sich fragen, ob er überhaupt das ihm gemäße Thema gefunden hat und ob es seine Zuhörer interessiert. Er wird sogar hart versucht werden, sein Thema zu wechseln. In solchen Zeiten, wenn die Zweifel so stark werden, daß sie Ihre Zuversicht zu vernichten drohen, sollten Sie sich selbst eine Anfeuerungsrede halten. Sagen Sie sich in klaren und kräftigen Worten, daß Ihre Rede genau die richtige für Sie ist, kommt sie doch aus Ihrer eigenen Erfahrung, Ihrer persönlichen Lebensanschauung. Sagen Sie zu sich selbst, daß Sie ein größeres Recht haben, gerade diese Rede zu halten, als jeder andere Anwesende, und daß Sie Ihr Bestes tun werden, um diese Rede vorzutragen. Ist das die wohlbekannte, altmodische Coué-Methode? Mag sein. Aber auch unsere modernen Psychologen bestätigen, daß Motivierung, die auf Autosuggestion basiert, eine der ansporrendsten und wirksamsten Lehrmethoden ist — selbst wenn sie simuliert wird. Um wieviel wirksamer muß dann eine eindringliche Anfeuerungsrede sein, die auf Tatsachen gegründet ist!

HANDELN SIE ZUVERSICHTLICH

Der berühmteste Psychologe, den Amerika hervorbrachte, Professor William James, schreibt folgendermaßen:
»Zwar scheint die Handlung dem Gefühl zu folgen, doch tatsächlich stehen Handlung und Gefühl in Wechselwirkung zueinander. Ändern wir unser Handeln, das unter unmittelbarer Kontrolle des Willens steht, so können wir indirekt auch die der Willenskontrolle nicht unterstehenden Gefühle ändern.

So werden wir auf einem souveränen, freien Weg zurück zu Heiterkeit und Frohsinn geführt — falls unsere natürliche Fröhlichkeit uns einmal verlassen hat —, wenn wir uns freudig aufrichten und handeln und sprechen, als sei die Freudigkeit schon in uns. Falls dieses Verhalten Sie nicht aufrichtet, so gibt es nichts, was Ihre Fröhlichkeit wiederherstellen kann.

Darum rate ich Ihnen: wollen Sie sich mutig fühlen, so handeln Sie, als seien Sie mutig, und eine Woge des Mutes und der Zuversicht wird gewißlich die Woge der Furcht hinwegschwemmen.«

Wenden Sie den Rat an, den Professor James erteilt. Um im Angesicht einer Hörerschaft Mut zu entwickeln, handeln Sie, als seien Sie schon mutig. Selbstverständlich wird jede derartige Bemühung hinfällig, wenn Sie unvorbereitet sind. Doch vorausgesetzt, daß Sie wissen, worüber Sie sprechen wollen, treten Sie mit Schwung vor und tun Sie einen tiefen Atemzug. Besser, atmen Sie 30 Sekunden tief durch, ehe Sie Ihrem Auditorium gegenüber treten. Die größere Menge Sauerstoff wird Ihnen Tatkraft und Mut einflößen. Der große Tenor Jean de Reszke pflegte zu sagen, die Nervosität verflüchtige sich, wenn der Atem so sei, daß »man auf ihm sitzen kann«.

Richten Sie sich zu Ihrer vollen Größe auf und blicken Sie Ihren Zuhörern fest in die Augen. Und dann beginnen Sie so zuversichtlich mit Ihrer Rede, als schulde jeder einzelne Ihnen Geld. Stellen Sie sich doch vor, das sei der Fall. Stellen Sie sich vor, diese Menschen seien zusammengekommen, um Sie um ein Darlehen zu bitten. Die psychologische Auswirkung dieser Vorstellung wird Ihnen nützen. Falls Sie Zweifel hegen, ob das eine sinnvolle Philosophie ist, sollten Sie sich nur ein paar Minuten

lang mit den Teilnehmern eines früheren Kurses unterhalten, die diese Ratschläge treulich befolgt haben. Da das aber schwer möglich ist, hören Sie statt dessen einen Amerikaner an, der stets als ein Symbol des Mutes angesehen wurde. Einst war er einer der furchtsamsten Menschen, doch durch Übung in Selbstsicherheit wurde er einer der kühnsten. Es war der kraftvolle, mitreißende Präsident der Vereinigten Staaten, Theodore Roosevelt.
»Ich war ein kränklicher und linkischer Junge«, bekennt er in seiner Autobiographie, »sehr nervös und voller Mißtrauen gegen meine eigene Stärke. Unermüdlich und mühselig mußte ich mich üben, nicht nur um meine körperliche Schwäche zu überwinden, sondern auch um Seele und Geist zu stärken.«
Glücklicherweise hat er uns aber mitgeteilt, wie er eine Änderung herbeiführte. »Als Knabe«, schrieb er, »las ich einen Abschnitt in einem der Bücher von Marryat, der mich stets beeindruckte. In diesem Abschnitt erläutert der Kapitän eines kleinen englischen Kriegsschiffes dem Helden, wie man Furchtlosigkeit erlangt. Er sagt, daß fast jeder Mann zu Beginn einer Unternehmung Furcht empfindet. Doch der Kurs, dem er folgen soll, ist das feste ›Sich-selbst-in-die-Hand-nehmen‹, aus dem heraus er handeln kann, als habe er keine Furcht. Führt er das lange genug durch, verwandelt es sich von einem bloßen ›Alsob‹ in ein ›Tatsächlich‹, und der Mann wird im wahrsten Sinne furchtlos, weil er geprägt wurde durch das Praktizieren der Furchtlosigkeit, als er sie noch gar nicht empfand. Das war die Theorie, die ich mir zu eigen machte. Ich wandte sie auf alles mögliche an, vor dem ich anfänglich Furcht empfand, angefangen bei Grizzlybären bis zu tückischen Pferden und Banditen. Und indem ich handelte,

als verspürte ich keine Furcht, verschwand die Furcht nach und nach. Diese Erfahrung werden andere auch machen, wenn sie sie nur suchen.«

Die Überwindung der Furcht vor öffentlichen Reden überträgt sich in ungeahntem Ausmaß auf alles, was wir tun. Wer sich hierin überwindet, wird dadurch zu einem besseren Menschen. Er empfängt ein reicheres und erfüllteres Leben als Lohn für seinen Sieg über die Furcht, vor anderen zu sprechen.

Ein Kaufmann schrieb mir: »Nachdem ich ein paarmal frei vor den anderen Kursteilnehmern gesprochen hatte, fühlte ich, daß ich es mit jedem aufnehmen konnte. In diesem Gefühl näherte ich mich eines Morgens der Tür eines ganz besonders schwierigen Einkäufers. Ehe er noch ›Nein‹ sagen konnte, hatte ich meine Muster schon auf seinem Tisch ausgebreitet, und er gab mir einen der größten Aufträge, die ich je erhielt.«

Eine Hausfrau berichtete einem meiner Repräsentanten: »Ich hatte Angst, die Nachbarn einzuladen aus Furcht, daß ich es nicht fertigbekäme, die Unterhaltung in Gang zu halten. Nachdem ich an einigen Sitzungen teilgenommen und vor meinen Mitschülern gestanden hatte, faßte ich mir ein Herz und gab meine erste Gesellschaft. Es war ein großer Erfolg. Ich hatte keine Schwierigkeit, die Gäste zu interessanten Gesprächen anzuregen.«

Bei einer Abschlußsitzung sagte ein kaufmännischer Angestellter: »Ich hatte Angst vor den Kunden; dadurch meinten sie, ich wolle mich ständig entschuldigen. Nachdem ich im Kurs einigemale gesprochen hatte, stellte ich fest, daß ich mit mehr Haltung und Sicherheit sprach, und vermochte Beschwerden mit größerer Bestimmtheit zu begegnen. Schon einen Monat, nachdem ich begonnen hatte, vor den Kursteilnehmern zu sprechen, stiegen meine Abschlüsse um 45 Prozent.«

Alle diese Menschen erfuhren, daß es leicht ist, auch andere Ängste und Befürchtungen zu überwinden und dort Erfolg zu haben, wo man zuvor versagt hat. Auch Sie werden erkennen, daß das Sprechen in der Öffentlichkeit Sie befähigen wird, allen täglichen Anforderungen mit der Sicherheit zu begegnen, die aus Selbstvertrauen entspringt. Mit einem neuen Gefühl der Beherrschung der Dinge werden Sie die Aufgaben und Schwierigkeiten des Alltags bewältigen. Was zuvor eine Kette unlösbarer Probleme war, kann zur beglückenden Aufforderung werden, dem Leben einen neuen Wert abzugewinnen.

Kapitel 3

Wirkungsvoll sprechen – schnell und leicht gelernt

Tagsüber schaue ich mir selten eine Fernsehsendung an. Kürzlich aber bat mich ein Freund, eine Nachmittagssendung anzusehen, die in erster Linie an Hausfrauen gerichtet war. Es war eine besonders beliebte Sendung, und mein Freund meinte, sie müsse mich wegen der Reaktionen des Publikums interessieren. Und so war es auch. Ich sah mir mehrere Fortsetzungen an und war begeistert davon, wie der Leiter der Sendung Leute aus dem Publikum zum Reden brachte. Offensichtlich handelte es sich hierbei nicht um Berufsredner. Nie waren diese Menschen in der Kunst der Kommunikation unterwiesen worden. Einige drückten sich grammatikalisch ungenügend aus und sprachen Wörter falsch aus. Doch alle waren interessant. Als sie dastanden und zu sprechen begannen, schien alle Furcht vor der Fernsehkamera von ihnen abzufallen, und sie gewannen die Aufmerksamkeit der Zuschauer.
Wie war das möglich? Ich kenne die Antwort, denn ich habe mich viele Jahre der gleichen Technik bedient, die hier angewandt wurde. Diese Menschen, einfache, gewöhnliche Männer und Frauen, gewannen die Aufmerksamkeit der Zuschauer im ganzen Lande, weil sie über sich selbst sprachen, über die beschämendsten oder die

erfreulichsten Ereignisse ihres Lebens oder darüber, wie sie ihre Frauen, ihre Männer kennengelernt hatten. Sie wußten nichts von Einleitung, Hauptteil und Schluß. Sie kümmerten sich nicht um Stil oder Satzbau. Sie erhielten die höchste Anerkennung ihrer Zuschauer, und zwar ungeteilte Aufmerksamkeit, für das, *was* sie zu sagen hatten. Das ist die sinnfällige Probe auf die erste von den meines Erachtens drei wichtigsten Grundregeln, um schnell und leicht erfolgreich sprechen zu lernen:

SPRECHEN SIE ÜBER ETWAS, WOZU SIE SICH DURCH ERFAHRUNG ODER STUDIUM DAS RECHT ERWORBEN HABEN

Die Männer und Frauen, deren lebendige Geschichten diese Fernsehsendung so interessant machten, sprachen aus eigener, persönlicher Erfahrung. Sie sprachen über etwas, das sie kannten. Überlegen Sie doch einmal, was für ein langweiliges Programm das geworden wäre, hätte man diese Menschen aufgefordert, den Hinduismus zu charakterisieren oder die Struktur der UNO zu erläutern. Aber genau hier liegt der Fehler, den zahllose Redner bei vielen Tagungen und Festessen begehen. Sie beschließen, über Themen zu sprechen, von denen sie wenig oder keine persönliche Kenntnis besitzen und denen sie keine Aufmerksamkeit geschenkt haben. Sie wählen Themen wie Vaterlandsliebe oder Demokratie oder Gerechtigkeit — und nachdem sie ein paar Stunden lang fieberhaft in einer Zitatensammlung oder einem Handbuch für Redner

herumgeblättert haben, fügen sie in Eile einige Gemeinplätze hinzu, an die sie sich nebelhaft aus College-Tagen erinnern, als sie an einem Seminar über politische Wissenschaften teilnahmen. Und dann geben sie eine Rede von sich, die durch nichts hervorragt als durch ihre Länge. Nie käme es diesen Rednern in den Sinn, daß ihre Zuhörer sich für Tatsachenmaterial interessieren könnten, das dieses hochfliegende Gerede auf den Boden der Wirklichkeit stellen würde. Bei einem Bezirkstreffen von Dale Carnegie Kursleitern im Hilton Hotel in Chicago begann vor einigen Jahren ein Student folgendermaßen: »Freiheit, Gleichheit, Brüderlichkeit. Das sind die gewaltigsten Begriffe im Wortschatz der Menschheit. Ohne Freiheit ist das Leben nicht lebenswert. Führen Sie sich vor Augen, was das bloße Dasein für Sie bedeuten würde, wenn Ihre Handlungsfreiheit allseits eingeengt wäre.«
Weiter kam er nicht, denn sein Lehrer unterbrach ihn wohlweislich mit der Frage, warum er das alles glaube. Er wurde aufgefordert, seine Behauptung durch die Schilderung persönlicher Erfahrungen zu belegen. Da hörten die Anwesenden eine erstaunliche Geschichte. Der junge Mann war Angehöriger einer französischen Untergrundbewegung gewesen. Er beschrieb die schimpfliche Behandlung, der er und seine Familie unter dem Naziregime ausgesetzt gewesen waren. In beredter Sprache schilderte er, wie er vor der Geheimpolizei geflohen und endlich nach Amerika entkommen war. Er schloß mit den Worten: »Als ich heute die Michigan Avenue entlang zu diesem Hotel ging, konnte ich aus freiem Entschluß kommen oder gehen, wie es mir beliebte. Ich ging an einem Polizisten vorüber, doch der nahm keine Notiz von mir. Ich betrat dieses Hotel, ohne nach einem Ausweis gefragt zu

werden, und wenn wir heute abend auseinandergehen, kann ich gehen, wohin ich will. Glaubt mir, Freunde, die Freiheit ist wert, daß man für sie kämpft.« Seine Zuhörer erhoben sich spontan von den Plätzen, um ihn zu ehren.

BERICHTEN SIE UNS, WAS DAS LEBEN SIE GELEHRT HAT

Nie wird ein Redner sich über Unaufmerksamkeit seiner Zuhörer zu beklagen haben, der von dem berichtet, was das Leben ihn gelehrt hat. Aus Erfahrung weiß ich, daß Redner diese Einsicht gar nicht leicht annehmen — sie gehen der Schilderung persönlich erfahrener Lehren als zu geringfügig und zu belanglos aus dem Wege. Lieber schwingen sie sich in die Bereiche grundsätzlicher Ideen und philosophischer Prinzipien auf, in denen unseligerweise die Luft für gewöhnliche Sterbliche allzu dünn zum Atmen ist. Sie speisen uns mit Leitartikeln ab, wenn wir hungrig auf Neuigkeiten sind. Keiner von uns hat etwas gegen Leitartikel, wenn sie von Menschen verfaßt werden, die dazu befähigt sind, seien es Journalisten oder Herausgeber von Zeitungen. Worum es hier geht: Sprechen Sie von dem, was das Leben Sie gelehrt hat, und ich werde Ihr dankbarer Zuhörer sein!
Von Emerson heißt es, daß er immer bereit war, einem Menschen — wie unbedeutend dieser auch sein mochte — zuzuhören, weil er wußte, daß er von jedem, dem er begegnete, lernen konnte. Möglicherweise habe ich mehr Reden Erwachsener zugehört als irgend ein anderer Mensch. Und ich kann aufrichtig versichern, daß mich nie eine Rede gelangweilt hat, wenn der Redner von seinen persönlichen Erfahrungen berichtete, wie unerheblich sie gelegentlich auch gewesen sein mögen.

Zur Erläuterung: Vor einigen Jahren unterrichtete einer unserer Lehrer die leitenden Angestellten der Banken von New York in freier Rede. Verständlicherweise war es für die vielbeschäftigten Mitglieder einer solchen Gruppe oft schwierig, sich ausreichend vorzubereiten. Ihr ganzes Leben lang hatten sie ihre eigenen persönlichen Gedanken gedacht, hatten ihre eigenen persönlichen Überzeugungen gehegt, Ansichten aus ihrem besonderen Blickwinkel heraus gebildet, ihren höchst persönlichen Erfahrungen gemäß gelebt. Vierzig Jahre lang hatten sie Stoff angesammelt für Reden. Doch für manche von ihnen war es schwer, sich das klarzumachen. Eines Freitags stellte ein Bankier — nennen wir ihn Herr Jackson — fest, daß er nur noch eine Stunde Zeit bis zum Sitzungsbeginn hatte. Worüber sollte er nur sprechen? Er verließ die Bank, kaufte an einem Kiosk eine Zeitschrift und las in der Untergrundbahn, die ihn zu seiner Sitzung in der Federal Reserve Bank brachte, einen Artikel mit dem Titel *Sie haben nur zehn Jahre Zeit, um erfolgreich zu sein*. Er las diesen Artikel nicht, weil er sich besonders dafür interessiert hätte, sondern weil er über irgend etwas sprechen mußte.

Eine Stunde später erhob er sich und versuchte überzeugend und eindringlich über den Inhalt dieses Artikels zu reden. Was war das Ergebnis, das unvermeidliche Ergebnis?

Er hatte nicht verarbeitet, nicht verdaut, was er zu sagen versuchte. »Zu sagen versuchte«, das drückt genau aus, was er tat. Es drängte ihn nicht, eine wichtige Botschaft mitzuteilen, und das verriet die Art seines Auftretens, das verriet auch unmißverständlich sein Ton. Wie konnte er von seinen Hörern erwarten, stärker beeindruckt zu sein, als er selbst es war? Er hielt sich ganz an den Artikel und referierte über die Meinungen des Autors. Die Mitschüler wurden mit Magazin-Meinung gefüttert — doch von Herrn Jacksons eigenen Gedanken erfuhren sie erbärmlich wenig.

Nach Schluß des Referates sagte der Lehrer: »Herr Jackson, diese nebelhafte Gestalt, die den Artikel geschrieben hat, interessiert uns nicht. Sie ist nicht zugegen. Wir können sie nicht sehen. Aber wir interessieren uns für Sie und Ihre Ideen. Sagen Sie uns, was Sie denken, Sie ganz persönlich, nicht was irgend jemand gesagt hat. Stecken Sie mehr von Herrn Jackson hinein. Wollen Sie bitte nächste Woche zum gleichen Thema sprechen? Lesen Sie diesen Artikel nochmals und stellen Sie sich die Frage, ob Sie dem Verfasser zustimmen oder nicht. Tun Sie es, so geben Sie Beispiele aus Ihrem Leben, die das erläutern. Sind Sie entgegengesetzter Meinung, so erklären Sie uns weshalb. Benutzen Sie diesen Artikel als Ausgangspunkt, von dem aus Sie sich in Ihre eigne Rede stürzen.«

Herr Jackson las den Artikel nochmals und stellte fest, daß er dem Autor durchaus nicht zustimmte. Er suchte in seiner Erinnerung nach Beispielen, mit denen er seine Ablehnung begründen konnte. Aus seiner persönlichen beruflichen Erfahrung in der Bank entwickelte und erweiterte er im einzelnen seine Gedanken. Als er in der darauffolgenden Woche zurückkam, hielt er eine Rede, die voller persönlicher Überzeugungen und eigener Erfahrungen war. Anstelle des aufgewärmten Artikels aus einer Zeitschrift gab er uns nun Erz aus seiner eigenen Mine, Geld aus seiner eigenen Münze. Sie werden selbst wissen, welche Rede die Klasse stärker beeindruckte.

SUCHEN SIE DIE THEMEN AUS IHRER VERGANGENHEIT

Eine Gruppe unserer Leiter wurde einst gebeten, kurz niederzuschreiben, welches die größte Schwierigkeit am Anfang eines Kurses sei. Als die Zettel eingesammelt waren, fand sich als meistgenannte Schwierigkeit in den ersten Sitzungen meiner Kurse: Anfänger dazu zu bringen, die richtigen Themen zu wählen.
Was sind denn richtige Themen? Richtig ist ein Thema für Sie, wenn Sie mit ihm gelebt und es sich durch Erfahrung und durchdenken zu eigen gemacht haben. Wie findet man solche Themen? Graben Sie in Ihrer Erinnerung, durchforschen Sie Ihre Erlebnisse nach dem, was im Laufe Ihres bisherigen Lebens den nachhaltigsten Eindruck auf Sie gemacht hat. Vor einigen Jahren stellten wir eine Untersuchung der Themen an, die in besonderer Weise die Aufmerksamkeit unserer Kursteilnehmer gefesselt hatten. Wir fanden heraus, daß es sich im einzelnen besonders um folgende Themen aus dem persönlichen Erlebnisbereich handelte:
Frühe Kindheit und Jugend. Themen, die die Familie behandeln, Kindheitserinnerungen, Schulerlebnisse finden stets Aufmerksamkeit, weil wir eigentlich alle gern erfahren, welche Schwierigkeiten andere Menschen hatten, als sie heranwuchsen und wie sie diese Schwierigkeiten überwanden.
Wo immer sich die Möglichkeit ergibt, flechten Sie Ereignisse und Erlebnisse aus Ihrer Kindheit und Jugend in Ihre Reden. Besonderes Interesse wecken Theaterstücke, Filme und Geschichten, die sich mit Kindheits- und Jugendproblemen befassen. Hieraus sollten Sie den Wert solcher Themen für Ihre Reden erkennen. Wie aber kön-

nen Sie gewiß sein, daß es andere interessieren wird, was Sie in Ihrer Jugend erlebt haben? Es gibt einen zuverlässigen Test: Wenn ein Geschehnis noch nach Jahren lebhaft in Ihrer Erinnerung vorherrscht, haben Sie nahezu die Garantie, daß es auch andere interessieren wird.

Schwierigkeiten zu Beginn des Berufslebens. Diesem Gebiet wird immer großes Interesse entgegengebracht. Sie können auch hier die Aufmerksamkeit einer Gruppe fesseln durch die Schilderung Ihrer ersten Versuche, in der Welt voranzukommen. Wie gelangten Sie in einen bestimmten Beruf? Welche Ereignisse verbanden sich miteinander und bewirkten, daß Sie weiterkamen? Berichten Sie über Ihre Enttäuschungen, Ihre Hoffnungen, Ihre Triumphe, als Sie sich Ihren Platz im Leben erkämpften. Der echte Lebensbericht der meisten Menschen kommt — wenn er bescheiden vorgetragen wird — fast immer an.

Hobbies und Freizeit. Da Themen aus diesem Bereich von persönlicher Entscheidung abhängen, fesseln sie von vornherein die Aufmerksamkeit der Zuhörer. Sie können nicht falsch wählen, wenn Sie über etwas sprechen, das Sie aus reiner Freude tun. Ihre natürliche Begeisterung für Ihr spezielles Hobby wird Ihnen helfen, wenn Sie Ihren Zuhörern berichten.

Besondere Wissensgebiete. Haben Sie sich viele Jahre mit besonderen Dingen beschäftigt, so machen Ihre Kenntnisse Sie zum Experten. Berichten Sie von Ihrem Wissen oder Ihrem Beruf, der auf diesen jahrelangen Bemühungen basiert — und Sie dürfen der Anerkennung und Aufmerksamkeit Ihrer Zuhörer gewiß sein.

Ungewöhnliche Erfahrungen. Haben Sie einmal einen bedeutenden Menschen kennengelernt? Haben Sie im Krieg Außergewöhnliches erlebt? Haben Sie einen geistigen Um-

bruch in Ihrem Leben durchgemacht? Derartige Erfahrungen bieten die beste Grundlage einer Rede.
Ansichten und Überzeugungen. Vielleicht haben Sie viel Zeit und Mühe darauf verwandt, sich Ihrer eigenen Einstellung zu dringlichen Fragen unserer Tage klar zu werden. Wenn Sie viele Stunden ernsthaft um die Lösung solcher Fragen bemüht waren, haben Sie das Recht erworben, darüber zu sprechen. Tun Sie das, so geben Sie anschauliche Beispiele für Ihre Meinung. Einer Aufzählung von Gemeinplätzen hört niemand gerne zu. Keinesfalls ist die gelegentliche Lektüre einiger Zeitungsartikel eine ausreichende Vorbereitung für einen derartigen Stoff. Wissen Sie zum Thema wenig mehr als Ihre Zuhörer, so sollten Sie über etwas anderes sprechen. Wenn Sie aber im Gegenteil viele Jahre gründlicher Beschäftigung damit verbracht haben, ist dieses Thema ganz gewiß das richtige für Sie, und Sie sollten unbedingt darüber sprechen.
Wie in Kapitel zwei erläutert wurde, besteht die wichtigste Vorbereitung einer Rede nicht darin, ein paar allgemeine Worte zu Papier zu bringen oder eine Serie von Phrasen auswendig zu lernen. Sie besteht auch nicht darin, Ideen aus zweiter Hand vorzutragen, etwa aus Büchern oder aus Zeitungsartikeln. Vielmehr sollten Sie tief in Ihrer Erinnerung graben und wesentliche Überzeugungen zutage fördern. Zweifeln Sie nie! Das Material liegt dort in großer Vielfalt bereit; Sie brauchen es nur zu nutzen. Glauben Sie nicht, dieser Stoff sei zu persönlich oder zu unbedeutend für Ihre Zuhörer. Ich bin durch solche Reden aufs höchste erfreut und aufs tiefste bewegt worden — höher erfreut und tiefer bewegt als durch so manchen Berufsredner.

Nur wenn Sie etwas berichten, über das zu sprechen Sie das Recht erworben haben, können Sie die zweite Voraussetzung zum schnellen und leichten Erlernen der Redekunst erfüllen. Sie lautet:

IHR THEMA MUSS SIE ERREGEN

Nicht alle Themen, über die zu sprechen wir das Recht erworben haben, erregen uns. Da ich mich zum Beispiel gern im Haus beschäftige, bin ich ganz bestimmt berechtigt, über das Abwaschen von Geschirr zu sprechen. Aber ich kann mich für dieses Thema nicht erwärmen. Ehrlich, ich würde am liebsten kein einziges Wort darüber verlieren. Ich habe aber Hausfrauen vorzügliche Reden über dieses Thema halten hören. Sie haben in ihrem Inneren eine derartige Entrüstung über den sich ewig wiederholenden Zwang zum Abwaschen angesammelt oder sie haben eine so geniale Methode entwickelt, diese unangenehme Arbeit zu erledigen, daß sie davon richtig erregt wurden. Das Ergebnis: Sie sind imstande, eindrucksvoll über das Abwaschen von Geschirr zu reden.
Wenn Sie sich nicht entscheiden können, ob die Themen, denen Sie sich gewachsen fühlen, wirklich die richtigen sind, dann sollten Sie sich folgende Frage stellen: Wenn einer Ihrer Zuhörer aufstünde und genau das Gegenteil von dem behauptete, was Ihre Meinung ist — wäre das ein Anstoß für Sie, Ihren Standpunkt mit Überzeugung und Eifer zu vertreten? Ist das der Fall, dann haben Sie das richtige Thema gewählt.
Kürzlich fielen mir ein paar Notizen in die Hand, die ich

mir 1926 gemacht hatte, nachdem ich der siebenten Sitzung der Vereinten Nationen in Genf beigewohnt hatte. Ein Absatz lautete: »Nachdem drei oder vier langweilige Redner ihre Manuskripte abgelesen hatten, trat Sir George Foster aus Kanada aufs Podium. Mit Genugtuung bemerkte ich, daß er keinerlei Notizen oder Papiere hatte. Er gestikulierte fast unentwegt. Seine Worte kamen aus vollem Herzen. Es trieb ihn geradezu, seine Botschaft mitzuteilen. Es war so klar wie der Genfer See draußen vor den Fenstern, daß die Überzeugungen, die er der Versammlung beizubringen versuchte, aus seinem tiefsten Inneren kamen. Meine eigenen Prinzipien wurden hier aufs beste illustriert.«

Oft rufe ich mir diese Rede von Sir George wieder ins Gedächtnis. Er meinte es aufrichtig, es war ihm ernst. Nur wenn wir Themen wählen, die wir sowohl mit dem Herzen fühlen als auch mit dem Hirn verstehen, wird diese Aufrichtigkeit offenbar. Schon früh in seinem Leben lernte Bischof Fulton J. Sheen, einer der dynamischsten Redner Amerikas, diese Lektion.

»Im College wurde ich in die Debattiermannschaft gewählt«, schreibt er in seinem Buch *Life is Worth Living*, »und am Abend vor der sogenannten Notre-Dame-Debatte rief mich der diesem Seminar vorstehende Professor in sein Zimmer und wusch mir gehörig den Kopf. ›Sie sind völlig unmöglich. In der Geschichte dieses Colleges haben wir nie jemanden gehabt, der ein schlechterer Redner war, als Sie es sind‹, sagte er.

›Aber‹, sagte ich und versuchte mich zu verteidigen, ›wenn ich so unmöglich bin, weshalb haben Sie mich denn dann für die Mannschaft ausgewählt?‹ ›Weil Sie denken können‹, antwortete er, ›nicht weil Sie reden

können. Stellen Sie sich dort in die Ecke. Nehmen Sie einen Absatz Ihrer Rede und arbeiten Sie ihn durch.‹ Wieder und wieder durchdachte ich einen Absatz, wohl eine volle Stunde lang, bis er fragte: ›Haben Sie einen Fehler gefunden?‹ — ›Nein!‹ Eine weitere Stunde verging, zwei Stunden, zweieinhalb Stunden, an deren Ende ich völlig erschöpft war. Er fragte: ›Merken Sie immer noch nicht, was falsch ist?‹
Ich bin einigermaßen schnell von Begriff, und — nach zweieinhalb Stunden ging mir ein Licht auf. ›Ja‹, sagte ich, ›ich bin nicht aufrichtig. Ich bin nicht echt. Ich spreche nicht, als glaubte ich es selbst.‹ «
In diesem Augenblick hatte Sheen eine Lektion gelernt, die er sein Leben lang nicht vergessen sollte: Er gab sich selbst in seine Rede. Er erregte sich an seinem Thema. Erst jetzt konnte der weise Professor ihm die Befähigung zu dieser Rede zuerkennen.
Wenn einer unserer Kursteilnehmer sagt: »Ich werde aber von gar nichts erregt. Dazu ist mein Leben viel zu eintönig«, dann fragen unsere Lehrer weisungsgemäß nach der Freizeitbeschäftigung. Einer schaut sich Filme an, ein anderer kegelt, wieder ein anderer züchtet Rosen. Ein Mann berichtete seinem Lehrer, daß er Zündholzbriefchen sammle. Als der Lehrer fortfuhr, ihn über dieses ungewöhnliche Hobby zu befragen, wurde er nach und nach lebendiger. Schließlich gestikulierte er, als er die Schränke beschrieb, in denen er seine Sammlungen aufbewahrte. Er berichtete dem Lehrer, daß er Zündholzbriefchen aus fast allen Ländern der Erde besäße. Als er sich über diese Lieblingsbeschäftigung ereiferte, unterbrach ihn der Lehrer. »Warum sprechen Sie nicht einmal über dieses Thema? Ich finde es höchst interessant.« Er

erwiderte, daß er sich nicht denken könne, daß irgend jemand etwas davon hören möge. Da war also ein Mann, der Jahre seines Lebens mit einem Steckenpferd verbracht hatte, das ihm geradezu zur Passion geworden war — und doch dachte er, es sei zu unbedeutend als Thema für eine Rede. Sein Lehrer versicherte ihm, nur dann könne man den Wert eines Themas ermessen, wenn man sich selbst frage, wie stark es einen interessiere. An dem Abend sprach unser Mann mit aller Leidenschaft des wahren Sammlers über sein Hobby. Und später erfuhr ich, daß er eine gewisse Lokalberühmtheit auf seinem Gebiet erlangte, weil er Gelegenheiten suchte und fand, bei verschiedenen Tagungen und Versammlungen über das Sammeln von Zündholzbriefchen zu sprechen.

Dieses Beispiel führt unmittelbar zum dritten wesentlichen Punkt für alle, die auf schnelle und leichte Weise in der Öffentlichkeit sprechen lernen wollen.

BRENNEN SIE DARAUF, IHRE ZUHÖRER AN IHRER BOTSCHAFT TEILHABEN ZU LASSEN

Bei allen Redesituationen spielen drei Faktoren eine entscheidende Rolle: Der Redner, die Rede oder Botschaft und die Zuhörer. Die beiden ersten Regeln dieses Kapitels behandelten die Wechselbeziehungen zwischen Redner und Rede. Bis zu diesem Punkt handelt es sich noch nicht um die eigentliche Redesituation. Erst wenn der Sprecher seine Botschaft seinen lebendigen Zuhörern vorträgt, entsteht diese Redesituation. Wir stellen uns vor,

die Rede sei gut vorbereitet, sie behandle ein Thema, das den Redner in Erregung versetzt. Doch für den vollen Erfolg ist noch etwas weiteres notwendig. Der Redner muß seine Zuhörer von der großen Bedeutung seiner Botschaft für sie selbst überzeugen. Es genügt nicht, daß er selbst sich an seinem Thema erregt, er muß diese Erregung auch auf seine Zuhörer übertragen. In jedem großen Redner in der Geschichte der Redekunst ist dieses Verkaufstalent, dieses Sendungsbewußtsein oder wie immer Sie es nennen wollen, wach gewesen. Der erfolgreiche Redner hat das ernstliche Verlangen, seine Hörer fühlen zu machen, was er fühlt. Sie sollen das für richtig halten, was er für richtig hält. Sie sollen tun, was er von ihnen fordert. Er wünscht, daß sie seine Erfahrungen nachvollziehen. Er ist auf seine Zuhörer eingestellt, nicht auf sich selbst. Er weiß, daß nicht er über Erfolg oder Mißerfolg seiner Rede entscheidet — in den Köpfen und in den Herzen seiner Zuhörer wird hierüber entschieden.
Während eines Werbefeldzugs für Volkssparen unterrichtete ich einst eine Reihe von Männern des American Institute of Banking in New York in freier Rede. Einem der Männer wollte dieser Brückenschlag zu seinen Zuhörern gar nicht gelingen. Der erste Schritt bei den Bemühungen, ihm zu helfen war, sein Inneres mit Begeisterung für sein Thema zu erfüllen. Ich schlug ihm vor, in die Stille zu gehen und dort so lange sein Thema zu durchdenken, bis er sich wirklich an ihm entzündete. Ich bat ihn, sich an die statistischen Erhebungen in New York zu erinnern, die ausweisen, daß über 85 Prozent der Menschen bei ihrem Tode keinen Pfennig hinterlassen, daß nur 3,3 Prozent 10 000 Dollar oder mehr hinterlassen. Ich verlangte von ihm, sich ständig vor Augen zu

halten, daß er ja keinen Gefallen für sich oder etwas Unbilliges oder Unerfüllbares von den Leuten erbäte. Er sollte sich immer vorsagen: »Ich will diesen Menschen ja helfen, daß sie in ihren alten Tagen Fleisch und Brot und Kleider haben und daß sie ihre Frauen und Kinder über den eigenen Tod hinaus sichern.« Er sollte einfach ständig daran denken, daß er einen echten sozialen Dienst leisten würde. Kurz gesagt: Er sollte einen Kreuzzug durchführen. Diese Tatsachen überdachte er zunächst einmal. Er brannte sie sich geradezu ins Bewußtsein. Er weckte sein eigenes Interesse. Er fachte sein Gefühl mehr und mehr an und gewann das Empfinden, daß er tatsächlich eine Mission hatte. Als er nun ansetzte zu sprechen, war der Klang echter Überzeugung in seinen Worten. Er »verkaufte« seine Zuhörer an den Nutzen des Sparens, weil er ein lebhaftes Verlangen hatte, den Menschen zu helfen. Nun war er nicht mehr lediglich ein mit Fakten ausgestatteter Redner: Er war ein Missionar, der Anhänger für eine sinnvolle Sache suchte.

Früher habe ich in meiner Unterrichtspraxis weitgehend an Lehrbuchregeln für öffentliches Sprechen geglaubt. Solange ich das tat, wiederholte ich eigentlich nur einige der schlechten Gewohnheiten, die mir von Lehrern eingetrichtert worden waren, die die gespreizte Mechanik der Vortragskunst noch nicht über Bord geworfen hatten.

Nie werde ich meine erste Unterrichtsstunde im Reden vergessen. Man hatte mich gelehrt, die Arme lose am Körper herabhängen zu lassen, die Handflächen nach hinten gewandt, die Finger halb geschlossen, der Daumen hatte das Hosenbein leicht zu berühren. Ich war angewiesen worden, den Arm in malerischem Schwung zu heben, mit dem Handgelenk eine klassische Drehung zu vollführen und dann zunächst den Zeigefinger auszustrecken, darauf den Mittelfinger und als letzten den kleinen Finger. War diese ganze kunstvolle und ästhetische Bewegung ausgeführt, so hatte der Arm in umgekehrter Reihenfolge diese Kurve wieder zu beschreiben und schließlich wieder neben dem Bein in Ruhestellung zu gehen. Die ganze Vorstellung war hölzern und affektiert. Nichts an ihr war vernünftig oder ehrlich.

Mein Lehrer gab mir keinerlei Hilfe, mein eigenes Ich in meinen Vortrag zu bringen, keinerlei Hinweis, daß ich sprechen solle wie ein normales, menschliches Wesen, das sich seinen Zuhörern lebhaft mitteilt.

Halten Sie diese mechanische Methode einer Redetechnik einmal den drei Grundregeln entgegen, die ich in diesem Kapitel erläutert habe und die die Grundlage meiner gesamten Lehre über wirkungsvolles Sprechen sind. Wieder und wieder werden Sie ihnen in diesem Buch begegnen. Jede dieser Regeln wird in den drei nächsten Kapiteln ausführlich erklärt werden.

Rückblick auf Teil Eins

GRUNDSÄTZLICHES ÜBER WIRKUNGSVOLLES REDEN

Kapitel 1

Das Erwerben der Grundkenntnisse

Machen Sie sich die Erfahrungen anderer zunutze
Behalten Sie Ihr Ziel im Auge
Richten Sie Ihren Willen auf den Erfolg
Nutzen Sie jede Gelegenheit zur Übung

Kapitel 2

Selbstvertrauen entwickeln

Tatsachen über die Furcht vor öffentlichen Reden
Die richtige Vorbereitung
Lernen Sie Ihre Rede niemals auswendig
Sammeln und ordnen Sie Ihr Material vorher
Proben Sie Ihre Rede mit Ihren Freunden
Richten Sie Ihren Willen auf den Erfolg
Verlieren Sie sich an Ihr Thema
Halten Sie Ihre Gedanken von negativen Einflüssen frei
Halten Sie sich selbst eine Anfeuerungsrede
Handeln Sie zuversichtlich

Kapitel 3

Wirkungsvoll sprechen – schnell und leicht gelernt

Sprechen Sie über etwas, wozu Sie sich durch Erfahrung
oder Studium das Recht erworben haben
Berichten Sie uns, was das Leben Sie gelehrt hat
Suchen Sie Themen aus Ihrer Vergangenheit
Ihr Thema muß Sie erregen
Brennen Sie darauf, Ihren Zuhörern Ihre Botschaft
zu vermitteln

Teil 2

Die Rede,
der Redner und die Zuhörer

In diesem Teil besprechen wir das Rede-Dreieck, die drei Gesichtspunkte einer jeden Redesituation.
Erstens ist da die Rede selbst. Wir lernen etwas über den Gehalt der Rede; wie die Rede aus dem verschlungenen Gewebe unserer Erfahrungen geschaffen wird.
Zweitens sprechen wir vom Redner. Wir erfahren, welche Eigenschaften seines Geistes, seines Körpers, seiner Stimme er einsetzen muß, um seine Rede zu halten.
Drittens sprechen wir von den Zuhörern; dem Ziel, auf das die Rede gerichtet ist, und dem Schiedsrichter, der über den Erfolg oder Mißerfolg der Botschaft des Redners entscheidet.

Kapitel 4

Das Recht zum Sprechen

Es ist schon viele Jahre her, da nahmen an einem unserer New Yorker Kurse ein Doktor der Philosophie und gleichzeitig ein etwas rauhbeiniger Bursche teil, der seine Jugend bei der englischen Marine verbracht hatte. Der Mann mit dem akademischen Grad hielt Vorlesungen an einem College. Der ehemalige Seebär besaß ein Fuhrunternehmen in einer Nebenstraße. Seine Reden wurden von der Klasse sehr viel besser aufgenommen als die des Professors. Warum? Der Akademiker gebrauchte ein ausgezeichnetes Englisch. Er war höflich, gebildet, kultiviert. Seine Reden waren stets logisch und klar. Doch mangelte ihnen etwas Wesentliches — die Wirklichkeit, das Faßbare. Sie waren verschwommen und allgemein. Nicht ein einziges Mal untermauerte er seine Ausführungen durch die Schilderung persönlicher Erfahrungen. Meistens waren seine Reden nichts anderes als eine Folge abstrakter Ideen, an einem dünnen Fädchen Logik aufgereiht. Der Fuhrunternehmer dagegen redete bestimmt, gegenständlich und anschaulich. Er sprach in alltäglichen Redewendungen. Er stellte eine Behauptung auf und bewies sie anhand des Geschehens in seinem Berufsleben. Er beschrieb die Menschen, mit denen er zu tun hatte, und das Kopfzerbrechen, das ihm die Arbeitsvorschriften bereiteten. Seine kraftvollen, frischen Worte machten seine Reden außerordentlich lehrreich und unterhaltsam.

Wenn ich diese Reden beschreibe, so nicht, weil sie typisch für Collegeprofessoren und Fuhrunternehmer wären, sondern weil dadurch deutlich wird, wie die vielfältigen, farbigen Einzelheiten einer Rede die Zuhörer zur Aufmerksamkeit zwingen.

Es gibt vier Regeln zur Entwicklung einer Rede, die mit Sicherheit die Aufmerksamkeit der Hörer fesselt. Folgen Sie diesen vier Wegweisern bei Ihren Vorbereitungen, so werden Sie die Hörer in Ihren Bann ziehen.

BEGRENZEN SIE IHR THEMA

Wenn Sie Ihr Thema gewählt haben, ist der erste Schritt die Abgrenzung des Feldes, das Sie bearbeiten wollen. Und an diese Abgrenzung sollen Sie sich strikt halten. Machen Sie nicht den Fehler, die ganze Landschaft einzubeziehen. Ein junger Mann versuchte, eine Zwei-Minuten-Rede zu halten über *Athen vom Jahre 500 vor Christi Geburt bis zum Korea-Krieg*. Wie vollkommen nutzlos! Er hatte knapp die Gründung der Stadt behandelt, da mußte er sich wieder setzen. — Ein Opfer der Zwangsvorstellung, allzu vieles in eine Rede hineinstopfen zu müssen. Ich weiß, das ist ein extremes Beispiel. Ich habe Tausende von Reden gehört, deren Rahmen weniger weit gefaßt war, die aber aus dem gleichen Grund keine Aufmerksamkeit erreichten. Sie umfaßten einfach zu viele Punkte.

Es ist dem menschlichen Geist nicht möglich, einer monotonen Aufzählung von Tatsachen aufmerksam zu folgen. Klingt Ihre Rede wie ein Almanach, so werden Sie die Aufmerksamkeit nicht lange fesseln können. Nehmen Sie ein einfaches Beispiel wie die Schilderung eines Ausflugs zum Yellowstone Park. In Ihrem Eifer, ja nichts auszulassen, wollen die meisten Menschen über jeden einzelnen Aussichtspunkt im Park sprechen. Mit schwindelerregender Eile wird der Zuhörer von einem Punkt zum anderen gejagt. Und was bleibt am Ende im Gedächtnis? Ein verschwommenes Durcheinander von Wasserfällen, Bergen und Geysern. Wieviel besser haftet eine solche Rede in der Erinnerung, wenn der Redner sich auf ein einziges Erlebnis im Park beschränkt, das Wild zum Beispiel oder die heißen Quellen. Dann bleibt ihm Zeit, das einzelne so lebhaft darzustellen, daß dem Zuhörer der Yellowstone Park in seiner Vielfarbigkeit und Mannigfaltigkeit lebendig wird.

Das gilt gleichermaßen für alle Themen, wie sie auch lauten mögen: Verkaufsgewandtheit, Kuchenbacken, Steuerfreiheit oder die Flugbahn einer Rakete. Ehe Sie beginnen, müssen Sie begrenzen und auswählen und den Umfang Ihres Themas dem Umfang der Ihnen zur Verfügung stehenden Zeit angleichen.

In einer kurzen Rede, von weniger als fünf Minuten Dauer, können Sie nur ein oder zwei Hauptpunkte aufführen. In einer längeren Rede, bis zu dreißig Minuten, gelingt es nur wenigen Rednern, mit Erfolg zu sprechen, wenn sie mehr als vier oder fünf Hauptgedanken behandeln.

ENTWICKELN SIE KRAFTRESERVEN

Es ist viel leichter, ein Thema oberflächlich zu behandeln, als fundierte Tatsachen zu bringen. Wählen Sie jedoch den leichten Weg, so werden Sie auf die Zuhörer nur wenig oder gar keinen Eindruck machen. Nachdem Sie Ihr Thema begrenzt haben, sollten Sie als nächstes sich selbst Fragen stellen, die das eigene Verständnis vertiefen und Sie befähigen, als Autorität zum gewählten Thema zu sprechen. Warum glaube ich das? Wann habe ich in meinem Leben etwas Beispielhaftes hierzu erfahren? Was versuche ich damit zu beweisen? Wie hat sich das im einzelnen abgespielt?

Derartige Fragen rufen nach Antworten, die Ihnen Kraftreserven vermitteln werden — die Kraft, die Ihre Zuhörer gespannt lauschen läßt. Von Luther Burbank, dem großen Botaniker, wird erzählt, daß er eine Million Pflanzenarten züchtete, um dann ein oder zwei außergewöhnliche Arten zu finden. Ebenso ist es mit einer Rede. Sammeln Sie hundert Gedanken zu Ihrem Thema — und dann verwerfen Sie neunzig.

»Ich bemühe mich stets, zehnmal so viele Informationen zu erlangen, als ich benötige, manchmal hundertmal so viele«, sagte John Gunther vor einiger Zeit. Dabei sprach der Autor der unter dem Namen *Inside-Books* bekannten Bestseller über die Art und Weise, wie er sich vorbereitete, ein Buch zu schreiben oder eine Rede zu halten. Bei einer Gelegenheit wurden diese Worte ganz besonders veranschaulicht. Im Jahre 1956 arbeitete er an einer Folge von Aufsätzen über Irrenanstalten. Er besuchte derartige Anlagen, er sprach mit ihren Leitern, ihren Angestellten und ihren Patienten. Einer meiner Freunde begleitete und unterstützte ihn ein wenig bei seinen Untersuchungen. Von ihm erfuhr ich, daß sie endlose Meilen zurücklegten, treppauf, treppab, Korridor nach Korridor, Gebäude nach Gebäude, tagein, tagaus. John Gunther füllte viele Notizbücher. In sein Büro zurückgekehrt, stapelte er Berichte von Regierung und Behörden auf, Auskünfte privater Hospitäler und Stöße von statistischen Erhebungen, und arbeitete sie durch.

»Schließlich«, erzählte mir mein Freund, »schrieb er vier kurze Artikel, die einfach und anekdotenhaft genug waren, um gute Reden abzugeben. Das Schreibpapier, auf dem sie getippt waren, mag einige Gramm schwer gewesen sein. Die vollgeschriebenen Notizbücher und alles, was er sonst als Ausgangsmaterial für seine Artikel benutzt hatte, muß zwanzig Pfund gewogen haben.«

Gunther wußte, daß er mit wertvollstem Stoff arbeitete. Er wußte, er durfte nichts vernachlässigen. Erfahren wie er in solcher Arbeit war, kniete er sich wirklich hinein, und er schied die Spreu vom Weizen. Ein mir befreundeter Chirurg sagte: »Ich kann dir in zehn Minuten beibringen, wie man einen Blinddarm erfernt. Aber es würde mich vier Jahre kosten, dir beizubringen, was man tun muß, wenn dabei etwas schief geht.« So ist es auch mit dem Reden. Bereiten Sie sich immer so vor, daß Sie auch für den Notfall gewappnet sind: wenn sich zum Beispiel der Schwerpunkt durch die Worte eines Vorredners verschiebt, oder wenn eine wohlgezielte Frage in der anschließenden Diskussion gestellt wird.

Kraftreserven können Sie auch gewinnen, wenn Sie Ihr Thema so früh wie möglich wählen. Warten Sie nicht bis zum letzten oder vorletzten Tag, ehe Sie sprechen müssen. Entscheiden Sie sich frühzeitig für ein Thema, so haben

Sie den unschätzbaren Vorteil, daß Ihr Unterbewußtsein für Sie mitarbeitet. Dann und wann im Lauf des Tages, wenn Sie gerade nicht angespannt tätig sind, können Sie Ihre Gedanken mit Ihrem Thema spielen lassen, Sie können Ihre Ideen verfeinern, die Sie Ihren Zuhörern übermitteln wollen. Die Zeit, die Sie üblicherweise verträumen, wenn Sie auf der Heimfahrt sind, auf den Bus warten, in der U-Bahn fahren, kann sinnvoller verwendet werden, indem Sie über das Thema Ihrer Rede nachsinnen. In dieser Inkubationsperiode, dieser Zeit des Brütens werden Sie blitzartig Einsichten gewinnen, gerade weil Sie Ihr Thema weit im voraus gewählt haben und Ihre Gedanken sich auch unbewußt damit beschäftigen.
Norman Thomas, ein prächtiger Redner, dem selbst politische Gegner respektvolle Aufmerksamkeit zollten, meinte: »Wenn eine Rede auch nur igendeine Bedeutung haben soll, so muß der Redner mit dem Thema oder der Botschaft leben und sie wieder und wieder in seinen Gedanken bewegen. Er wird überrascht sein, wieviel brauchbare Illustrationen oder Möglichkeiten der Darstellung ihm einfallen werden, während er auf der Straße spaziert oder die Zeitung liest oder sich zum Schlafengehen anschickt oder morgens erwacht. Mittelmäßige Reden sind oft nur die unvermeidliche, genaue Widerspiegelung mittelmäßigen Denkens und die Folge unzulänglicher Vertrautheit mit dem aufgegriffenen Thema.«
Während Sie in diesem Stadium der Vorbereitung sind, werden Sie hart versucht sein, Ihre Rede Wort für Wort aufzuschreiben. Widerstehen Sie dieser Versuchung; denn haben Sie erst einmal ein Muster entworfen, liegt es nahe, daß Sie zu rasch damit zufrieden sind und aufhören, weitere konstruktive Gedanken daran zu wenden. Und

hinzu kommt noch die Gefahr, das einmal Niedergeschriebene auswendig zu lernen, Über solches Auswendiglernen hat Mark Twain folgendes zu sagen: »Geschriebene Dinge sind nichts für die Rede. Ihre Form ist literarisch. Sie sind steif und unbiegsam und eignen sich nicht für frohgemute mündliche Übermittlung. Deren Zweck aber ist vor allem die Unterhaltung, nicht die Instruktion. Die Rede soll geschmeidig sein, der Umgangssprache ähnlich und wie aus dem Stegreif heraus wirken. Andernfalls werden Sie Ihre Hörer langweilen — statt sie zu unterhalten.«

Charles F. Kettering, dessen erfindungsreicher Geist die Entwicklung von General Motors wesentlich beeinflußte, war einer der berühmtesten und gewinnendsten Redner Amerikas. Auf die Frage, ob er gelegentlich Teile seiner Reden oder ganze Vorträge ausschreibe, antwortete er: »Was ich zu sagen habe, ist, wie ich glaube, viel zu wichtig, als daß man es auf Papier schreiben dürfte. Ich ziehe es vor, es in den Geist, in das Empfinden meiner Zuhörer zu schreiben mit jeder Faser meines Wesens. Ein Stück Papier kann doch nicht zwischen mir und denen stehen, die ich beeindrucken will.«

FÜLLEN SIE IHRE REDE MIT BILDERN UND BEISPIELEN

In seinem Buch *Art of Readable Writing* beginnt Rudolf Flesch ein Kapitel mit dem Satz: »Nur Geschichten sind wirklich lesbar.« Dann zeigt er auf, wie dieses Prinzip von *Time* und *Reader's Digest* befolgt wird. Fast jeder Artikel dieser äußerst auflagenstarken Magazine ist entweder als reine Erzählung geschrieben oder reichlich mit Anekdoten durchsetzt. Niemand bezweifelt, daß eine Geschichte — ob sie nun erzählt oder für eine Zeitschrift geschrieben wird — immer Aufmerksamkeit findet.

Norman Vincent Peale, dessen Predigten von Millionen im Radio und Fernsehen gehört werden, sagt, daß die von ihm bevorzugte Form der Übermittlung in einer Rede das Bild oder das Beispiel ist. Einem Interviewer des *Quarterly Journal of Speech* erzählte er einmal, daß »das wahre Beispiel die beste mir bekannte Methode ist, eine Idee klar, interessant und überzeugend zu machen. Üblicherweise gebrauche ich mehrere Beispiele, um jeden Hauptpunkt zu untermauern.«

Die Leser meiner Bücher erkennen rasch, wie ich die Anekdote als ein Mittel benutze, um die wichtigsten Gesichtspunkte meiner Botschaft zu veranschaulichen. Die Regeln des Buches *Wie man Freunde gewinnt* können auf anderthalb Seiten aufgeführt werden. Die übrigen zweihundertunddreißig Seiten dieses Buches sind mit Geschichten und Beispielen gefüllt, um aufzuzeigen, wie andere diese Regeln mit Nutzen und Erfolg angewandt haben.

Wie können wir diese außerordentlich wichtige Technik erlernen, anschauliches Material zu gebrauchen? Fünf Regeln sind dabei zu beachten: Werden Sie in Ihrer Rede menschlich, persönlich, erwähnen Sie Einzelheiten, dramatisieren Sie, machen Sie Bilder sichtbar!

DAS MENSCHLICHE ELEMENT BETONEN

Ich forderte einst eine Gruppe amerikanischer Geschäftsleute in Paris auf, über das Thema zu sprechen: *Wie man*

Erfolg hat. Die meisten brachten eine bloße Aufzählung abstrakter Eigenschaften und predigten über den Wert harter Arbeit, Beharrlichkeit und Ehrgeiz. Ich unterbrach die Gruppe und sagte folgendes: »Wir wollen hier nicht belehrt werden. Das mag keiner. Denken Sie daran, Sie sollen uns unterhalten, oder wir werden Ihnen keine Aufmerksamkeit schenken, was Sie auch immer sagen mögen. Denken Sie auch daran, daß eines der interessantesten Dinge auf der Welt dramatisierter, besserer Klatsch ist. Darum erzählen Sie uns die Geschichte zweier Menschen, die Sie gekannt haben. Erzählen Sie uns, warum der eine Erfolg hatte und der andere versagte. Dem werden wir gerne zuhören, daran können wir uns erinnern, und vermutlich werden wir daraus Nutzen ziehen.«
In diesem Kurs war ein Teilnehmer, der ständig entweder Schwierigkeiten hatte, selbst Interesse an seinem Thema zu entwickeln oder die anderen dafür zu erwärmen. An diesem Abend jedoch begriff er den Vorschlag, seine Hörer menschlich zu interessieren, und erzählte uns von zwei Mitschülern in seinem College. Der eine von ihnen war so übervorsichtig gewesen, daß er Hemden in den verschiedenen Geschäften der Stadt gekauft und Listen angelegt hatte, aus denen hervorging, welches Hemd sich am besten waschen ließ, welches am längsten hielt, welches pro investiertem Dollar den größten Nutzen brachte. Seine Gedanken kreisten nur um Pfennige. Nachdem er das Abschlußexamen abgelegt hatte — es war ein College für Ingenieure —, hatte er eine so hohe Meinung von seiner eigenen Bedeutung, daß er nicht willens war, von der Pike auf zu beginnen und sich emporzuarbeiten, wie es die anderen Absolventen des Colleges taten. Als sich der Abschlußtermin zum drittenmal jährte, machte er

immer noch Wäschelisten von seinen Hemden und wartete darauf, daß ihm eine besonders gute berufliche Chance über den Weg käme. Diese aber kam nie. Seither ist ein Vierteljahrhundert vergangen, und der Mann, enttäuscht und verbittert über das Leben, hat immer noch eine unbedeutende Stellung.

Nun stellte der Redner diesem Versager die Geschichte eines Mitschülers gegenüber, der alle Erwartungen übertroffen hatte. Dieser junge Mann paßte sich überall gut an. Jeder mochte ihn. Obwohl er voller Eifer war, späterhin etwas Großes zu erreichen, begann er als Zeichner. Doch immer hielt er nach einer guten Gelegenheit Ausschau. Damals wurden die Pläne für die Weltausstellung in New York gemacht. Er wußte, daß man dort fähige Ingenieure brauchen würde, so kündigte er seine Stellung in Philadelphia und zog nach New York. Dort tat er sich mit einigen anderen zusammen und gründete sogleich ein Bauunternehmen. Die Gruppe führte umfangreiche Arbeiten für die Telefongesellschaft durch, und diese Gesellschaft übernahm den jungen Mann schließlich gegen gute Bezahlung.

Ich habe hier nur den kurzen Umriß von dem wiedergegeben, was der Redner erzählte. Er machte seine Rede interessant und anschaulich durch eine Fülle amüsanter und menschlich bewegender Einzelheiten. Er sprach weiter und weiter — dieser Mann, der sonst nicht genug Material finden konnte, um auch nur eine Drei-Minuten-Rede zu halten. Er war überrascht, als er nachher erfuhr, daß er bei dieser Gelegenheit zehn Minuten gesprochen hatte. Die Rede war so interessant gewesen, daß sie jedem kurz erschien, und dem Redner den ersten wirklichen Triumph brachte.

Fast jeder kann aus diesem Vorfall lernen. Die übliche Durchschnittsrede würde sehr viel mehr Anklang finden, wenn sie durch menschlich interessierende Geschichten bereichert würde. Der Redner sollte versuchen, nur wenige Gesichtspunkte zu behandeln, diese aber durch tatsächliche Geschehnisse illustrieren. Einer solchen Rede wird die Aufmerksamkeit kaum versagt bleiben.
Die reichste Quelle menschlich interessierenden Stoffes ist selbstverständlich die eigene Lebenserfahrung. Zögern Sie nicht, Ihre Erfahrungen mitzuteilen, nur weil Sie unklar empfinden, daß Sie nicht über sich selbst sprechen sollten. Nur dann wird ein Hörerkreis es ablehnen, einem Menschen zuzuhören, der über sich selbst spricht, wenn das in eitler, ichbezogener Weise geschieht. Sonst aber sind Zuhörer ganz außerordentlich interessiert an den persönlichen Erlebnissen, die ihnen die Redner erzählen. Sie sind das sicherste Mittel, die Aufmerksamkeit zu fesseln. Vernachlässigen Sie diese Möglichkeit nicht.

Eigennamen gebrauchen

Benützen Sie um jeden Preis Namen, wenn Sie Geschichten erzählen, die von anderen handeln; oder erfinden Sie Namen, wenn Sie die Identität eines Menschen schützen wollen. Selbst so unpersönliche Namen wie »Hans Schmidt« oder »Fritz Meyer« sind sehr viel anschaulicher als »dieser Mann« oder »ein Mensch«. Das Etikett identifiziert und unterscheidet. Wie Rudolf Flesch ausführt, »fügt nichts einer Geschichte mehr Realität hinzu als Namen — nichts ist so unreal wie Anonymität. Kennen Sie einen Roman, dessen Held keinen Namen hat?«
Benützen Sie viele Namen und persönliche Fürwörter in

Ihrer Rede, dann wird Ihnen mit Sicherheit aufmerksam zugehört werden; Ihr Vortrag enthält dann einen kostbaren Bestandteil: menschliche Anteilnahme.

BESTIMMTE EINZELHEITEN VERWENDEN

Vielleicht sagen Sie an dieser Stelle: »Alles gut und schön, wie fange ich es aber an, genug Einzelheiten in meine Rede einzuflechten?« Dafür gibt es einen Test. Benützen Sie die Fünf-W-Formel, die jeder Reporter anwendet, wenn er eine Nachricht aufschreibt: Geben Sie Antwort auf die Fragen Wann? Wo? Wer? Was? Warum? Gebrauchen Sie diese Formel — und Ihre Beispiele werden von Leben und Farbe strotzen. Lassen Sie mich das durch eine Anekdote aus meinem eigenen Leben illustrieren, die im *Reader's Digest* veröffentlicht wurde:
»Nach Abschluß des Colleges verbrachte ich zwei Jahre auf Geschäftsreisen für die Firma Armour & Co. in Süd-Dakota. Kreuz und quer fuhr ich mit Güterzügen durch meinen Bezirk. Eines Tages hatte ich einen zweistündigen Aufenthalt in Redfield, ehe ich einen Anschlußzug nach Süden bekam. Diese Zeit konnte ich für Geschäfte nicht nutzen, da Redfield nicht zu meinem Bezirk gehörte. Da ich spätestens in einem Jahr nach New York gehen wollte, um das Studium an der Akademie für Schauspielkunst aufzunehmen, entschied ich mich, diese freie Zeit für Sprechübungen zu verwenden. Ich wanderte über das Bahnhofsgelände und begann eine Scene aus *Macbeth* zu proben. Wild mit den Armen gestikulierend, rief ich dramatisch: ›Ist das ein Dolch, was ich vor mir erblicke, der Griff mir zugekehrt? Komm, laß dich packen — ich faß dich nicht, und doch seh ich dich immer.‹

Ich war noch ganz vertieft in die Szene, als mich vier Polizisten umringten und fragten, weshalb ich Frauen erschreckte. Hätten sie mich des Raubüberfalles auf einen Zug beschuldigt, so hätte ich nicht verblüffter sein können. Sie teilten mir mit, daß mich eine Hausfrau aus ihrem Küchenfenster beobachtet hätte, aus einem wohl hundert Meter entfernten Haus. Nie zuvor hatte sie so etwas gesehen. Deshalb hatte sie die Polizei gerufen, und als diese eintraf, hörte man mich etwas von Dolchen schreien.

Ich klärte die Polizisten darüber auf, daß ich ›Shakespeare probte‹, doch ich mußte erst mein Auftragsbuch von Armour & Co. vorlegen, ehe sie mich in Frieden ließen.«

Beachten Sie, wie in dieser Anekdote die Fünf-W-Formel angewandt wird. Nun sind selbstverständlich allzu viele Einzelheiten schlechter als gar keine Einzelheiten. Wir alle sind schon einmal zu Tode gelangweilt worden durch lang und breit gewalzte, überflüssige und weit hergesuchte Details. Beachten Sie, wie in der Geschichte über die Fast-Verhaftung in Süd-Dakota jede der Fünf-W-Fragen kurz und bündig beantwortet wird. Wenn Sie Ihre Rede jedoch mit einem Übermaß von Einzelheiten vollstopfen, so werden Ihre Zuhörer Ihnen die ungeteilte Aufmerksamkeit verweigern. Und keine Zensur kann schwerwiegender sein als Unaufmerksamkeit.

Durch direkte Rede dramatisieren

Stellen wir uns einmal vor, Sie wollten schildern, wie Sie mit Erfolg einen erzürnten Kunden beruhigten, indem Sie eine der Regeln für gute menschliche Beziehungen anwandten. Sie könnten etwa folgendermaßen beginnen:

»Neulich kam ein Mann in mein Büro. Er war recht verärgert, weil die Lieferung, die er eine Woche vorher von uns erhalten hatte, nicht wunschgemäß ausgefallen war. Ich sagte ihm, wir würden unser möglichstes tun, alle Fehler zu beheben. Nach einiger Zeit beruhigte er sich und schien zufrieden, daß wir vorhatten, alles in Ordnung zu bringen.« Diese Darstellung hat einen Vorzug, sie ist ziemlich genau. Es fehlen ihr aber Namen, spezielle Details, und vor allem der echte Dialog, durch den dieses Geschehen erst Leben bekommen würde. Hören wir die gleiche Geschichte, noch einmal in der anderen Version: »Vorigen Dienstag wurde die Tür meines Büros aufgerissen. Als ich hochfuhr, stand mit wütender Miene Charles Blexam vor mir, einer meiner ständigen Kunden. Ich fand nicht einmal die Zeit, ihm einen Platz anzubieten, da schimpfte er schon los: ›Jetzt habe ich aber genug, Ed! Lassen Sie nur gleich einen Transporter ·vorfahren und die Waschmaschine wieder abholen.‹

Ich fragte ihn, was los sei. Er schleuderte mir die Worte entgegen: ›Sie geht nicht! Die Wäsche wird ganz verknäult‹, schrie er, ›meine Frau hat es satt, sich drüber zu ärgern!‹

Ich bat ihn, sich zu setzen und mir die Sachlage etwas genauer zu erklären.

›Ich hab' keine Zeit, mich auch noch hinzusetzen‹, polterte er, ›ich komme zu spät zur Arbeit. Ich wünschte nur, ich wäre nie hergekommen, um irgend etwas von Ihnen zu kaufen. In Zukunft werde ich schlauer sein.‹ Hierbei schlug er mit der Faust auf meinen Tisch und warf dabei das Bild meiner Frau um.

›Hören Sie, Charley‹, sagte ich, ›wenn Sie sich jetzt nur hinsetzen und mir alles richtig sagen, verspreche ich

Ihnen, daß ich alles tun werde, was Sie wollen.‹ Auf diese Worte hin setzte er sich, und wir besprachen alles in Ruhe.«
Nicht immer ist es möglich, direkte Rede in Ihrem Vortrag zu verwenden. Doch Sie werden erkennen, wie Rede und Gegenrede in unserem Beispiel hilft, die Geschichte für den Zuhörer spannender zu machen. Hat der Redner ein wenig schauspielerisches Talent und vermag er auch stimmlich die verschiedenen Personen zu charakterisieren, so wird der Dialog sogar noch wirkungsvoller werden. Außerdem bringt der Dialog den echten alltäglichen Ton der Konversation in Ihre Rede. Das verhilft Ihnen dazu, daß Ihre Worte klingen, als sprächen Sie ungezwungen am Wohnzimmertisch — nicht, als läse ein Langweiler einen Schrieb vor einer ehrenwerten Versammlung ab oder als fabriziere ein Berufsredner einen Schwulst am Mikrofon.

SCHAUSPIELERISCH DARSTELLEN

Wir wissen von den Psychologen, daß mehr als 85 Prozent unseres Wissens auf bildhafte Eindrücke zurückzuführen sind. Ganz ohne Zweifel erklärt das auch die große Wirkung des Fernsehens als Werbemittel und als Medium der Unterhaltung. Öffentliche Reden sollten ebenfalls gleichzeitig ein Erlebnis für Auge und Ohr sein.
Eine der besten Möglichkeiten, eine Rede durch Einzelheiten zu bereichern, ist es, sie durch Gesten und Mimik anschaulich darzustellen. Es mag Stunden kosten, wenn Sie mir mit Worten klarmachen wollen, wie man einen Golfball schlägt — und vermutlich werden Sie mich dabei langweilen. Aber gehen Sie mit mir auf den Golfplatz

und zeigen Sie mir, was Sie tun, wenn Sie den Ball zu dem weit entfernten Loch befördern — dann werde ich ganz Auge und Ohr sein. Ebenso wird es mir gehen, wenn Sie mir ungewöhnliche Flugmanöver eines Düsenklippers unter Zuhilfenahme Ihrer Arme und Schultern deutlich machen, um mir von einer gerade noch vermiedenen Katastrophe zu berichten.

Ich entsinne mich noch gut einer Rede, die vor einem Unternehmerkreis gehalten wurde. Sie war ein Meisterstück anschaulicher Einzelheiten. Der Redner scherzte in netter Weise über Inspektoren und Refaleute. Wie er die Gesten und Grimassen dieser Herren nachahmte, wenn sie eine kaputtgegangene Maschine inspizierten, das war vergnüglicher als alles, was ich im Fernsehen gesehen habe. Darüber hinaus ließ die schauspielerische Leistung diese Rede in der Erinnerung haften — ich werde sie nie vergessen und bin sicher, daß die anderen Teilnehmer noch heute darüber sprechen.

Es ist eine gute Hilfe, sich selbst zu fragen: »Wie kann ich sichtbare Einzelheiten in meine Rede einbauen?« Und dann fangen Sie getrost an zu demonstrieren. Denken Sie an die chinesische Weisheit, daß ein Bild mehr sagt als tausend Worte.

VERWENDEN SIE BILDHAFTE REDE

Beim Bemühen, Aufmerksamkeit zu gewinnen und zu halten — dem ersten Anliegen eines jeden Redners —, gibt es eine Hilfe, eine Technik, die von höchster Wichtigkeit ist. Meist wird sie aber dennoch nicht berücksichtigt. Der

Durchschnittsredner scheint sie überhaupt nicht zu kennen. Vermutlich hat er sich gedanklich nie mit ihr auseinandergesetzt. Ich meine das Verfahren, Worte zu verwenden, die Bilder schaffen. Der bildhaften Rede kann man leicht folgen. Aber der Redner, der nebelhafte, farblose Begriffe anwendet, schläfert seine Hörer ein.

Bilder, Bilder, und nochmals Bilder. Sie sind umsonst zu haben wie die Luft, die wir atmen. Flechten Sie sie in Ihre Reden, in Ihre Unterhaltung ein — und Sie werden andere besser unterhalten, stärker beeinflussen. In seinem berühmten Essay *Philosophy of Style* wies Herbert Spencer schon vor langer Zeit darauf hin, wie unübertrefflich Redewendungen sind, die farbige Bilder hervorrufen:

»Wir denken nicht in Allgemeinheiten, sondern in bestimmten Begriffen... Wir sollten Sätze vermeiden wie: ›Im entsprechenden Verhältnis zur Grausamkeit und Unzivilisiertheit der Sitten, Bräuche und Gewohnheiten einer Nation werden sich auch die Bestimmungen ihres Strafgesetzes verhalten!‹

Statt dessen sollten wir schreiben:

›In dem Maße, wie die Menschen Vergnügen finden an Schlachten, Stierkämpfen und Gladiatorenwettspielen, werden sie durch den Galgen, den Scheiterhaufen und die Folter strafen.‹

Bildhafte Ausdrücke beleben die Seiten der Bibel und die Werke Shakespeares wie Bienen einen Bienenkorb. Wie wird ein durchschnittlicher Schreiber ausdrücken, daß eine bestimmte Sache überflüssig ist? Er wird etwa sagen, sie sei der Versuch, das Vollkommene zu verbessern. Wie drückt Shakespeare den gleichen Gedanken aus? Mit einem Bildersatz, der unsterblich geworden ist: ›Vergülden feines Gold, die Lilie malen, auf die Viola Wohlgerüche streuen.‹«

Haben Sie je darüber nachgedacht, daß fast alle Sprichwörter und Redensarten, die von Generation zu Generation weitergegeben werden, bildhafte Redensarten sind? »Ein Spatz in der Hand ist besser als eine Taube auf dem Dach.« — »Es regnet Bindfäden.« — »Man kann einen Esel zur Krippe führen, aber fressen muß er selber.« Und das gleiche Element des Bildhaften werden Sie in fast allen Gleichnissen und Vergleichen finden, die Jahrhunderte überdauert haben und vom vielen Gebrauch Patina angesetzt haben: »Schlau wie ein Fuchs.« — »Platt wie eine Wanze.« — »Hart wie ein Fels.«

Lincoln sprach fortwährend in bildhaften Redewendungen. Wenn er der langen, komplizierten, vom Amtsschimmel diktierten Berichte überdrüssig wurde, die auf seinem Tisch im Weißen Haus landeten, dann führte er sehr bewegte Klage darüber. Nicht etwa mit farbloser Phrasendrescherei, sondern mit einem Bild, das man kaum vergessen kann: »Wenn ich einen Mann losschicke, ein Pferd zu kaufen, will ich nicht hören, wieviel Haare sein Schweif hat. Ich will lediglich von der Schnelligkeit seiner Beine wissen.« Machen Sie Ihre Wortbilder eindeutig und klar. Malen Sie geistige Bilder, die so scharf und deutlich sind wie das Geweih eines Hirsches gegen den Sonnenuntergang. Das Wort »Hund« zum Beispiel ruft in uns eine mehr oder weniger deutliche Vorstellung eines solchen Tieres hervor — eines Dackels etwa oder eines Pudels, eines Bernhardiners oder eines Schäferhundes. Bedenken Sie, wieviel deutlicher das Bild ist, das blitzartig in Ihrem Geist aufflammt, wenn der Redner »Bulldogge« sagt — diese Bezeichnung ist weniger allgemein. Und ruft »eine gefleckte Bulldogge« nicht ein noch klareres Bild hervor? Ist es nicht lebendiger, von einem »schwarzen Shetland-Pony« zu sprechen als von »einem Pferd«? Vermittelt ein »weißer Bantam-Hahn mit einem gebrochenen Bein« nicht ein sehr viel schärferes Bild als nur das Wort »Hahn«?

In seinem Buch *The Elements of Style* schreibt William Strunk jun.: »Wenn diejenigen, die die Kunst des Schreibens erlernt haben, in einem Punkt übereinstimmen, dann in diesem: Der zuverlässigste Weg, die Aufmerksamkeit des Lesers zu gewinnen und zu behalten, ist, genau, bestimmt und gegenständlich zu schreiben. Die größten Dichter — Homer, Dante, Shakespeare — sind so wirkungsvoll, weil sie Einzelheiten schildern, und zwar Einzelheiten, die wichtig sind. Ihre Worte rufen Bilder hervor.« Diese Regel ist für das Sprechen genauso wichtig wie für das Schreiben.

Vor Jahren benutzte ich einmal eine Sitzung in einem meiner Kurse für einen Versuch, sich gegenständlich auszudrücken. Wir stellten eine Regel auf, daß der Redner in jedem Satz entweder eine Tatsache zu bringen hatte oder ein echtes Hauptwort, eine Person oder eine Zeitangabe. Die Ergebnisse waren revolutionär. Die Teilnehmer machten einen Sport daraus, sich bei Gemeinplätzen zu erwischen. In kürzester Zeit gab es kein Geschwafel mehr, das über die Köpfe der Zuhörer hinwegging, sondern nur noch die klare, handfeste Sprache des Mannes auf der Straße.

»Ein abstrakter Stil«, sagt der französische Philosoph Alain, »ist immer schlecht. Deine Sätze sollten voller Steine, Metalle, Stühle, Tische, Tiere, Männer und Frauen sein.«

Für die tägliche Unterhaltung trifft das genauso zu. Tatsächlich gilt alles, was in diesem Kapitel über den Gebrauch von Einzelheiten beim Vortrag vor Gruppen gesagt wurde genauso für die alltägliche Unterhaltung. Die Einzelheit ist es, die die Konversation aufleuchten läßt. Jeder, der zu einer besseren Unterhaltung beitragen will, wird Gewinn aus der Befolgung der hier gemachten Vorschläge ziehen. Auch Verkäufer werden die Zauberkraft des Details entdecken, wenn sie die gegebenen Ratschläge in ihren Verkaufsgesprächen anwenden. Jeder, der eine leitende Stellung hat, jede Hausfrau, jeder Lehrer, wird feststellen, daß die Erteilung von Anweisungen und die Weitergabe von Informationen außerordentlich verbessert wird, wenn man genaue, anschauliche Einzelheiten gebraucht.

Kapitel 5

Die Rede lebendig machen

Unmittelbar nach dem Ersten Weltkrieg arbeitete ich in London mit Lowell Thomas zusammen, der vor einem großen Hörerkreis eine Reihe brillanter Vorträge über Allenby und Lawrence von Arabien hielt. Eines Sonntags spazierte ich zum Hyde Park und kam an den bekannten Platz in der Nähe des Marble Arch Eingangs, wo Redner jeglicher Farbe, Weltanschauung, politischer und religiöser Überzeugung ohne Einspruch der Behörden ihre Ansichten von sich geben dürfen. Eine Zeitlang hörte ich einem Katholiken zu, der die Lehre von der Unfehlbarkeit des Papstes erklärte, dann wandte ich mich einem anderen Häuflein zu, neugierig, was ein Sozialist über Karl Marx sagen würde. Ich bummelte hinüber zu einem dritten Redner, der auseinandersetzte, weshalb es für einen Mann gut und richtig sei, vier Frauen zu haben. Dann entfernte ich mich ein wenig und schaute auf die drei Gruppen zurück.

Man sollte es kaum glauben: Der Mann, der über Polygamie sprach, hatte die geringste Hörerzahl! Es war nur eine Handvoll. Die Ansammlungen rund um die beiden anderen Redner wurden von Minute zu Minute größer. Ich fragte mich nach dem Grund. Lag es an der Unterschiedlichkeit der Themen? Wohl kaum. Vielmehr erkannte ich: Es lag an den Rednern selbst. Der Bursche, der über den Vorzug der Vielweiberei sprach, sah gar nicht so aus, als sei er selbst daran interessiert, vier Frauen zu haben. Die beiden anderen Redner hingegen, die von fast genau entgegengesetzten Gesichtspunkten aus redeten, waren völlig überzeugt von ihren Themen. Sie sprachen mit größter Lebhaftigkeit. Mit leidenschaftlichen Armbewegungen unterstrichen sie ihre Worte. Sie strahlten Ernsthaftigkeit und Überzeugung aus.

Leben, Lebendigkeit, Begeisterung — das sind die Eigenschaften, die ich immer als die wichtigsten Voraussetzungen für einen Redner angesehen habe. Einem lebhaften Redner strömen die Menschen zu, wie Stare in einen Kirschbaum einfallen.

Wie können Sie diese Lebhaftigkeit der Aussage erlangen, die die Aufmerksamkeit Ihrer Zuhörer bannt? Im Laufe dieses Kapitels werde ich Ihnen drei äußerst wirksame Methoden zeigen, die Ihnen helfen werden, Schwung und Feuer in Ihrer Rede zu entfachen.

WÄHLEN SIE THEMEN, DIE IHNEN AM HERZEN LIEGEN

Im dritten Kapitel hatten wir herausgestellt, wie wichtig es ist, daß Sie von Ihrem Thema innerlich bewegt sind. Mangelt es Ihnen an dieser inneren Anteilnahme, dann können Sie nicht erwarten, daß Ihre Zuhörer Ihrer Botschaft glauben. Es liegt auf der Hand, daß ein Thema, von dem Sie selbst erregt sind, weil Sie vielfältige Erfahrungen mit ihm verbinden, es Ihnen leicht macht, mit innerer Anteilnahme darüber zu sprechen. Das kann ein Hobby oder eine Freizeitbeschäftigung sein oder etwas, woran Sie viel Nachdenken gewandt haben, weil es Sie persönlich angeht — wie etwa die Notwendigkeit besserer Schulen in Ihrer Wohngemeinde. Die überzeugende Kraft, die von ernstlichem Einsatz ausgeht, ist mir nie lebhafter vor Augen geführt worden als anläßlich einer Rede in einem meiner New Yorker Kurse vor mehr als zwei Jahrzehnten. Ich habe zahlreiche überzeugende Reden gehört, doch diese, die ich die Geschichte vom »Blaugras aus der Holzasche« nenne, ragt weit über alle anderen hinaus, als eindringliches Beispiel für die Schlagkraft ernsthafter Überzeugung.

Ein blendender Verkäufer einer der bekanntesten Verkaufsorganisationen New Yorks stellte die verblüffende Behauptung auf, daß es ihm gelungen sei, ohne Verwendung von Saat oder Wurzeln Blaugras wachsen zu lassen. Zufolge seines Berichtes hatte er Holzasche von Hickoryästen über frisch gepflügten Boden ausgestreut. Und siehe da: Blaugras entsproß dem Boden! Er war fest überzeugt davon, daß der Hickoryasche, und zwar ihr allein, das Wachsen des Blaugrases zu verdanken sei.

Als ich seine Rede kommentierte, wies ich vorsichtig darauf hin, daß seine einzigartige Entdeckung, wenn sie sich als zutreffend herausstellte, ihn zum Millionär machen würde, da Blaugrassaat recht teuer wäre. Ich sagte ihm ebenfalls, das würde ihn zum hervorragendsten Wissenschaftler aller Zeiten machen und ließ ihn wissen, daß es keinem Menschen unserer oder vergangener Zeiten je möglich gewesen sei, dieses von ihm beanspruchte Wunder zu vollbringen: Niemals hatte ein Mensch zuvor Leben aus lebloser Materie erzeugt.

Ich setzte ihm das sehr sachlich und ruhig auseinander, weil sein Irrtum so absurd war, daß es, wie ich dachte, keines Eifers bedürfe, ihn zu widerlegen. Als ich schloß, sahen alle seine Mitschüler die Torheit seiner Äußerung ein — nur er sah sie nicht ein, nicht im geringsten. Ihm war seine Behauptung ernst, sie war ihm todernst. Er sprang auf und versicherte mir, daß er sich *nicht* irre. Er hatte keine Theorie aufgestellt, so protestierte er, sondern aus persönlicher Erfahrung gesprochen. Er *wußte*, wovon er sprach. Er fuhr fort zu sprechen, weitete seine vorigen Äußerungen aus, gab zusätzliche Erläuterungen, fügte weitere Beweise hinzu. Überzeugung und Ehrlichkeit klangen aus seinen Worten.
Abermals belehrte ich ihn, es gäbe nicht die blasseste Hoffnung auf der Welt, daß er auch nur einigermaßen recht haben könne. Wieder sprang er auf, fiel mir ins Wort und bot mir eine Wette um fünf Dollar an: Das Ministerium für Landwirtschaft möge unseren Streit entscheiden.
Und was, meinen Sie, geschah? Mehrere seiner Mitschüler ergriffen nun für ihn Partei. Eine große Zahl weiterer begann zu zweifeln. Hätte ich die Wette angenommen, so hätte mit Sicherheit mehr als die Hälfte der Geschäftsleute in diesem Kurs gegen mich gewettet. Ich fragte sie, was sie von ihrer vorherigen Meinung abgebracht habe. Einer nach dem anderen gab zu, daß es die Ernsthaftigkeit des Redners gewesen sei, seine so energisch vorgebrachte Überzeugung, die sie veranlaßte, sich vom gesunden Menschenverstand abzuwenden.
Was sollte ich tun? Angesichts dieser Zurschaustellung von Leichtgläubigkeit blieb mir nichts anderes übrig, als dem Landwirtschaftsministerium zu schreiben. Ich schäme

mich, schrieb ich, eine so absurde Frage zu stellen. Selbstverständlich lautete die Antwort des Ministeriums, daß es ausgeschlossen wäre, Blaugras oder irgendetwas anderes Lebendiges aus Hickoryasche zu gewinnen. Im Nachsatz stand noch, daß ihnen in einem anderen Brief aus New York die gleiche Frage gestellt worden wäre. Da war doch dieser Geschäftsmann tatsächlich seiner Sache so sicher gewesen, daß er ans Ministerium geschrieben hatte!

Dieses Erlebnis hat mir eine Lehre erteilt, die ich nie vergessen werde. *Glaubt ein Redner mit ganzem Herzen an eine Sache und trägt sie in vollem Ernst vor, so wird er Anhänger für seinen Fall gewinnen* — selbst wenn er behauptet, daß er Blaugras aus Staub und Asche wachsen lassen könne. Wieviel zwingender werden unsere Behauptungen sein, wenn wir mit ihnen auf der Seite des gesunden Menschenverstandes und der Wahrheit stehen!

Nahezu alle Redner machen sich Gedanken darüber, ob das von ihnen gewählte Thema ihre Zuhörer wohl interessieren wird. Es gibt nur einen Weg, sich hierüber Sicherheit zu verschaffen: Schüren Sie das Feuer Ihrer eigenen Begeisterung für Ihr Thema — und Sie werden keine Mühe haben, andere dafür zu interessieren.

Kürzlich hörte ich, wie ein Mann in einem unserer Kurse in Baltimore seinen Klassenkameraden prophezeite, daß der Steinbutt in der Chesapeake-Bucht verschwinden werde, wenn er weiterhin im gleichen Umfange gefangen würde wie bisher. Schon in wenigen Jahren wäre diese Art dann ausgestorben! Er empfand das als Problem. Es war ihm sehr wichtig. Es war ihm eine ernste Not. Alles an seinem Auftreten und seinem Vortrag bezeugte das. Als er sich erhob, um das Wort zu ergreifen, hatte ich noch nie davon

gehört, daß es so ein Geschöpf wie den Steinbutt in der Chesapeake-Bucht gibt. Ich vermute, daß andere Zuhörer meine Unwissenheit und meinen Mangel an Interesse teilten. Doch noch ehe der Redner geendet hatte, hätten wir uns vermutlich alle bereitgefunden, eine Eingabe an den Gesetzgeber zu unterzeichnen, um den Steinbutt unter Naturschutz zu stellen.
Einst wurde Richard Washburn Child, ehemaliger amerikanischer Botschafter in Italien, nach dem Geheimnis seines Erfolges als fesselnder Schriftsteller gefragt. Er antwortete: »Ich finde das Leben so aufregend, daß ich nicht schweigen kann. Ich muß den Menschen einfach davon erzählen.« Von einem solchen Redner oder Schriftsteller muß man schlechthin bezaubert sein.
Einst hörte ich in London einem Redner zu. Nach Beendigung seines Vortrages bemerkte einer der Zuhörer, der bekannte englische Schriftsteller E. F. Benson, daß ihm der letzte Teil der Rede mehr zugesagt habe als der erste. Als ich ihn nach dem Grunde fragte, erwiderte er: »Der Redner selbst schien sich mehr für den letzten Teil zu interessieren, und ich verlasse mich immer auf den Redner, wenn es um Begeisterung und Anteilnahme geht.«
Und noch ein weiteres Beispiel für die Wichtigkeit, die der richtigen Wahl Ihres Themas zukommt: Ein Herr, den wir Flynn nennen wollen, hatte sich für eine unserer Klassen in Washington eingetragen. Eines Abends, ziemlich zu Beginn des Kurses, befaßte er sich in seiner Rede mit der Beschreibung der Hauptstadt der Vereinigten Staaten. Hastig und oberflächlich hatte er die benötigten Daten einer Broschüre entnommen, die von einer Lokalzeitung herausgebracht worden war. Und so klangen sie auch — trocken, beziehungslos, unverdaut. Obwohl er

lange Jahre in Washington verbracht hatte, gab er keinen einzigen persönlichen Grund an, warum er diese Stadt mochte. Er zählte lediglich eine Reihe langweiliger Tatsachen auf, und für die Klasse war es ebenso uninteressant, seine Rede anzuhören, wie es für ihn mühsam war, sie zu halten. Vierzehn Tage später stieß Flynn etwas zu, das ihn bis ins Mark traf: Ein ihm unbekannter Fahrer war gegen sein neues, am Straßenrand abgestelltes Auto gefahren, hatte es schwer beschädigt und sich aus dem Staube gemacht. Bei der Versicherung war nichts zu erreichen, und Flynn mußte den Schaden aus eigener Tasche bezahlen. Das war ein Erlebnis, das heiß in ihm brannte. Die Rede über die Stadt Washington hatte er mühselig Satz für Satz hervorgebracht, eine Qual für ihn und für seine Zuhörer. Als er aber über seinen ramponierten Wagen sprach, brodelte und kochte es in seiner Rede, als erlebe man den Vesuv in Tätigkeit. Dieselben Kursteilnehmer, die vor zwei Wochen unruhig auf ihren Stühlen hin- und hergerutscht waren, applaudierten diesmal Flynn voller Anteilnahme.

Wie ich immer wieder ausgeführt habe, können Sie gar nicht anders als Erfolg haben, wenn Sie das für Sie richtige Thema auswählen. Ein Themengebiet ist dabei bombensicher: *Sprechen Sie über Ihre Überzeugungen!* Mit Sicherheit haben Sie über manche Lebensanschauungen ganz feste Meinungen und Ansichten. Sie brauchen um dieser Dinge willen nicht in die Ferne zu schweifen — sie liegen ganz nah an der Oberfläche Ihres Bewußtseins, weil Sie sich in Gedanken oft mit ihnen beschäftigen.

Vor noch nicht langer Zeit wurde im Fernsehen eine offizielle Diskussion über die Todesstrafe übertragen. Eine große Zahl von Befürwortern wie von Gegnern kam dabei

zu Wort. Einer der Befragten gehörte der Polizei von Los Angeles an, und offensichtlich hatte er viel und gründlich über diese Frage nachgedacht. Er hatte sehr festgefügte Ansichten, die darauf zurückzuführen waren, daß elf seiner Kameraden im Polizeidienst beim Kugelwechsel mit Verbrechern ums Leben gekommen waren. Er sprach mit dem tiefen Ernst eines Mannes, der bis ins Innerste seines Herzens von der Richtigkeit seines Standpunktes durchdrungen ist. In der Geschichte der Redekunst sind die eindringlichsten Appelle immer dann gemacht worden, wenn jemand aus der tiefsten Tiefe seines Gefühls heraus sprach. Überzeugung beruht auf Glauben, und Glauben ist ebenso Sache des Herzens und des heißen Empfindens wie auch Sache des Verstandes und des kühlen Abwägens.
Das Herz hat Gründe, die der Verstand nicht kennt.
In vielen Kursen habe ich häufig Gelegenheit gehabt, die Wahrheit dieses treffenden Satzes von Pascal zu erkennen. Ich erinnere mich eines Rechtsanwaltes aus Boston, dem außer einem vorzüglichen Aussehen auch die Gabe bewundernswerter Ausdrucksweise geschenkt war. Doch wenn er seine Rede beendet hatte, sagten die anderen lediglich: »Kluger Kopf!« Der Eindruck, den er hinterließ, war oberflächlich, denn nie schien irgendein Empfinden hinter der glitzernden Fassade seiner Worte zu existieren. In der gleichen Klasse war ein Versicherungskaufmann, wenig einnehmend von Erscheinung, ein Mann, der ab und zu Mühe hatte, das rechte Wort zu finden, doch wenn er sprach, dann zweifelte keiner der Zuhörer daran, daß er hinter jedem einzelnen Wort seiner Rede stand.
Fast hundert Jahre sind vergangen, seit Abraham Lincoln

in der Präsidentenloge von Ford's Theatre in Washington ermordet wurde, doch noch heute ist uns die tiefe Wahrheit und Aufrichtigkeit seines Lebens und seiner Worte gegenwärtig. Andere Männer seiner Zeit sind ihm überlegen gewesen. Er ließ Eleganz, Gewandtheit und Höflichkeit vermissen. Doch die Ehrenhaftigkeit und Aufrichtigkeit seiner Äußerungen in Gettysburg, Cooper Union und auf den Stufen des Kapitols in Washington sind in unserer Geschichte unübertroffen geblieben. Möglicherweise sagen auch Sie, wie ein Mann es einmal aussprach, daß Sie keinerlei ausgeprägte Meinungen oder Interessen besäßen. Ich bin immer ein wenig überrascht, wenn ich das höre. Jenem Mann aber habe ich geantwortet, dann solle er sich aufmachen und sich für etwas interessieren. »Wofür, zum Beispiel?« fragte er. Voller Verzweiflung erwiderte ich: »Für Tauben!« — »Tauben?« fragte er verwundert. »Ja«, sagte ich zu ihm, »Tauben! Gehen Sie hinaus auf den Markt und schauen Sie sie sich an, füttern Sie sie; gehen Sie in die Bücherei und lesen Sie über sie, dann kommen Sie hierher zurück und halten eine Rede über sie.« Das tat er. Als er zurückkam, gab es nichts, das ihn hätte zurückhalten können. Er begann über Tauben zu sprechen mit der Leidenschaft des Fachmannes. Als ich versuchte, ihn zu unterbrechen, sagte er etwas von vierzig Büchern über Tauben — und er hatte sie alle gelesen. Er hielt eine der interessantesten Reden, die ich je gehört habe.

Hier haben Sie einen weiteren Vorschlag: Lernen Sie, soviel Sie können, über das, was Sie als brauchbares Thema ansehen. Je mehr Sie über etwas wissen, um so überzeugter und leidenschaftlicher wird Ihre Anteilnahme daran werden. Percy H. Whiting, der Verfasser des Buches

Five Great Rules of Selling bringt Verkäufern bei, daß sie nie aufhören dürfen, etwas über die Produkte zu lernen, die sie zu verkaufen haben. Percy Whiting sagt: »Je mehr du über ein gutes Produkt weißt, desto begeisterter wirst du davon.« Das gilt genauso für Ihre Themen: Je mehr Sie sie kennen, je besser Sie sie beherrschen, um so überzeugter und begeisterter wird Ihre Einstellung zu ihnen sein.

ERLEBEN SIE DIE GEFÜHLE IHRER ERFAHRUNG AUFS NEUE

Nehmen wir an, Sie erzählten Ihren Zuhörern, wie ein Polizist Sie anhielt, weil Sie die Geschwindigkeitsbegrenzung um einen einzigen Stundenkilometer überschritten. Das können Sie uns mit dem kühlen Desinteresse eines Zuschauers berichten. Aber es ist ja Ihnen zugestoßen, und Sie hatten dabei gewisse Empfindungen, die Sie in recht drastischen Worten äußerten. Die unpersönliche Darstellung wird auf Ihre Zuhörer kaum Eindruck machen. Sie möchten ganz genau wissen, was *Sie* empfanden, als der Polizist den Zahlungsbefehl ausschrieb. Je mehr Sie also die Szene, die Sie gerade beschreiben, nacherleben, oder je genauer Sie die Empfindungen, die Sie damals hatten, wieder hervorrufen, um so lebhafter werden Sie sich äußern können.
Einer der Gründe, warum wir ins Theater und ins Kino gehen, ist doch, die Darstellung von Gefühlen zu erleben. Wir sind so ängstlich geworden, unseren Gefühlen in der Öffentlichkeit freien Lauf zu lassen, daß wir ins Kino

gehen müssen, um das Verlangen nach gefühlsmäßiger Äußerung zu stillen. Darum werden Sie, wenn Sie in der Öffentlichkeit sprechen, gerade so viel Erregung und Anteilnahme an Ihrer Rede erfahren, wie Sie selbst in sie hineinlegen. Unterdrücken Sie Ihre echten Gefühle nicht, setzen Sie Ihrer ehrlichen Begeisterung keinen Dämpfer auf. Zeigen Sie Ihren Zuhörern, wie gerne Sie über Ihr Thema sprechen, und Sie werden ihre Aufmerksamkeit fesseln.

HANDELN SIE MIT ELAN

Wenn Sie aufstehen und vor Ihre Zuhörer hintreten, dann tun Sie das mit einem Ausdruck freudiger Erwartung und nicht, als gingen Sie zum Schaffott. Vielleicht müssen Sie sich ein wenig zwingen, munter vorzutreten — aber das allein wird Wunder für Sie tun und Ihren Zuhörern das Gefühl vermitteln, daß Sie sich darauf freuen, ihnen etwas vorzutragen. Unmittelbar ehe Sie beginnen, sollten Sie einen tiefen Atemzug tun. Halten Sie sich von jeglichem Möbelstück und von dem Rednerpult fern. Stellen Sie sich gerade hin und tragen Sie den Kopf hoch. Sie wollen Ihren Zuhörern ja etwas sagen, das anzuhören sich lohnt, und das sollte jeder Zoll an Ihnen auch klar und unmißverständlich zum Ausdruck bringen. Sie sind jetzt die Hauptperson, und — wie William James sagen würde — so sollten Sie auch handeln. Bemühen Sie sich einmal, mit Ihrer Stimme bis ans Ende eines Saales zu dringen, und der Klang Ihrer Stimme wird Ihnen Sicherheit geben. Wenn Sie dazu noch Ihre Worte mit lebhaften Gesten zu unterstreichen beginnen, wird auch das dazu beitragen, Ihnen Schwung zu geben. Dieses Prinzip, unsere »Reaktion anzuheizen«, wie Donald und Eleanor Laird es beschrieben haben, kann bei allen Gelegenheiten Anwendung finden, die geistige Wachheit erfordern. In ihrem Buch *Techniques for Efficient Remembering* stellen die Lairds den Präsidenten Theodore Roosevelt als einen Mann heraus, der »durch das Leben stürmte mit einer Kraft, einer Energie, einem Schwung und einer Begeisterung, die all sein Handeln unverwechselbar prägten. In allem, was er anpackte, ging er voll und ganz auf oder erweckte zumindest diesen Eindruck.« Teddy Roosevelt war das lebende Abbild der Philosophie eines William James, der gesagt hat: »Handle schwungvoll, und du wirst einen ganz natürlichen Schwung entwickeln in allem, was du tust.«

Dieses letzte sollten Sie vor allem anderen behalten: Handeln Sie mit Schwung, und Sie werden die wirkliche, innere Leidenschaft verspüren.

Kapitel 6

Die Botschaft den Zuhörern übermitteln

Russell Conwell hielt seinen berühmten Vortrag *Acres of Diamonds* fast sechstausendmal. Sie meinen vermutlich, daß eine so häufig wiederholte Rede ein festes Gepräge im Geist des Redners bekommen haben müsse, so daß kein Wort, kein Tonfall in ihrer Wiedergabe variieren könne. Weit gefehlt! Dr. Conwell wußte, daß er stets eine anders zusammengesetzte Zuhörerschaft vor sich hatte. Er war sich klar darüber, daß er jedesmal in seinen Zuhörern das Gefühl erwecken mußte, seine Rede sei eine persönliche, lebendige Sache, die gerade für diese Menschen, für diesen Abend geschaffen worden war. Wie erreichte er dieses Gefühl der Wechselbeziehung zwischen Redner, Rede und Zuhörern von einem zum anderen Vortragstermin? »Habe ich in einer Stadt zu sprechen«, schreibt er, »so bemühe ich mich, früh genug einzutreffen, um mich mit dem Postboten, dem Friseur, dem Hotelbesitzer, dem Schulleiter und einigen Geistlichen zu unterhalten. Dann suche ich ein paar Läden auf und rede mit den Leuten und versuche, etwas aus ihrem Leben und dem, was in der Stadt geschieht, zu erfahren. Dann halte ich meinen Vortrag und spreche zu diesen Leuten über ihre besonderen Probleme.«

Dr. Conwell war sich völlig darüber klar, daß der Erfolg rednerischer Kommunikation davon abhängt, wie weit der Redner es versteht, seinen Vortrag zu einem Teil seiner Zuhörer und seine Zuhörer zu einem Teil seines Vortrages werden zu lassen. Darum kann man auch keine echte schriftliche Wiedergabe des populären Vortrages *Acres of Diamonds* herstellen. In seiner klugen Einsicht in die menschliche Natur und seiner gewissenhaften Arbeitsweise hat Dr. Conwell nicht zweimal denselben Vortrag gehalten, obwohl er zu sechstausend unterschiedlichen Hörerkreisen über das gleiche Thema sprach. Von diesem Beispiel können Sie profitieren, indem Sie sich klarmachen, daß Sie bei der Vorbereitung Ihrer Rede jedesmal eine besondere Gruppe von Zuhörern im Sinne haben müssen. Hier gebe ich Ihnen ein paar einfache Regeln, die Ihnen helfen werden, das Gefühl der Verbundenheit mit Ihren Zuhörern zu stärken.

WENDEN SIE SICH AN DAS INTERESSE IHRER ZUHÖRER

Genau das tat Dr. Conwell. Er machte es sich zur Regel, viele örtliche Ereignisse und Geschehnisse in seinen Vortrag einzuflechten. Seine Zuhörer waren gefesselt, weil seine Rede sie anging, ihre Sorgen und Nöte. Dieses Bindeglied zu dem, was für Ihre Zuhörer am wichtigsten ist, sie selbst nämlich, wird unweigerlich Aufmerksamkeit hervorrufen und eine zuverlässige Verbundenheit zwischen Redner und Zuhörern herstellen. Eric Johnston, vormals Leiter der Handelskammer der Vereinigten Staaten und jetzt Präsident der Motion Picture Association, macht sich diese Technik in fast allen Reden zu eigen, die er zu halten hat. Beachten Sie, wie findig er Lokalinteressen verwandte, als er zur Eröffnung der Universität Oklahoma sprach:

»Ihr Frauen und Männer von Oklahoma kennt die Leute wohl, die mit der Angst hausieren. Ihr braucht nicht allzu weit zurückzudenken, da wollten sie Oklahoma als einen hoffnungslosen Fall für alle Zeiten abschreiben.
Erinnern Sie sich, es war in den dreißiger Jahren, da krächzten es alle Raben den Krähen zu, sie sollten einen Bogen um Oklahoma machen oder sich ein Futterpaket mitbringen.
Sie überließen Oklahoma in alle Ewigkeit dem Schicksal, zu einer neuen amerikanischen Wüste zu werden. Hier würde nie mehr etwas gedeihen — so sagten sie. Doch in den vierziger Jahren war Oklahoma ein bunter Garten — und am Broadway trank man auf das Wohl dieses Paradieses. Denn wiederum ›wogte der Weizen mit süßem Duft, wenn der Wind dem Regen folgt‹.
In einem kurzen Jahrzehnt war die Staubsteppe verschwunden unter Kornhalmen, so hoch, daß Elefanten sie kaum überragt hätten.
Das war der Lohn des Glaubens — und des einkalkulierten Risikos. Doch es ist immer so, daß wir unsere eigene Zeit besser erkennen können, wenn wir sie dem Gestern gegenüberstellen.
Darum ging ich Stöße der Tageszeitung von Oklahoma aus dem Frühjahr 1901 durch, als ich mich auf meinen Besuch bei Ihnen vorbereitete. Ich wollte den Duft des Lebens atmen, das vor einem halben Jahrhundert hier gewesen ist.
Und was entdeckte ich?
Man höre und staune! Damals erwartete man alles für Oklahoma von der Zukunft. Hoffnungsvolle Erwartung war der Grundakkord.«

Hier haben wir ein vorzügliches Beispiel für ein Thema, das die Zuhörer interessieren wird. Eric Johnston benutzte besonders dramatische Augenblicke aus der Vergangenheit seiner Zuhörer. Er ließ sie empfinden, daß seine Rede kein billiger Abklatsch war — sie war eigens für sie erschaffen. Keine Zuhörerschaft kann dem Redner Aufmerksamkeit verweigern, der sich ihrer Probleme annimmt.

Stellen Sie sich selbst die Frage, wieweit die genaue Kenntnis Ihres Themas Ihren Zuhörern dazu verhelfen kann, ihre Probleme zu lösen und ihre Ziele zu erreichen. Dann legen Sie ihnen das deutlich dar — und Sie werden die ungeteilte Aufmersamkeit gewinnen. Sind Sie beispielsweise ein Buchprüfer, dann beginnen Sie etwa so: »Ich möchte Ihnen zeigen, wie Sie fünfzig bis hundert Dollar durch eine richtig abgefaßte Steuererklärung sparen können.« Falls Sie Rechtsanwalt sind und Ihren Zuhörern erklären, wie man ein Testament aufsetzt, werden Sie ganz gewiß interessierte Hörer finden. Sicherlich gibt es auch in dem Schatz Ihrer Erfahrungen ein Thema, das Ihren Zuhörern eine echte Hilfe sein kann.

Als Lord Nortcliffe, der hervorragende englische Journalist, gefragt wurde, was Menschen am stärksten interessiere, antwortete er: »Sie selbst.« Einzig und allein auf dieser Wahrheit baute er eine Zeitungsweltmacht auf.

In seinem Buch *Mind in the Making* beschreibt James Harvey Robinson das Träumen als »eine unmittelbare und bevorzugte Art des Denkens«. Er fährt fort, daß wir, wenn wir verträumt und versunken sind, unsere Gedanken ihre eigenen Wege wandern lassen. Diese Wege werden von unseren Hoffnungen und Befürchtungen bestimmt, unseren kaum bewußten Wünschen, ihrer Erfül-

lung oder ihrer Enttäuschung. Sie sind bestimmt von unseren Zu- und Abneigungen, von Liebe, Haß und Vorurteil. Nichts ist für uns so interessant wie wir selbst.
Harold Dwight aus Philadelphia hielt eine ungewöhnlich erfolgreiche Rede beim Abschlußessen eines unserer Kurse. Er sprach über jeden einzelnen der Anwesenden, wie sie einer neben dem anderen da an der Tafel saßen. Er redete davon, wie sie zu Beginn des Kurses gesprochen und wie sie sich verbessert hatten. Er rief in die Erinnerung zurück, was für Reden einzelne Kursteilnehmer gehalten, was für Themen sie behandelt hatten. Er ahmte einige von ihnen nach, übertrieb ihre Eigentümlichkeiten. Alle mußten lachen und hatten ihren Spaß. Mit solchem Stoff hätte er unmöglich Mißerfolg haben können. Der Stoff war schlechthin ideal. Kein anderes Thema unter dem Himmel hätte die Gruppe gleichermaßen fesseln können. Harold Dwight verstand es, mit dem menschlichen Wesen umzugehen.
Vor einigen Jahren schrieb ich eine Artikelfolge für das *American Magazine*, und das verschaffte mir die Gelegenheit, mit John Siddal ins Gespräch zu kommen, der damals für die Rubrik *Interessante Menschen* zuständig war.
»Die Menschen sind selbstsüchtig«, sagte er. »Hauptsächlich interessieren sie sich für sich selbst. Es ist ihnen nicht so außerordentlich wichtig, ob die Regierung das Eisenbahnnetz übernehmen soll oder nicht. Aber sie möchten wissen, wie sie vorankommen, wie sie mehr Geld verdienen, wie sie gesund bleiben können. Wäre ich der Herausgeber dieses Magazins«, fuhr er fort, »würde ich ihnen beibringen, wie sie ihre Zähne und ihren Körper pflegen, wie sie die Sommerhitze überstehen, eine

Anstellung bekommen, Angestellte behandeln, Häuser kaufen, ihr Gedächtnis stärken, grammatikalische Fehler vermeiden können und so weiter. Menschen sind immer an menschlichen Erlebnissen interessiert. Darum sollte ein reicher Mann ihnen erzählen, wie er es anstellte, eine Million zu verdienen. Ich würde bekannte Bankiers und Geschäftsleute veranlassen zu beschreiben, welche Kämpfe es sie gekostet hat, aus dem Hinterhof herauszukommen und zu Macht und Wohlstand zu gelangen.«
Kurz darauf wurde Siddal der Herausgeber der Zeitschrift. Bis dahin hatte sie eine unbedeutende Auflage gehabt. Siddal tat genau das, was er mir angekündigt hatte. Das Ergebnis? Es war überwältigend. Die Auflagenziffer stieg auf zwei-, drei-, vierhunderttausend, eine halbe Million. Hier war etwas, was die Leute wollten. Bald kaufte eine Million Menschen das Magazin, dann anderthalb, schließlich zwei Millionen. Auch bei dieser Zahl blieb die Auflage nicht stehen, sondern stieg noch für viele Jahre an. Siddal befriedigte das Eigeninteresse seiner Leser.
Wenn Sie das nächstemal einem Publikum gegenüberstehen, dann vergegenwärtigen Sie sich, mit welchem Eifer diese Menschen dem lauschen, was Sie ihnen zu sagen haben — solange es um sie selbst geht. Redner, die es versäumen, diese wesentliche Ichbezogenheit ihrer Zuhörer in Rechnung zu stellen, müssen darauf gefaßt sein, sich einer unruhigen Gesellschaft gegenüber zu sehen, die auf ihren Sitzen hin- und herrutscht, auf die Uhren schaut und hoffnungsvolle Blicke auf die Ausgangstüren wirft.

SCHENKEN SIE EHRLICHE, AUFRICHTIGE ANERKENNUNG

Jede Hörerschaft setzt sich aus Einzelpersönlichkeiten zusammen und reagiert als Einzelpersönlichkeiten. Kritisieren Sie Ihre Zuhörer ohne Zurückhaltung — und sie werden es Ihnen übelnehmen. Zeigen Sie Ihre Anerkennung für etwas, das rühmenswert ist — und Sie haben den Schlüssel zu ihren Herzen gewonnen. Oft bedarf das einiger Nachforschung. Übertriebene Sätze wie »das ist das intelligenteste Publikum, dem ich mich je gegenübergesehen habe«, werden Ihnen von den meisten Zuhörern als billige Schmeichelei verübelt.
Wie der große Redner, Chauncey M. Depew, es ausdrückte, sollten Sie Ihren Hörern »etwas über sie selbst erzählen, von dem sie annehmen müssen, daß Sie es unmöglich wissen können«. So konnte ein Mann, der kürzlich vor dem Kiwanis Club in Baltimore sprach, nichts Ungewöhnliches über diesen Club herausfinden, außer daß sich unter seinen Mitgliedern ein ehemaliger Präsident und ein Kurator des Internationalen Kiwanis Club befanden. Das war nichts Neues für die Clubmitglieder. Also versuchte er, dem eine neue Wendung zu geben. Er begann seine Rede mit folgendem Satz: »Der Kiwanis Club von Baltimore ist einer von 101 898!« Die Mitglieder merkten auf. Bestimmt irrte sich der Redner — gab es doch nur 2897 Kiwanis Clubs auf der Welt. Der Redner fuhr fort:

»Ja, auch wenn Sie mir nicht glauben, so ist es doch eine Tatsache, daß Ihr Club, mathematisch zumindest, einer von 101 898 Clubs ist. Nicht einer von 100 000 oder einer von

200 000, sondern genau einer von 101 898 Clubs. Wie habe ich das ausgerechnet? Es gibt nur 2897 Internationale Kiwanis Clubs. Schön, Ihr Club in Baltimore hat einen Präsidenten und einen Kurator der Internationalen Kiwanis unter seinen Mitgliedern. Nach den Gesetzen der Mathematik sind die Chancen, daß ein einziger Club gleichzeitig einen Präsidenten und einen Kurator hat, 1 : 101 898. Und ich weiß, daß dieses Rechenexempel stimmt, denn ein Professor der Mathematik hat es für mich nachgeprüft.«

Seien Sie hunderprozentig glaubwürdig. Eine unglaubwürdige Feststellung mag gelegentlich einen einzelnen narren, doch nie wird sich ein ganzer Hörerkreis narren lassen. »Diese ganz außerordentlich gelehrte Zuhörerschaft...« — »Diese einmalige Ansammlung von Schönheit und Geist, die sich heute abend hier in Krähwinkel zusammenfand...« — »Wie glücklich bin ich, hier sein zu dürfen, da ich doch jeden einzelnen von Ihnen liebe.« Nein, nein, so geht es nicht! Wenn Sie keine echte Zuneigung zeigen können, so zeigen Sie gar keine!

IDENTIFIZIEREN SIE SICH MIT IHREN ZUHÖRERN

Lassen Sie so rasch wie möglich, am besten in Ihren allerersten Worten, eine unmittelbare Verbundenheit zu der Gruppe erkennen, zu der Sie sprechen. Fühlen Sie sich geehrt, daß Sie aufgefordert wurden, eine Rede zu halten, so sagen Sie es. Als Harold Macmillan zum Examenssemester der De Pauw Universität in Greencastle im Staate Indiana sprach, stellte er die Verbindung zu seinen Hörern mit seinem ersten Satz her.

»Ich bin Ihnen sehr dankbar für die freundlichen Worte, mit denen Sie mich willkommen geheißen haben«, sagte er. »Für einen englischen Ministerpräsidenten ist es ein ungewöhnliches Erlebnis, von Ihrer großen Universität eingeladen zu werden. Dennoch empfinde ich, daß meine gegenwärtige Stellung nicht der einzige, geschweige denn der hauptsächliche Grund für diese Einladung ist.«
Dann führte er aus, daß seine Mutter Amerikanerin gewesen und im Staate Indiana geboren worden sei und daß sein Vater zu den ersten Studenten der De Pauw Universität gehört habe.

»Ich kann Ihnen beteuern, daß ich stolz bin, mit der De Pauw Universität verbunden zu sein«, sagte er, »und heute eine alte Familientradition zu erneuern.« Sie können sicher sein, daß Macmillan sofort Freunde gewann, weil er über die Verbindungen sprach, die es zwischen seinen Eltern und dem Staat Indiana und dieser Universität gab.

Eine andere Möglichkeit, Verbindung zu knüpfen, besteht darin, die Namen einiger Zuhörer zu nennen. Ich saß einmal bei einem Bankett neben dem Hauptredner und wunderte mich über seine Neugier bezüglich verschiedener Anwesenden. Solange gegessen wurde, fragte er den Zeremonienmeister unaufhörlich, wer der Herr in dem blauen Anzug an jenem Ende der Tafel sei oder wie die Dame mit dem blumengeschmückten Hut hieße. Als er sich zu seiner Rede erhob, wurde sofort ersichtlich, was es mit seiner Neugier auf sich hatte. Äußerst geschickt verwob er einige Namen, die er eben erfahren hatte, in seine Rede, und ich konnte das offensichtliche Vergnügen auf den Gesichtern der Personen bemerken, deren Namen genannt wurden. Deutlich empfand ich die warme Zuneigung

der Zuhörer, die der Redner durch diese einfache Verfahren für sich gewonnen hatte.
Lassen Sie sich erzählen, wie gewinnend Frank Pace jun., Präsident der General Dynamics Corporation, einige Namen benutzte, als er beim Jahresessen der Gesellschaft *Religion in American Life* in New York sprach:
»In mehrfacher Weise ist dieser Abend für mich erfreulich und bedeutungsvoll gewesen«, sagte er. »Erstens ist hier unter den Zuhörern mein Geistlicher, Pfarrer Robert Appleyard. In Wort, Tat und Beispiel ist er mir, meiner Familie und unserer ganzen Gemeinde ein Vorbild... Zweitens ist es für mich eine große persönliche Freude, hier zwischen Lewis Strauss und Bob Stevens zu sitzen, Männern, deren Eifer auf dem Gebiet des Glaubens durch ihren Dienst an der menschlichen Gemeinschaft bestätigt worden ist...« Ein Wort der Warnung: Schicken Sie sich an, ungewöhnliche Namen in Ihrer Rede zu verwenden, die Sie gerade erst erfahren haben, so vergewissern Sie sich, daß Sie sie richtig verstanden haben. Überzeugen Sie sich, daß Sie sie tatsächlich mit dem verbinden, was diese Menschen auszeichnet. Vergewissern Sie sich, daß Sie sie nur mit angenehmen Dingen in Verbindung bringen. Und — bleiben Sie maßvoll dabei.
Eine andere Methode, die höchste Aufmerksamkeit der Zuhörer zu erlangen, ist der Gebrauch des persönlichen »Sie« anstelle des unpersönlichen »man«. Auf diese Weise fühlen Ihre Zuhörer sich unmittelbar angesprochen, und ich habe bereits ausgeführt, wie wichtig das ist, um Interesse und Aufmerksamkeit des Publikums wachzuhalten. Hier füge ich einige Auszüge einer Rede über Schwefelsäure an, die einer unserer Kursteilnehmer in New York hielt:

»Schwefelsäure begegnet Ihnen hundertfältig in Ihrem Leben. Gäbe es keine Schwefelsäure, so würde Ihr Wagen stehenbleiben, denn sie wird zur Gewinnung von Dieselöl und Benzin benötigt. Das elektrische Licht, das Ihre Wohnungen und Arbeitsstätten beleuchtet, gäbe es ohne Schwefelsäure nicht. Sie drehen den Hahn Ihrer Badewanne auf, er besteht aus vernickeltem Material, das unter Verwendung von Schwefelsäure hergestellt wurde. Die Seife, die Sie benutzen, ist vermutlich aus Fetten oder Ölen gemacht worden, die mit dieser Säure behandelt wurden. Die Borsten Ihrer Haarbürste und Ihr Zelluloidkamm könnten nicht ohne sie angefertigt worden sein. Ganz gewiß ist Ihre Rasierklinge bei der Herstellung hineingetaucht worden. Sie setzen sich morgens an den Frühstückstisch. Ihr Teller und Ihre Tasse konnten, falls sie nicht einfach weiß sind, nicht ohne Schwefelsäure entstehen. Messer, Gabel und Löffel sind durch ein Schwefelsäurebad gegangen, falls sie versilbert sind. Und so treffen Sie auf Schwefelsäure den ganzen Tag über bei allem was Sie tun. Gehen Sie, wohin Sie wollen, Sie werden ihr überall begegnen.«

Weil er das »Sie« mit Überlegung anwandte und die Zuhörer in seine Bilder einbezog, gelang es diesem Redner, die Aufmerksamkeit seiner Hörer wachzuhalten. Es gibt aber auch Gelegenheiten, bei denen das »Sie« gefährlich ist, wenn es nämlich keine Brücke vom Redner zum Zuhörer schlägt, sondern eine Kluft aufreißt. Das geschieht, wenn wir uns den Anschein geben, von oben herab zu unseren Zuhörern zu sprechen oder sie zu belehren. Dann ist es besser, »wir« zu sagen anstatt »Sie«. Dr. W. W. Bauer, Direktor der Sektion Gesundheitserziehung der American Medical Association, wandte dieses Verfahren häufig bei seinen Fernseh- und Rundfunkvorträgen an. »Wir alle möchten doch wissen, wie man einen guten

Arzt findet, nicht wahr?« sagte er in einer seiner Reden. »Und wenn wir die beste Behandlung von unserem Arzt erwarten, möchten wir dann nicht auch wissen, was wir tun müssen, um gute Patienten zu sein?«

BETEILIGEN SIE IHRE ZUHÖRER AN IHRER REDE

Haben Sie sich je Gedanken darüber gemacht, daß Sie mit ein klein wenig Schauspielkunst Ihre Zuhörer dazu bringen können, gebannt jedes Ihrer Worte zu verfolgen? Sobald Sie einige Zuhörer bitten, Ihnen bei der Illustration einer Behauptung oder der Dramatisierung einer Idee zu helfen, werden Sie mit einer spürbaren Zunahme an Aufmerksamkeit belohnt werden. Zieht der Redner einen von ihnen ins Rampenlicht, dann werden alle Zuhörer gespannt darauf warten, was nun passieren wird. Besteht eine Kluft zwischen dem Mann auf dem Rednerpult und seinem Publikum, so wird dieses Einbeziehen eines Zuhörers diese Kluft überbrücken. Ich erinnere mich eines Redners, der erklären wollte, wie lange der Bremsweg eines Wagens ist. Er bat einen der Zuhörer aus der ersten Reihe, aufzustehen und ihm behilflich zu sein bei der Darstellung, wie unterschiedlich dieser Weg je nach Tempo des Wagens sein würde. Der Mann aus der Zuhörergruppe ergriff das Ende eines stählernen Bandmaßes und ging damit durch die ganze Länge des Raumes, bis der Redner ihn bat, stehen zu bleiben. Bei dieser Prozedur ließ es sich gar nicht übersehen, wie vollständig die ganze Gruppe von der Rede gefesselt war. Ich war mir klar, daß dieses Bandmaß einerseits eine bildhafte Unterstützung der Ansicht des Redners, darüber hinaus aber auch ein Band war, das Redner und Zuhörer miteinander verknüpfte. Ohne dieses bißchen Schauspielerei hätten die Zuhörer sich in Gedanken möglicherweise damit beschäftigt, was sie wohl zum Abendessen bekommen oder was das heutige Fernsehprogramm bieten werde. Eine meiner Lieblingsmethoden, die Zuhörer zu beteiligen, ist es, einfach Fragen zu stellen und Antworten zu fordern. Ich habe es gern, wenn Zuhörer aufstehen und einen meiner Sätze wiederholen oder sich melden, um meine Fragen zu beantworten. Das Buch von Percy H. Whiting *How to Put Humor in Your Speaking and Writing* enthält einige wertvolle Ratschläge über Möglichkeiten, die Zuhörer zu beteiligen. Whiting schlägt vor, man möge sie über etwas abstimmen lassen oder sie bitten, bei der Lösung eines Problems zu helfen. »Versetzen Sie sich in die richtige Geisteshaltung«, sagt er, »und erkennen Sie, daß eine Rede etwas anderes ist als eine Deklamation, daß sie die Reaktion der Zuhörer fordert, daß die Hörer Partner bei diesem Unternehmen werden müssen.« Ich finde diesen Satz großartig, daß die Zuhörer »Partner bei dem Unternehmen« sein sollen. Das ist der Schlüssel zu dem, was ich Ihnen in diesem Kapitel sagen möchte. Wenn Sie Ihre Zuhörer beteiligen, dann übertragen Sie ihnen die Rechte des Mitspielers, die Rechte der Partnerschaft.

SEIEN SIE BESCHEIDEN

Selbstverständlich ist Aufrichtigkeit in dieser Redner-Zuhörer-Beziehung durch nichts anderes zu ersetzen. Einem Geistlichen, der große Schwierigkeiten hatte, die Aufmerksamkeit seiner Gemeindeglieder während der Predigt wach zu halten, gab Norman Vincent Peale einmal ein paar sehr nützliche Hinweise. Er schlug diesem Geistlichen vor, er möge sich selbst einmal die Frage vorlegen, welche Gefühle er der Gemeinde entgegenbrächte, vor der er jeden Sonntagmorgen stehe. Ob er diese Menschen gern habe, ob er wünsche, ihnen zu helfen, ob er sich ihnen geistig überlegen fühle. Dr. Peale bekannte, daß er selbst die Kanzel nie besteige ohne ein starkes Empfinden der Zuneigung für die Männer und Frauen, denen er sich sogleich gegenüber sehen sollte. Eine Gruppe reagiert rasch auf einen Redner, der meint, geistig oder gesellschaftlich über seinen Zuhörern zu stehen. Es ist tatsächlich eine der besten Möglichkeiten für einen Redner, sich bei seinen Zuhörern beliebt zu machen, wenn er bescheiden auftritt.

Hierfür gab der damalige Senator für den amerikanischen Bundesstaat Maine, Edmund S. Muskie, ein Beispiel, als er in Boston vor der American Forensic Association sprach.

»Heute Morgen gehe ich mit mancherlei Zweifeln an meine Aufgabe heran«, sagte er. »Erstens bin ich mir der fachmännischen Befähigung dieses Hörerkreises durchaus bewußt, und ich frage mich, ob es weise ist, meine geringen Kenntnisse Ihrer Kritik auszusetzen. Zweitens macht es einem die frühe Morgenstunde dieses Vortragstermins nahezu unmöglich, seine Sinne wach und gesammelt beieinander zu haben. — Und ein Versagen in dieser Hinsicht kann für einen Politiker fatale Folgen haben. Die dritte Schwierigkeit ist mein Thema: Der Einfluß, den die Debatte auf meine Laufbahn im öffentlichen Dienst gehabt hat. Solange ich politisch aktiv tätig bin, gibt es

Meinungsverschiedenheiten unter meinen Wählern darüber, ober dieser Einfluß gut oder schlecht gewesen ist. Setze ich mich mit diesen Zweifeln auseinander, dann finde ich mich in der Situation der Mücke, die sich plötzlich an einem Nacktbadestrand fand. Ich weiß nicht, wo ich beginnen soll.« Und nach dieser Einleitung hielt Senator Muskie eine vorzügliche Rede.
Adlai E. Stevenson gab sich bescheiden, als er bei einer Rede an der Staatsuniversität von Michigan sagte:
»Das Gefühl eigener Unzulänglichkeit bei solchen Gelegenheiten läßt mich an eine Bemerkung von Samuel Butler denken, der einst gefragt wurde, wie man das Beste aus seinem Leben machen könnte. Soweit ich mich erinnere, lautete seine Antwort: ›Ich weiß nicht einmal, wie man das Beste aus den nächsten fünfzehn Minuten machen könnte.‹ Und genau das empfinde ich auch, wenn ich an die jetzt folgenden zwanzig Minuten denke.« Der sicherste Weg, sich die Zuhörer zu Feinden zu machen, ist der, sie merken zu lassen, daß man sich ihnen überlegen fühlt. Wenn Sie eine Rede halten, befinden Sie sich im Rampenlicht, und jede Seite Ihres Wesens wird hell beleuchtet. Selbst der leiseste Hauch von Prahlerei ist verhängnisvoll. Bescheidenheit dagegen fördert das Wohlwollen und das Vertrauen Ihrer Zuhörer. Bescheiden können Sie sein, ohne Entschuldigungsreden zu halten. Ihre Zuhörer werden Sie schätzen und achten, wenn Sie auf Ihre Grenzen hinweisen, solange Sie zeigen, daß Sie Ihr Bestes tun wollen.
In der Welt des amerikanischen Fernsehens geht es hart her, und immer wieder fallen Schauspieler dem verzehrenden Feuer des Wettstreites zum Opfer. Ein Mann, der diesen Wettkampf Jahr für Jahr erfolgreich durchsteht,

ist Ed Sullivan, der nicht einmal vom Fach ist, sondern Journalist war. Er ist Amateur auf diesem heiß umkämpften Feld — und er überlebt, weil er gar nicht vorgibt, etwas anderes zu sein als ein Amateur. Einige seiner Manieren vor der Kamera würden für manch einen mit weniger natürlichem Auftreten Handicaps sein. So stützt er sein Kinn in die Hand, zieht die Schultern hoch, zupft an seinem Schlips, stolpert über einzelne Wörter. Doch für Ed Sullivan sind diese Fehlleistungen nicht verhängnisvoll. Er nimmt es den Leuten auch nicht übel, wenn sie ihn seiner Fehler wegen kritisieren. Mindestens einmal während einer Saison versichert er sich der Dienste eines begabten Schauspielers, der ihn hervorragend karikiert und all seine Fehler übertreibt. Über diese Vorstellung lacht Ed Sullivan geradeso herzlich wie alle anderen. Er begrüßt die Kritik, und dafür danken ihm seine Zuhörer mit ihrer Zuneigung. Zuhörer schätzen Bescheidenheit. Den Angeber, den Egoisten lehnen sie ab.
In dem Buch *Living Biographies of Religious Leaders* von Henry und Dana Lee Thomas heißt es über Konfuzius: »Nie versuchte er Menschen durch sein einmaliges Wissen zu blenden. In seiner allumfassenden Liebe bemühte er sich nur, sie zu belehren.« Besitzen wir diese allumfassende Liebe, so besitzen wir den Schlüssel zu den Herzen unserer Zuhörer.

Rückblick auf Teil Zwei

DIE REDE, DER REDNER UND DIE ZUHÖRER

Kapitel 4

Das Recht zu sprechen

Begrenzen Sie Ihr Thema
Entwickeln Sie Kraftreserven
Füllen Sie Ihre Rede mit Bildern und Beispielen
Das menschliche Element betonen
Eigennamen gebrauchen
Bestimmte Einzelheiten verwenden
Durch direkte Rede dramatisieren
Schauspielerisch darstellen
Verwenden Sie bildhafte Rede

Kapitel 5

Die Rede lebendig machen

Wählen Sie Themen, die Ihnen am Herzen liegen
Erleben Sie die Gefühle Ihrer Erfahrung aufs neue
Handeln Sie mit Elan

Kapitel 6

Die Botschaft den Zuhörern übermitteln

Wenden Sie sich an das Interesse Ihrer Zuhörer
Schenken Sie ehrliche, aufrichtige Anerkennung
Identifizieren Sie sich mit Ihren Zuhörern
Beteiligen Sie Ihre Zuhörer an Ihrer Rede
Seien Sie bescheiden

Teil 3

Das Ziel der vorbereiteten und der unvorbereiteten Rede

Wir wollen nun im einzelnen über zwei brauchbare Methoden der Entwicklung einer Rede sprechen, und zwar über den vorbereiteten Vortrag und über die Stegreifrede.
Drei Kapitel beschäftigen sich mit der vorbereiteten Rede, die den Zuhörer überreden, informieren und überzeugen soll.
Ein Kapitel untersucht die Stegreifrede, die überredend, informierend oder unterhaltend sein kann, je nach der augenblicklichen Anforderung.
Die wohl wichtigste Voraussetzung zum Erfolg der vorbereiten wie auch der unvorbereiteten Rede ist die genaue Vorstellung des Redners von dem Hauptzweck seines Vortrages.

Kapitel 7

Die kurze Rede, die zum Handeln auffordert

Während des Ersten Weltkrieges sprach ein berühmter englischer Bischof im Camp Upton zu den Truppen. Sie befanden sich auf dem Weg zu den Schützengräben. Nur wenige der Soldaten wußten, worum es dabei überhaupt ging. Ich weiß das, denn ich habe sie befragt. Dennoch sprach der Bischof zu ihnen über »Internationales Einvernehmen« und »Das Recht Serbiens auf einen Platz an der Sonne«. Dabei wußte die Hälfte dieser Soldaten nicht, ob Serbien eine Stadt oder eine Krankheit wäre. Er hätte ebensogut eine astronomische Hypothese vortragen können. Immerhin verließ keiner der Soldaten den Saal, solange er sprach: Militärpolizei stand an jeder Ausgangstür, um jeden vorzeitigen Aufbruch zu verhüten.
Ich habe nicht die Absicht, den Bischof herabzusetzen. Er war ein Gelehrter, und vor einer Versammlung von Theologen hätte er wahrscheinlich überzeugend gesprochen. Aber er versagte vor diesen Soldaten vollständig. Warum? Offensichtlich kannte er den Zweck seiner Rede nicht und stand der ganzen Situation hilflos gegenüber.
Was meinen wir mit dem Zweck der Rede? Einfach das: jede Rede, ob es dem Sprecher bewußt ist oder nicht, hat eins von vier Hauptzielen. Welche Ziele sind das?

1. Beeinflussen oder Handlung bewirken.
2. Informieren.
3. Beeindrucken und überzeugen.
4. Unterhalten.

Lassen Sie uns das durch eine Reihe bestimmter Beispiele aus der Rednerlaufbahn Abraham Lincolns erhärten.

Wenige Menschen wissen, daß Abraham Lincoln einst ein Verfahren erfand und patentieren ließ, um gestrandete Schiffe, die auf Sandbänke oder andere Hindernisse aufgelaufen waren, wieder flott zu machen. In der Werkstatt eines Mechanikers nahe bei seinem Anwaltsbüro baute er ein Modell dieses Gerätes. Als Freunde ihn aufsuchten, um das Modell zu betrachten, gab er sich außerordentliche Mühe, es ihnen zu erklären. Der Hauptzweck dieser Erklärungen war die Information.

Als er seine unsterbliche Ansprache in Gettysburg oder als Präsident seine Antrittsreden hielt, als er beim Tode Henry Clays in beredten Worten dessen Taten rühmte, war der Hauptzweck seiner Ansprachen, zu beeindrucken und zu überzeugen.

In seinen Plädoyers vor Gericht bemühte er sich, günstige Urteile zu erreichen. In seinen politischen Reden ging es ihm um den Gewinn von Wählerstimmen. In diesen Fällen war der Zweck, Handlung zu bewirken.

Zwei Jahre, ehe er zum Präsidenten der Vereinigten Staaten gewählt wurde, erarbeitete Lincoln einen Vortrag über Erfindungen, mit dem Ziel zu unterhalten. Wenigstens war das seine Absicht — aber offenbar hat er sein Vorhaben nicht erreicht. Seine Laufbahn als Volksredner wurde eine eindeutige Enttäuschung. In einer Stadt sogar erschien nicht ein einziger Mensch, um ihn zu hören.

Aber mit seinen anderen Reden hatte er bemerkenswer-

ten Erfolg. Einige sind zu klassischen Beispielen der Redekunst geworden. Warum? Vor allem, weil er bei diesen Gelegenheiten sein Ziel kannte und es zu erreichen wußte.
Viele Redner versäumen es, ihre Absicht mit dem Zweck der Versammlung, zu der sie sprechen, in Einklang zu bringen. Sie zappeln sich dann ab und kommen doch zu Fall.
Ein Beispiel: Ein Mitglied des Kongresses der Vereinigten Staaten wurde einst niedergeschrien und ausgepfiffen und schließlich gezwungen, das Rednerpult im alten New Yorker Hippodrom zu verlassen, weil er sich — zweifellos unwissentlich aber dennoch törichterweise — entschlossen hatte, eine informierende Rede zu halten, während die Volksmenge gar nicht instruiert werden wollte. Sie wollte vielmehr unterhalten sein. Ganz geduldig und höflich wurde ihm zehn Minuten, eine Viertelstunde zugehört in der Hoffnung, die Rede würde rasch zu Ende gehen. Doch das geschah nicht. Der Redner schwafelte weiter und weiter. Da war es mit der Geduld vorbei. Mehr wollte man sich nicht bieten lassen.
Einer begann höhnisch zu applaudieren. Andere machten es nach. Einen Augenblick später pfiffen und schrien tausend Menschen. Der Redner, zu dumm und unfähig, die Stimmung seiner Zuhörer zu erfühlen, war so töricht fortzufahren. Das brachte die Leute auf die Barrikaden. Ihre Ungeduld wurde zum Zorn. Jetzt wollten sie ihn zwingen zu schweigen. Lauter und lauter wurde der Sturm ihres Protestes. Endlich ertranken seine Worte in diesem Gebrüll, dieser Wut; man verstand ihn auch in nächster Nähe nicht mehr. So war er gezwungen aufzugeben, sein Versagen zuzugeben und sich gedemütigt zurückzuziehen.

Ziehen Sie Nutzen aus diesem Beispiel. Passen Sie den Zweck Ihrer Rede dem Hörerkreis und der Gelegenheit an. Hätte das Kongreßmitglied von vornherein erkannt, ob sein Ziel — die Informierung seiner Zuhörer — dem Wunsch dieser Zuhörer entsprach, die zu einer politischen Tagung gekommen waren, so hätte er sein Mißgeschick vermeiden können. Wählen Sie einen der vier Zwecke erst, nachdem Sie die Gruppe und die Gelegenheit, zu der sie zusammentrifft, analysiert haben.

Um Ihnen beim Redeaufbau zu helfen, handelt dieses ganze Kapitel von der kurzen Rede, die die Zuhörer zum Handeln bewegen soll. Die folgenden Kapitel werden den drei anderen wichtigen Redezwecken gewidmet sein: zu informieren, zu überzeugen und schließlich zu unterhalten. Jedes dieser Ziele erfordert ein anders angelegtes Schema, zu jedem gibt es besondere Fallstricke, die man vermeiden muß. Als erstes wollen wir von dem Aufbau der Reden sprechen, die zum Handeln führen sollen.

Gibt es eine Methode, unser Material so anzuordnen, daß wir unsere Zuhörer tatsächlich dazu veranlassen können zu tun, was wir wünschen? Oder ist es purer Zufall, ob wir Erfolg oder Mißerfolg verbuchen?

Ich erinnere mich noch gut, wie ich mit meinen Kollegen dieses Thema besprach, als sich meine Kurse in den dreißiger Jahren über das ganze Land verbreiteten. Wegen des Umfanges unserer Klassen legten wir eine Begrenzung von zwei Minuten für die von den Teilnehmern zu haltenden Reden fest. Diese Begrenzung beeinträchtigte die Reden nicht, wenn der Redner lediglich unterhalten oder informieren wollte. Doch bei Reden, die Aktion bewirken sollten, war das etwas anderes. Die Rede, die Handlung hervorrufen soll, kam mit dem seit Aristoteles

bewährten Aufbau von Einleitung, Ausführung und Schluß einfach nicht aus. Offensichtlich wurde etwas neues und andersartiges benötigt, um uns eine sichere Methode an die Hand zu geben, mit einer Rede von zwei Minuten die Zuhörer zum Handeln zu veranlassen.
In Chicago, Los Angeles und New York hielten wir Tagungen ab. Wir forderten alle unsere Lehrer auf, sich etwas einfallen zu lassen — manche von ihnen waren an den Fakultäten für Redekunst unserer hervorragendsten Universitäten tätig. Andere hatten Schlüsselpositionen in der Geschäftswelt inne. Manche kamen aus den rasch wachsenden Werbe- und Finanzierungsgesellschaften. Aus dieser Verschmelzung der Gedanken von Männern so unterschiedlicher Erfahrungen hofften wir, einen zuverlässigen Hinweis für eine neue, sozusagen stromlinienförmige Redetechnik zu gewinnen, die geschaffen wäre für unsere Zeit mit ihrem Verlangen nach einer sowohl psychologisch als auch logisch wirksamen Methode, Zuhörer zum Handeln zu bewegen. Wir wurden nicht enttäuscht. Aus diesen Diskussionen entwickelte sich die sogenannte Zauberformel des Redeaufbaues. Wir begannen, sie in unseren Klassen zu verwenden, und wir haben sie seither immer benutzt. Wie heißt diese Zauberformel? Erstens: Beginnen Sie Ihre Rede mit einem lebendigen Beispiel, einem anschaulich dargestellten Ereignis, das die Hauptidee übermittelt. Zweitens: Nennen Sie in klaren, knappen Worten Ihre Absicht; sagen Sie genau, was Sie von Ihren Zuhörern wollen. Und drittens: nennen Sie den Grund, das heißt, machen Sie den Nutzen oder Vorteil klar, den der Zuhörer gewinnt, wenn er Ihrer Aufforderung folgt. Das ist eine Formel, die in hohem Grade unserem schnellen Lebenstempo entspricht. Heut-

zutage kann kein Redner es sich leisten, in langen gemächlichen Einführungen zu schwelgen, denn seine Hörerkreise bestehen aus stark beschäftigten Geschäftsleuten, die erwarten, daß der Redner in präzisen Worten sein Anliegen vorträgt. Sie sind an den komprimierten, unverblümten Zeitungsstil gewöhnt, in dem die Tatsachen frisch von der Leber weg dargeboten werden. Sie sind einer Form von Werbung ausgesetzt, die ihre Botschaften zwingend und eindeutig von Plakaten, Fernsehschirmen, Zeitungs- und Zeitschriftenseiten verkündet. Jedes Wort ist berechnet, nichts ist verschwendet. Benutzen Sie die Zauberformel, und Sie können sicher sein, daß Sie Aufmerksamkeit erlangen und der Hauptpunkt Ihrer Rede im Brennpunkt des Interesses steht. Sie schützt Sie vor albernen Eingangsworten wie: »Ich habe nicht genügend Zeit gehabt, diese Rede sorgfältig vorzubereiten«, oder »Als ich aufgefordert wurde, hier zu sprechen, konnte ich mir gar nicht vorstellen, weshalb die Wahl wohl auf mich gefallen sein könnte.« Zuhörer sind an Entschuldigungen und Rechtfertigungen nicht interessiert, ganz gleich ob sie echt oder vorgegeben sind. Sie wollen Handlung. Mit der Zauberformel bieten Sie ihnen diese vom ersten Wort an.

Die Zauberformel ist ideal für kurze Reden, weil sie auf einem bestimmten Maß von Spannung aufgebaut ist. Der Zuhörer wird durch die Geschichte gepackt, weiß aber erst gegen Ende Ihrer Zwei- oder Drei-Minuten-Rede, was Sie eigentlich bezwecken wollen. Diese Methode ist fast unumgänglich, wenn Sie etwas von Ihren Zuhörern fordern. Kein Redner, der wünscht, daß seine Hörer tief in ihre Taschen greifen, für welchen wichtigen oder unwichtigen Zweck es auch immer sein mag, wird sehr weit kommen, wenn er etwa folgendermaßen beginnen wollte: »Meine Damen und Herren! Ich bin hier, um von Ihnen fünf Dollar zu erbitten.« Ein allgemeines Gerenne zum Ausgang würde anheben. Beschreibt der Redner aber seinen Besuch eines Kinderhospitals, wo er einem ganz besonders ergreifenden Fall begegnete, — etwa einem kleinen Kind, dem die finanzielle Hilfe für eine Operation in einem weit entfernten Krankenhaus fehlt — und dann um Spenden bittet, wird sich die Aussicht auf Unterstützung durch seine Zuhörer ganz außerordentlich steigern. Es ist die Geschichte, das Beispiel, das den Weg für die erwünschte Handlung vorbereitet. Beachten Sie, in welch mustergültiger Weise das Beispiel von Leland Stowe angewandt wurde, als er seine Zuhörer veranlassen wollte, den *United Nation's Appeal for Children* zu unterstützen:

Ich bete, daß mir das nie wieder zustoßen möge. Kann es irgendetwas Schrecklicheres geben als lediglich eine Erdnuß zwischen einem Kind und dem Tod? Ich hoffe, Sie werden nie dazu gezwungen werden, so etwas tun und mit der Erinnerung daran weiterleben zu müssen. Hätten Sie ihre Stimmen gehört und ihre Augen gesehen an jenem Januartag in dem zerbombten Arbeiterviertel von Athen... Doch alles, was mir geblieben war, war eine Halbpfunddose Erdnüsse. Als ich an ihr herumfingerte um sie aufzubekommen, hielten mich Dutzende zerlumpter Kinder mit gierig zupackenden Händen wie in einem Schraubstock. Scharen von Müttern, Babys auf den Armen, drängten sich vor und kämpften darum, in Reichweite zu kommen. Sie streckten mir ihre Säuglinge entgegen. Winzige Händchen, nur Haut und Knochen, zuckten und zitterten. Ich versuchte jedem eine Erdnuß zu geben.
In ihrem Wahnsinn hätten sie mich fast umgerissen. Nichts als hunderte und aberhunderte von Händen: bittende Hände,

packende Hände, verzweifelte Hände; alles bemitleidenswerte kleine Hände. Eine gesalzene Erdnuß hier, eine da. Sechs Erdnüsse, die mir aus den Fingern glitten, verursachten ein wüstes Durcheinander ausgemergelter kleiner Leiber zu meinen Füßen. Wieder eine Erdnuß hier, eine dort. Hunderte von Händen, greifend und verlangend, hunderte von Augen, in denen das Licht der Hoffnung erlosch. Ich stand da, hilflos, eine leere blaue Dose in meiner Hand ... Ja, ich hoffe, das möge Ihnen nie geschehen.

Die Zauberformel kann auch benutzt werden, um Geschäftsbriefe zu schreiben und Mitarbeiter und Angestellten Anweisungen zu geben. Mütter können sie anwenden, wenn sie ihren Kindern etwas begründen, und Kinder werden sie nützlich finden, wenn sie ihre Eltern um etwas bitten. Sie werden in ihr ein psychologisches Hilfsmittel erkennen, wenn es im täglichen Leben darum geht, Ihre Ideen einem anderen nahe zu bringen.
Selbst in der Werbung wird die Zauberformel Tag für Tag verwendet. Kürzlich warb die Firma Eveready in Funk und Fernsehen mit einer Reihe von Werbespots für ihre Batterien, — und die Werbeaktion war auf dieser Formel aufgebaut. Das anfängliche Beispiel war der Bericht eines Mannes, der in tiefer Nacht sich nicht aus seinem verunglückten Auto hatte befreien können. Nachdem der Ansager die Einzelheiten des Unfalls anschaulich geschildert hatte, wurde der Autofahrer aufgefordert, die Geschichte mit der Beschreibung zu beenden, wie die Strahlen seiner Taschenlampe, gespeist von einer Eveready Batterie, rechtzeitig Hilfe brachten. Nun folgten Absicht und Begründung: »Kaufen Sie Eveready Batterien, und Sie können einen ähnlichen Unfall überleben!« Alle angeführten Berichte waren tatsächliche Erlebnisse

aus den Unterlagen der Firma Eveready. Ich weiß nicht, wie groß der Verkaufserfolg dieser speziellen Werbeserie war, doch weiß ich, daß die Zauberformel eine wirkungsvolle Methode ist, Ihren Zuhörern das ans Herz zu legen, was sie nach Ihrer Ansicht tun oder unterlassen sollten. Gehen wir die einzelnen Stufen nacheinander durch.

IHR BEISPIEL – EIN EREIGNIS AUS IHREM LEBEN

Dieser Teil Ihrer Rede wird die meiste Zeit in Anspruch nehmen. In ihm beschreiben Sie eine Erfahrung, aus der Sie etwas gelernt haben. Psychologen haben festgestellt, daß wir auf zwei verschiedene Weisen lernen. Einmal durch das Gesetz der Übung: Eine Reihe gleicher Ereignisse führen zu einer Änderung unserer Verhaltensweise. Zum anderen durch das Gesetz der Wirkung, wenn nämlich ein einziges Erlebnis so aufrüttelnd ist, daß es eine Änderung in unserem Verhalten bewirkt. Wir alle haben diese Art ungewöhnlicher Erfahrungen gesammelt. Wir brauchen nicht lange nach solchen Ereignissen zu suchen, denn sie liegen an der Oberfläche unseres Gedächtnisses. Unser Verhalten wird zum großen Teil von diesen Ereignissen geprägt. Wenn wir derartige Geschehnisse lebhaft rekonstruieren, können wir damit andere wirkungsvoll beeinflussen. Daß wir das können, liegt daran, daß Menschen auf Worte weitgehend genauso reagieren wie auf tatsächliches Geschehen. In dem Teil Ihrer Rede, der dem Beispiel gewidmet ist, müssen Sie daher einen Ausschnitt aus Ihrer Erfahrung wieder lebendig machen. Das muß auf eine Weise geschehen, daß Ihre Worte die gleiche Wirkung auf Ihre Zuhörer haben, wie das ursprüngliche Geschehen auf Sie hatte. Sie müssen also Ihre Erfahrungen derart klären, intensivieren und dramatisieren, daß sie für Ihre Zuhörer interessant und zwingend werden. Hier folgen eine Reihe von Vorschlägen, die Ihnen helfen werden, den Beispiel-Teil Ihrer Rede klar, intensiv und bedeutungsvoll zu gestalten.

LEGEN SIE IHREM BEISPIEL EINE
EINMALIGE PERSÖNLICHE ERFAHRUNG ZUGRUNDE

Ein Beispiel ist ganz besonders wirkungsvoll, wenn Sie ein einmaliges Geschehen schildern, das einen nachhaltigen Eindruck auf Sie selbst machte. Vielleicht hat dieses Ereignis nur einige wenige Sekunden gedauert — doch in dieser kurzen Zeitspanne haben Sie eine unvergeßliche Lehre erhalten.
Vor einiger Zeit berichtete ein Mann in einer unserer Klassen von einer entsetzlichen Erfahrung, die er machen mußte, als er versuchte, von seinem umgeschlagenen Boot aus zur Küste zu schwimmen. Ich bin ganz sicher, daß jeder seiner Zuhörer sich entschloß, er wolle in ähnlicher Lage dem Rat des Redners folgen und bei dem gekenterten Boot ausharren, bis Hilfe herbeikäme. Ich entsinne mich eines anderen Beispiels: Ein Redner berichtete von dem schauerlichen Erlebnis, in das ein Kind durch einen sich überschlagenden elektrischen Rasenmäher verwickelt wurde. Dieses Geschehnis ist so unauslöschlich in meine Erinnerung eingegraben, daß ich in alle Zukunft Vorsicht walten lassen werde, wenn Kinder in die Nähe meines Rasenmähers kommen. Viele

unserer Lehrer sind von dem, was sie in ihren Klassen zu hören bekamen, so beeindruckt worden, daß sie sich entsprechend verhielten, um ähnliche Unfälle in ihrer Umgebung zu verhüten. Einer hat beispielsweise einen Feuerlöscher griffbereit in seiner Küche, da er in einer Rede die anschauliche Schilderung eines tragischen Brandunfalles anhörte, der durch ein Mißgeschick beim Kochen ausgelöst wurde. Ein anderer hat alle Flaschen mit giftigem Inhalt etikettiert und achtet darauf, daß sie außerhalb der Reichweite seiner Kinder aufbewahrt werden. Das wurde durch die Rede einer Mutter bewirkt, die berichtete, wie erschüttert sie war, als sie ihr Kind bewußtlos im Badezimmer auffand, eine Giftflasche in den verkrampften Fingern.

Eine einmalige, persönliche Erfahrung, die Ihnen eine unvergeßliche Lehre erteilt hat, ist der erste Bestandteil einer überzeugenden Rede, die Handlung bewirken soll. Mit einem derartigen Beispiel können Sie Ihre Zuhörer zum Handeln veranlassen. Wenn Ihnen so etwas zugestoßen ist — das ist der logische Schluß, den Ihre Hörer ziehen —, so kann es ihnen selbst auch passieren, und deshalb sind sie bereit, Ihren Rat anzunehmen und zu tun, was Sie ihnen empfehlen.

BEGINNEN SIE IHRE REDE MIT EINER EINZELHEIT

Einer der Gründe, weshalb Sie als erstes Ihr Beipiel bringen sollten, ist der, sofort Aufmerksamkeit zu erreichen. Manche Redner versagen beim Versuch, schon durch die Eingangsworte Aufmerksamkeit zu erlangen, weil diese ersten Worte allzu oft aus abgegriffenen Bemerkungen bestehen, aus Klischees oder halben Entschuldigungen, die die Zuhörer nicht interessieren. »Ungewohnt, wie mir ein öffentliches Auftreten als Redner ist«, klingt besonders widerwärtig; doch viele andere Gemeinplätze, mit denen Reden häufig eingeleitet werden, sind genauso ungeeignet, um Aufmerksamkeit zu erreichen. Einzelheiten darüber auszubreiten, weshalb Sie gerade dieses Thema gewählt haben, Beglückung der Hörer durch das Bekenntnis, daß Sie nicht gut vorbereitet sind (das wird man ohnehin bald genug feststellen), Ankündigung Ihres Themas mit einem Pathos, als trüge ein Prediger die Textstelle seiner Predigt vor — all diese Methoden gilt es zu vermeiden, wenn Sie mit einer kurzen Rede zum Handeln aufrufen wollen.

Lassen Sie sich von hervorragenden Zeitungs- und Zeitschriften-Journalisten einen Hinweis geben: Springen Sie mitten hinein in Ihr Beispiel, und Sie werden augenblicklich die Aufmerksamkeit Ihrer Zuhörer haben.

Hier ein paar Einleitungssätze, die meine Aufmerksamkeit wie ein Magnet angezogen haben: »1942 fand ich mich im Bett eines Krankenhauses«. »Gestern morgen beim Frühstück, meine Frau schenkte gerade Kaffee ein und...«. »Im vergangenen Juli fuhr ich mit hoher Geschwindigkeit den Highway 42 entlang...«. »Die Tür meines Büros wurde aufgerissen, und Charlie Vann, unser Vorarbeiter, stürzte herein«. »Ich fischte mitten auf dem See. Als ich aufschaute, sah ich ein Motorboot in voller Fahrt auf mich zukommen.«

Wenn Sie am Anfang Ihrer Rede Antwort geben auf »Wer«, »Wann«, »Wo«, »Was«, »Wie« oder »Warum« so benutzen Sie einen der ältesten Kunstgriffe, um Aufmerksamkeit zu erlangen, nämlich — die Geschichte.

»Es war einmal...« sind die Zauberworte, die das Schleusentor zur kindlichen Phantasie öffnen. Mit demselben Anruf an das menschliche Empfinden können Sie den Geist Ihrer Zuhörer mit Ihren allerersten Worten bannen.

BEREICHERN SIE IHR BEISPIEL
MIT WICHTIGEN EINZELHEITEN

Einzelheiten für sich allein betrachtet sind nicht interessant. Ein mit Möbeln und Kinkerlitzchen vollgestopftes Zimmer ist nicht anziehend. Ein Bild mit allzu vielen Einzelheiten, die nicht zueinander passen, hält das Auge nicht lange fest. Genauso machen viele Einzelheiten — unwichtige Einzelheiten — Gespräch und Vortrag zu einer quälenden Geduldsprobe. Das Geheimnis heißt Auswahl — Auswahl jener Einzelheiten, die dazu dienen, den Zweck und den Grund der Rede zu betonen. Wenn Sie sich bemühen, Ihren Zuhörern den Gedanken nahezulegen, vor langen Fahrten Ihren Wagen überprüfen zu lassen, dann sollten alle Einzelheiten im Beispiel-Teil Ihrer Rede das betreffen, was Ihnen zustieß, als Sie es versäumten. Falls Sie sich darüber auslassen, welch entzückende Ausblicke Sie während der Fahrt genossen haben oder in welchem Hotel Sie am Ziel Ihrer Reise wohnten, werden Sie den Zweck Ihres Vortrages lediglich verschleiern, und die Aufmerksamkeit wird sich verflüchtigen.
Erläuternde Einzelheiten hingegen, in anschaulicher, farbiger Sprache vorgetragen, sind das geeignetste Mittel, das Geschehnis wieder aufzufrischen und es Ihre Zuhörer nacherleben zu lassen, als wären sie selbst dabeigewesen.

Sprechen Sie knapp aus, daß Sie früher einmal einen Unfall infolge von Nachlässigkeit gehabt haben, so ist das armselig und uninteressant und wird kaum jemand veranlassen, sich erst nach sorgfältigerer Vorbereitung hinters Steuerrad zu setzen. Malen Sie hingegen ein Bild mit Worten, die Ihre schreckliche Erfahrung wiedergeben und gebrauchen den ganzen Spielraum sinnfälliger Ausdrücke, so werden Sie dieses Ereignis tief in das Empfinden Ihrer Zuhörer einprägen. Hier ist der Beispiel-Teil der Rede eines Kursteilnehmers als Muster wiedergegeben, der lebhaft die Notwendigkeit großer Vorsicht auf den Straßen im Winter darstellt:

Im Jahre 1949 fuhr ich eines Morgens vor Weihnachten auf dem Highway 41 in Indiana in Richtung Norden. Meine Frau und meine Kinder waren mit im Wagen. Mehrere Stunden mußten wir auf einer Fläche spiegelblanken Eises dahinkriechen. Die geringste Drehung des Steuerrades ließ das Heck meines Fords beängstigend rutschen. Nur wenige Fahrer scherten aus oder versuchten zu überholen. Die Stunden schienen so langsam dahinzuschleichen wie die Wagen.
Dann kamen wir zu einer offenen Strecke, auf der das Eis von der Sonne geschmolzen war. Ich gab Gas, um die verlorene Zeit aufzuholen. Andere Fahrer taten dasselbe. Plötzlich schien jeder in Eile, um als erster in Chicago zu sein. Die Kinder hinter mir fingen an zu singen, als die Anspannung der Gefahr nachließ. Plötzlich stieg die Straße an, und es ging in einen Wald. Als der stark beschleunigte Wagen die Kuppe erreichte, sah ich zu spät, daß der nördliche Abhang des Hügels, von der Sonne noch nicht getroffen, einem Strom von Eis glich. Mit einem flüchtigen Blick gewahrte ich zwei seitwärts schleudernde Wagen, und dann gerieten wir selbst auch ins Schleudern. Ohne etwas dagegen tun zu können, überschlugen wir uns seitwärts und landeten in einer Schneewehe — doch

aufrecht. Der uns folgende Wagen fing an derselben Stelle an zu schleudern, krachte in die Seite unseres Autos, zerschmetterte die Türen und überschüttete uns mit Glassplittern.

Die Fülle der Einzelheiten bei diesem Beispiel machte es den Hörern leicht, sich selbst in die Situation zu versetzen. Ihre Absicht ist es ja vor allem, Ihren Zuhörern das vor Augen zu führen, was Sie selbst sahen, sie hören zu lassen, was Sie selbst hörten, fühlen zu lassen, was Sie fühlten. Sie können diesen Effekt einzig und allein durch die Schilderung vieler Einzelheiten erzielen. Wie wir in Kapitel Vier ausführten, besteht die Aufgabe der Vorbereitung einer Rede darin, die Fragen nach dem Wer, Wann, Wo, Wie und Warum zu beantworten. Sie müssen das Vorstellungsvermögen Ihrer Zuhörer anregen, indem Sie mit Worten Bilder malen.

Erleben Sie Ihre Erfahrung beim Nacherzählen von Neuem

Zusätzlich zum Gebrauch bildhafter Einzelheiten sollte der Redner das Geschehen, das er beschreibt, wieder mit Leben erfüllen. Hier nähert sich die Rede dem benachbarten Gebiet des Schauspiels. Alle bedeutenden Redner haben einen Sinn fürs Dramatische, doch ist das nicht etwa ein seltenes Talent, das sich nur bei den Wortgewandten findet. Fast allen Kindern steht diese Gabe in reichem Maß zu Gebote. Viele unserer Bekannten sind begabt im Einsatz von ausdrucksvollen Gesten, Mimik oder Pantomime, was ja zu der unschätzbaren Fähigkeit des Dramatisierens gehört. Die meisten von uns haben da einige Talente, und mit ein wenig Mühe und Übung können wir diese Fähigkeiten weiter entwickeln.

Je mehr Handlung und Spannung Sie in die Wiedergabe eines Geschehens hineinbringen können, desto stärker wird der Eindruck sein, den Sie auf Ihre Zuhörer machen. Ganz gleich, wie reich an Details eine Rede sein mag, es mangelt ihr an Durchschlagskraft, wenn der Redner sie nicht mit der Leidenschaft der wieder durchlebten Erfahrung vorträgt. Beschreiben Sie eine Feuersbrunst, dann lassen Sie uns fühlen, welche Erregung durch die Menge lief, als die Feuerwehrmänner die Flammen bekämpften. Berichten Sie uns von dem Wortstreit mit einem Nachbarn, dann beleben Sie Ihre Rede, indem Sie dramatisieren. Wollen Sie Ihre Anstrengungen in den Wogen schildern, als die Panik Sie zu überwältigen drohte? Dann lassen Sie Ihre Zuhörer das Entsetzen empfinden, das Sie in diesen fürchterlichen Augenblicken fühlten. Denn eine Aufgabe Ihres Beispieles ist es (unter anderen), Ihre Geschichte so zu übermitteln, daß sie unvergeßlich bleibt. Haftet das Beispiel im Gedächtnis Ihrer Zuhörer, so werden Sie sich Ihrer Rede und dessen, was Sie von Ihnen forderten entsinnen. Das Neue Testament ist eine wahre Schatzkammer von ethischen Grundsätzen, veranschaulicht durch Beispiele, wie etwa die Geschichte vom barmherzigen Samariter.

Das Beispiel des eigenen Erlebnisses trägt nicht nur dazu bei, daß Ihre Rede leichter im Gedächtnis haftet, es macht sie außerdem auch interessanter, überzeugender und leichter verständlich. Ihr Beispiel von dem, was das Leben Sie gelehrt hat, wird unmittelbar von Ihren Hörern aufgenommen. In gewissem Sinne sind Ihre Zuhörer dadurch schon vorbereitet auf das, was Sie tun sollen. Das führt uns nun zum zweiten Teil der Zauberformel.

SAGEN SIE KLAR, WAS SIE VON IHREN ZUHÖRERN ERWARTEN

In Ihrer Rede, die Ihre Zuhörer zur Handlung bewegen soll, hat der Beispiel-Teil mehr als dreiviertel Ihrer Redezeit beansprucht. Nehmen wir an, Sie sprächen zwei Minuten. Es verbleiben Ihnen etwa zwanzig Sekunden in denen Sie Ihren Zuhörern die geforderte Handlung und den Nutzen, den sie davontragen werden, wenn Sie Ihrem Rat folgen, eindringlich einprägen können. Die Notwendigkeit für Einzelheiten besteht nun nicht mehr. Jetzt ist der Augenblick für eine klare, unverblümte Aussage gekommen. Wir finden hier das genaue Gegenteil der Zeitungsartikel-Technik: Anstatt als erstes die Schlagzeile zu bringen, beginnen Sie mit dem Bericht der Neuigkeit und setzen die Schlagzeile, nämlich Ihren Aufruf zur Handlung, an den Schluß. Für diesen Teil der Rede gelten drei Regeln.

GEBEN SIE IHRE AUFFORDERUNG KURZ UND EINDEUTIG

Machen Sie genaue Angaben, wenn Sie Ihren Zuhörern sagen, was Sie von ihnen erwarten. Die Leute tun nur das, was sie genau verstehen. Werden Sie sich zunächst selbst darüber klar, was Ihre Hörer eigentlich tun sollen, nachdem Ihr Beispiel eine Bereitschaft dazu geschaffen hat. Es ist zweckmäßig, diesen Punkt schriftlich festzuhalten. Versuchen Sie dabei, wie in einem Telegramm, die Zahl der Wörter zu beschränken und diese Wörter so klar und deutlich wie möglich zu wählen.

Sagen Sie also nicht: »Helfen Sie den Kindern in unserem örtlichen Waisenhaus.« Das wäre zu allgemein. Sagen Sie stattdessen: »Verpflichten Sie sich heute Abend, am nächsten Sonntag fünfundzwanzig Waisenkinder zu einem Picknickausflug mitzunehmen.« Es ist wichtig, eine offenkundige Handlung zu verlangen, eine Handlung, die man sehen kann; nur von der geistigen Haltung zu sprechen, die jeder Handlung vorausgeht, ist zu vage.

»Denken Sie ab und zu an Ihre Großeltern«, wäre zu allgemein, um eine Handlung zu provozieren. Sagen Sie stattdessen: »Entschließen Sie sich, Ihre Großeltern am kommenden Wochenende zu besuchen.« Eine Feststellung wie »Seien Sie ein guter Staatsbürger« sollte umgewandelt werden in »Gehen Sie nächsten Sonntag zur Wahlurne!«

MACHEN SIE ES DEN HÖRERN LEICHT, IHRE FORDERUNG ZU ERFÜLLEN

Gleichgültig ob es sich um ein umstrittenes Thema handelt oder nicht: der Redner hat die Pflicht seinen Aufruf zur Aktion so zu formulieren, daß es für seine Zuhörer leicht ist, ihn zu verstehen und zu befolgen. Drücken Sie sich deshalb genau aus, spezifizieren Sie Ihre Aufforderung. Sollen Ihre Zuhörer zum Beispiel die Fähigkeit, Namen zu behalten verbessern, dann sagen Sie nicht: »Beginnen Sie jetzt, Ihr Namensgedächtnis zu verbessern.« Das ist zu allgemein und deshalb auch schwierig zu befolgen. Sagen Sie statt dessen: »Wiederholen Sie den Namen des nächsten Unbekannten, den Sie kennenlernen, fünfmal innerhalb der darauf folgenden fünf Minuten.«

Redner, die ihren Zuhörern genau angeben, was sie tun sollen, sind viel erfolgreicher als jene, die sich mit Allgemeinheiten begnügen. Zu sagen: »Unterschreiben Sie bitte die Karte mit guten Wünschen, die ich hinten auf den Tisch gelegt habe«, ist weit besser als die Aufforderung, doch an ein erkranktes Mitglied des Kurses einmal eine Karte oder einen Brief zu schreiben. Fragt man sich, ob es besser sei, die Aufforderung positiv oder negativ zu formulieren, so sollte man sich den Gesichtspunkt der Zuhörerschaft zu eigen machen. Durchaus nicht alle negativ ausgesprochenen Aufforderungen sind wirkungslos. Warnen Sie vor einer unerwünschten Haltung, so ist dieses Verfahren vermutlich für die Zuhörer überzeugender als ein positiv formulierter Vorschlag. »Seien Sie kein Krawatten-Muffel« war die negative Formulierung in einer vor wenigen Jahren durchgeführten Werbekampagne, die den Krawattenverkauf enorm gesteigert hat.

TRAGEN SIE IHRE AUFFORDERUNG MIT SCHWUNG UND ÜBERZEUGUNG VOR

Die Aufforderung ist der Angelpunkt Ihrer Rede. Deshalb sollten Sie sie mit Schwung und Überzeugung vortragen. So wie die Schlagzeile in Großbuchstaben hervorsticht, sollte Ihre Aufforderung zum Handeln durch größere Lebhaftigkeit in Ihrer Stimme und entsprechende Betonung hervorgehoben werden. Sie sind jetzt dabei, den abschließenden Eindruck auf Ihre Zuhörer zu machen. Tun Sie das so, daß Ihre Hörer die Echtheit Ihres Aufrufs zum Handeln verspüren. Es darf keine Unsicherheit oder Schüchternheit in Ihrem Appell geben. Diese Überzeugungskraft sollte zu Ihren letzten Worten überleiten, mit denen Sie den dritten Teil der Zauberformel anwenden.

NENNEN SIE DEN GEWINN, DEN IHRE ZUHÖRER ERWARTEN KÖNNEN

Hier sind wiederum Knappheit und Kürze notwendig. In dem Begründungsteil sagen Sie, welchen Anreiz oder Lohn die Zuhörer erwarten können, wenn sie Ihrer gerade ausgesprochenen Forderung folgen.

Die Begründung muss dem Beispiel entsprechen

Wieviel ist schon über die Motivierung im öffentlichen Reden geschrieben worden. Das ist ein weites ertragreiches Gebiet für jeden, der andere zum Handeln veranlassen will. In der kurzen Rede, die zur Aktion auffordert, mit der wir uns in diesem Kapitel befassen, können Sie den Nutzen nur mit einem oder zwei Sätzen herausstellen, ehe Sie sich wieder auf Ihren Platz setzen. Wichtig ist dabei vor allem, daß Sie den Nutzen hervorheben, der dem Beispiel entspricht. Wenn Sie von Ihrer Erfahrung berichten, wie Sie durch den Kauf eines gebrauchten Autos Geld sparten und Ihre Zuhörer auffordern, einen Gebrauchtwagen zu kaufen, müssen Sie in Ihrer Begründung den finanziellen Vorteil eines derartigen Kaufes herausstreichen. Sie sollten nicht von Ihrem Beispiel abweichen, indem Sie als Grund angeben, daß manche älteren Automodelle eine elegantere Form haben als die neuesten Modelle.

Stellen Sie nur einen einzigen Grund heraus

Die meisten Geschäftsleute können ein halbes Dutzend Gründe aufzählen, warum man ihr Erzeugnis kaufen soll. Es ist durchaus möglich, daß auch Sie verschiedene Gründe für Ihre Aufforderung angeben können und daß all diese Gründe dem von Ihnen gewählten Beispiel entsprechen. Aber wiederum ist es am besten, für die Rede nur einen hervorragenden Grund oder Nutzen auszuwählen und sich darauf zu beschränken. Die letzten Worte, die Sie an Ihr Publikum richten, sollten so einleuchtend und klar sein wie die Botschaft einer wohldurchdachten, wirkungsvollen Zeitungsanzeige. Studieren Sie diese Anzeigen, auf die soviel Sorgfalt verwendet wurde, und Sie werden die Fähigkeit entwickeln, Aufforderung und Begründung in Ihrer Rede überzeugend zu formulieren. In keiner Anzeige wird der Versuch gemacht, mehr als ein Produkt, mehr als eine Idee auf einmal zu verkaufen. Und nur ganz wenige Anzeigen in den auflagenstarken Zeitschriften verwenden mehr als eine Begründung, warum Sie kaufen sollten. Ein Produzent mag sein Kaufmotiv von einem Medium zum anderen wechseln, wenn er sich beispielsweise des Fernsehens und der Zeitung bedient, doch äußerst selten wird er verschiedene Beweggründe in einer Anzeige ansprechen, mögen sie nun an das Auge oder an das Ohr appellieren.
Untersuchen Sie die Anzeigen in Zeitschriften, Zeitungen und Fernsehen und analysieren ihren Inhalt, so werden Sie erstaunt sein, wie häufig die Zauberformel angewandt wird, um Menschen zum Kaufen zu veranlassen. Dann werden Sie auch erkennen, wie gut die einzelnen Elemente jeder Anzeige aufeinander abgestimmt sind.

Es gibt noch andere Möglichkeiten, Beispiele aufzubauen: Man kann Schaustücke verwenden, etwas vorführen, Autoritäten zitieren, Vergleiche ziehen und Statistiken vorlegen. In Kapitel dreizehn, das die längere Rede behandelt, die zur Tat auffordert, sollen diese Möglichkeiten ausführlicher besprochen werden. Im vorliegenden Kapitel ist die Zauberformel ausschließlich auf das persönlich erlebte Beispiel bezogen. Denn in der kurzen Aktivierungsrede ist das bei weitem die leichteste, interessanteste, dramatischste und wirksamste Methode, die ein Redner anwenden kann.

Kapitel 8

Die informierende Rede

Vermutlich haben Sie schon häufig Redner gehört, wie jenen, der einst einem Untersuchungsausschuß des amerikanischen Senats auf die Nerven ging. Er war ein hoher Regierungsbeamter, doch konnte er nur in schier endlosen, vagen Worten daherreden, ohne jemals seine Ansicht klar zu äußern. Seine Rede war ohne Sinn und Klarheit, und die Unruhe des Komitees stieg von Minute zu Minute. Endlich ergriff ein Komiteemitglied, Samuel James Ervin jun., Senior-Senator von Nord Carolina, die Gelegenheit, ein paar Worte zu sagen — und diese Worte hatten es in sich. Er sagte, der Beamte erinnere ihn an einen Ehemann, den er in seiner Vaterstadt kenne. Der Ehemann erklärte seinem Anwalt, er wünsche die Scheidung von seiner Frau, obwohl sie eine Schönheit, eine gute Hausfrau und eine vorbildliche Mutter sei. »Warum wollen Sie sich denn scheiden lassen« fragte sein Anwalt.
»Weil sie immerzu redet«, erwiderte der Ehemann.
»Worüber denn?«
»Das ist es ja«, antwortete der Ehemann, »das sagt sie nie«.
So steht es auch mit vielen Rednern, Männern wie Frauen. Ihre Hörer wissen nicht, worüber sie sprechen. Sie sagen es nie. Sie machen ihre Absicht nicht klar.

Im vorigen Kapitel habe ich Ihnen ein Rezept für kurze Reden gegeben, die eine Handlung bei Ihren Zuhörern bewirken sollen. Jetzt zeige ich Ihnen Methoden, die Ihnen helfen werden, Ihre Absicht klar zu machen, wenn Sie Ihre Zuhörer informieren und nicht motivieren wollen.

Informierende Reden halten wir jeden Tag in großer Zahl: Wir geben Anweisungen oder Erläuterungen, erklären und berichten. Von allen Vorträgen, die überall gehalten werden, kommt die Informationsrede gleich hinter der Rede, die überzeugen und Handlungen bewirken soll. Die Fähigkeit, sich klar auszudrücken, ist die Voraussetzung dafür, andere zu beeinflussen. Owen D. Young, einer der führenden Industriellen Amerikas, betont die Notwendigkeit klarer Ausdrucksweise in der heutigen Zeit:

Wer seine Fähigkeit erweitert, sich anderen verständlich zu machen, erweitert in gleicher Weise seine Möglichkeiten, anderen nützlich zu sein. In unserer Gesellschaft, die auch in unbedeutenden Dingen die Zusammenarbeit der Menschen erfordert, ist die allererste Voraussetzung das gegenseitige Verstehen. Die Sprache ist das wichtigste Mittel gegenseitigen Verstehens, darum müssen wir lernen, sie zu gebrauchen, nicht gedankenlos, sondern umsichtig und klar.

Dieses Kapitel enthält einige Vorschläge, wie Sie die Sprache klar und umsichtig anwenden können, damit niemand Schwierigkeiten haben wird, Sie zu verstehen. »Alles, was überhaupt gedacht werden kann«, sagt Ludwig Wittgenstein, »kann klar gedacht werden. Alles, was gesagt werden kann, kann klar gesagt werden.«

BEGRENZEN SIE IHR THEMA NACH DER VERFÜGBAREN ZEIT

In einer seiner an Lehrer gerichteten Rede bemerkte Professor William James, daß man in einer Vorlesung, die ja immerhin eine Stunde dauert, lediglich ein Thema behandeln kann. Im Gegensatz dazu hörte ich kürzlich einem Redner zu, dessen Redezeit durch eine Stoppuhr auf drei Minuten begrenzt war. Er begann mit den Worten, daß er beabsichtige, unsere Aufmerksamkeit auf elf Gesichtspunkte zu lenken — sechzehneinhalb Sekunden für jeden Teil seines Themas! Es scheint unglaubhaft, nicht wahr, daß ein intelligenter Mensch etwas derart Absurdes versuchen sollte. Gewiss ist das ein extremer Fall; doch die Tendenz, einem derartigen Fehler zu verfallen, wenn auch nicht in ganz so krasser Weise, läßt fast jeden Neuling straucheln. Er benimmt sich dann wie ein Reiseführer, der dem Touristen Paris an einem Tag zeigt. Das geht zwar — man kann ja auch das Amerikanische Naturkunde-Museum in dreißig Minuten durchqueren. Doch schafft das weder Klarheit noch Vergnügen. Viele Reden lassen Klarheit vermissen, weil der Redner entschlossen zu sein scheint, einen Weltrekord aufzustellen, indem er so viel Stoff wie irgend möglich in der ihm zur Verfügung stehenden Zeit bringt. Mit der Schnelligkeit und Beweglichkeit einer Bergziege springt er von einem Punkt zum anderen.

Beabsichtigen Sie beispielsweise über Gewerkschaften zu sprechen, so versuchen Sie nicht, in drei oder sechs Minuten darzulegen, wie es zu ihrer Entstehung kam, welchen Prinzipien sie folgen, welchen Nutzen sie brachten, welchen Schaden sie anrichteten, und wie man Streitigkeiten

in der Industrie schlichtet. Nein, nein! Wenn Sie versuchen, das zu tun, wird niemand eine klare Vorstellung von dem gewinnen, was Sie eigentlich wollen. Es wird ein großes Durcheinander und Bla-bla werden und allenfalls ein unklarer skizzenhafter Abriß des Themas.
Wäre es nicht weise, einen Gesichtspunkt, wirklich nur einen einzigen zu behandeln, von dem sich die Gewerkschaften beleuchten lassen, diesen dann aber vollständig und anschaulich darzustellen? Das wäre sinnvoll. Eine solche Rede würde einen klaren Eindruck hinterlassen; es wäre leicht, sie anzuhören und sich ihrer zu erinnern.
Als ich mich eines Morgens auf den Weg gemacht hatte, um den Präsidenten einer Gesellschaft aufzusuchen, fand ich einen mir fremden Namen an seiner Tür. Der Personalchef, einer meiner alten Freunde, gab mir den Grund an.
»Sein Name ist Wirklichkeit geworden«, sagte mein Freund.
»Sein Name?« wiederholte ich. »Er ist einer aus der Familie Jones, die im Aufsichtsrat sitzen, nicht wahr?«
»Ich meine seinen Spitznamen«, sagte mein Freund. »Er lautete — ›Wo-ist-er-jetzt?‹ Jedermann nannte ihn ›Wo-ist-er-jetzt-Jones‹. Er hielt sich nicht lange. Die Familie hat einen seiner Vettern zum Nachfolger bestimmt. Er machte sich nie die Mühe, dieses Geschäft wirklich kennenzulernen. Er war wohl den lieben langen Tag hier, aber was tat er? Hier reinschauen, dort reinschauen, überall und nirgends sein. Sich eben so überall umtun. Er hielt es für wichtiger, aufzupassen, daß ein Büroangestellter das Licht ausknipste oder eine Stenotypistin eine Büroklammer aufhob, als sich selbst intensiv mit einem großen Verkaufsfeldzug zu beschäftigen. In seinem Büro

war er nicht oft zu finden. Darum nannten wir ihn »Wo-ist-er-jetzt-Jones«.

»Wo-ist-er-jetzt-Jones« erinnert mich an viele Redner, die bedeutend besser sein könnten als sie sind. Aber sie sind nicht besser, weil sie sich nicht selbst in Zucht nehmen. Sie halten es wie Herr Jones, sie möchten zu viel bewältigen. Haben Sie ihnen nie zugehört? Und haben Sie sich nicht mitten in der Rede gefragt: »Wo ist er jetzt?« Selbst manche erfahrene Redner begehen diesen Fehler. Möglicherweise macht sie gerade die Tatsache, daß sie sonst recht fähig sind, blind gegen die Gefahr der Zersplitterung. Sie haben es aber nicht nötig, ihnen zu gleichen. Bleiben Sie bei Ihrem Hauptthema. Sie müssen sich jederzeit so klar verständlich machen, daß Ihre Zuhörer in jedem Moment sagen könnten: »Ich verstehe ihn. Ich weiß, wo er jetzt ist.«

ORDNEN SIE DIE REIHENFOLGE IHRER GEDANKEN

Nahezu alle Themen lassen sich in logischer Reihenfolge entwickeln, wenn man sie zeitlich, räumlich oder unter besonderen Gesichtspunkten aufbaut. Wählt man beispielsweise die zeitliche Abfolge, so sollte man das Thema nach Vergangenheit, Gegenwart und Zukunft betrachten. Oder aber Sie gehen von einem bestimmten Datum aus und bewegen sich von diesem Datum an rückwärts oder vorwärts. Alle Reden, in denen es um die Herstellung eines Gegenstandes geht, sollten vom Rohmaterial ausgehen und die unterschiedlichen Stufen der Verarbeitung bis zur Fertigstellung des Endproduktes beschreiben. Wie

viele Einzelheiten Sie hierbei berücksichtigen, wird selbstverständlich von der verfügbaren Zeit abhängen.
In der räumlichen Anordnung gruppieren Sie Ihre Gedanken um einen zentralen Punkt und gehen von ihm aus, oder Sie bringen Ihr Material in die Ordnung der Windrose, nach Nord, Süd, Ost und West. Wollen Sie etwa die Stadt Washington beschreiben, führen Sie Ihre Zuhörer im Geiste auf die Spitze des Kapitols und erläutern die interessanten Punkte in den verschiedenen Himmelsrichtungen. Beschreiben Sie einen Flugzeugmotor oder ein Auto, so werden Sie am besten seine einzelnen Teile erläutern.
Manchen Themen ist ihre eigene Ordnung mitgegeben. Haben Sie die Struktur der Regierung der Vereinigten Staaten zu erklären, so wird es sich empfehlen, die ihr eigene Organisation heranzuziehen und nach gesetzgeberischen, ausführenden und richterlichen Funktionen zu ordnen.

NUMERIEREN SIE DIE EINZELNEN TEILE WÄHREND DES VORTRAGS

Damit die Zuhörer Ihren Vortrag klar erfassen können, ist es gut, während der Rede die einzelnen Punkte deutlich abzugrenzen und zu benennen. Das ist einer der einfachsten Wege, ein Thema übersichtlich darzubieten.
»Erstens weise ich Sie darauf hin, daß . . .«. So kurz und präzis kann man sein. Haben Sie diesen Punkt diskutiert, können Sie einfach sagen, daß Sie nun zum zweiten kommen. Diesen Weg kann man bis zum Ende beibehalten.
Als Dr. Ralph J. Bunche assistierender Generalsekretär

bei den Vereinten Nationen war, begann er eine wichtige Rede, im Auftrag des City Clubs von Rochester im Staate New York, in dieser schlichten Form:
»Aus zwei Gründen habe ich mich entschlossen, heute Abend über das Thema, Menschliche Beziehungen — eine Herausforderung, zu sprechen«. Und sogleich fuhr er fort: »Erstens...«. Sehr bald folgte: »Zweitens...«. Die ganze Rede hindurch verwandte er alle Sorgfalt darauf, seinem Publikum klarzumachen, daß er sich Schritt für Schritt seiner Schlußfolgerung näherte: »Nie dürfen wir den Glauben an die Kraft des Guten im Menschen verlieren.«
Die gleiche Methode mit einer höchst wirkungsvollen Abweichung wandte der Volkswirtschaftler Paul H. Douglas an, als er vor einem Kongreßausschuß mit der Absicht sprach, die damals darniederliegende Wirtschaft anzukurbeln. Er sprach als Steuerfachmann wie auch als Senator von Illinois. »Mein Thema«, begann er, »ist folgendes: Die schnellste und wirkungsvollste Möglichkeit zu handeln ist die Herabsetzung der Steuern für die niedrigen und mittleren Einkommensgruppen, also für jene Gruppen, die dazu neigen, das gesamte Einkommen auszugeben.«
»Insbesondere...«, fuhr er fort.
»Weiterhin...«, so führte er aus.
»Darüber hinaus...«, entwickelte er seine Gedanken weiter.
»Es gibt also drei Hauptgründe:... Erstens... Zweitens ... Drittens. Ich fasse zusammen: Was wir brauchen, ist eine sofortige Herabsetzung der Steuern für die niedrigen und mittleren Einkommensgruppen, um die Kaufkraft zu erhöhen.«

VERGLEICHEN SIE UNBEKANNTES MIT BEKANNTEM

Sie werden es gelegentlich erleben, daß Sie vergeblich versuchen, Ihre Gedanken verständlich zu machen. Es handelt es sich um etwas, das Ihnen völlig klar ist, aber für Ihre Zuhörer zusätzlicher Erläuterungen bedarf. Was kann man da tun? Vergleichen Sie es daher mit etwas, das Ihre Zuhörer kennen und verstehen. Sagen Sie, das sei genau so wie . . .; das Unbekannte so wie das Bekannte.
Nehmen wir an, Sie sprächen über einen für die Industrie wichtigen chemischen Stoff, einen Katalysator. Sie erklären Ihren Hörern: Das ist eine Substanz, die in anderen Substanzen eine Änderung hervorruft, ohne sich dabei selbst zu verändern. Das ist ziemlich simpel. Ist jedoch folgende Erklärung nicht viel besser? Es ist wie ein kleiner Junge auf dem Schulhof, der alle anderen Kinder knufft, schubst, stößt, ärgert und stört, ohne selbst von einem anderen auch nur einen einzigen Schlag zu bekommen. Ein paar Missionare waren einmal in dieser Lage, das Unverständliche verständlich machen zu müssen, als sie die Bibel für einen Stamm in Äquatorial-Afrika übersetzten. Sollten sie wörtlich übersetzen? Es wurde ihnen klar, daß dann manche Wörter ohne Sinn für die Eingeborenen bleiben würden. Sie kamen zum Beispiel zu den Sätzen: »Und wenn Eure Sünden rot sind wie Scharlach, so sollen sie doch so weiß werden wie Schnee.« Sollten sie das nun wörtlich übersetzen? Schnee war den Eingeborenen unbekannt. Doch sie kletterten oft auf Kokospalmen und schüttelten sich Nüsse herab für ihre Mahlzeit. Die Missionare verglichen das Unbekannte mit dem Bekannten. Sie veränderten die Sätze folgendermaßen:

»Und wenn Eure Sünden rot sind wie Scharlach, sollen sie doch weiß werden wie das Fleisch der Kokosnuß.« Unter den gegebenen Umständen ist es schwer, das zu verbessern, meinen Sie nicht auch?

VERWANDELN SIE TATSACHEN IN BILDER

Wie weit ist es bis zum Mond? Bis zur Sonne? Bis zum nächsten anderen Stern? Wissenschaftler vermögen derartige Fragen mit einer Fülle mathematischer Angaben zu beantworten. Doch wer wissenschaftliche Unterweisungen in Wort und Schrift gibt, weiß, daß man damit eine Tatsache dem Durchschnittspublikum nicht klarmachen kann. Man verwandelt deshalb die Zahlen in Bilder.

Der berühmte Wissenschaftler Sir James Jeans hatte ein besonderes Interesse an dem menschlichen Verlangen, das Universum zu begreifen. Als Wissenschaftler konnte er mündlich und schriftlich die größte Wirkung erzielen, wenn er nur ab und zu Zahlen verwendete.

Unsere Sonne (ein Stern) und die Planeten um uns sind uns so nah, daß wir uns nicht vergegenwärtigen, wie weit entfernt andere Objekte im All sind, erklärt er in seinem Buch *The Universe Around Us*. »Selbst der nächste Stern, Proxima Centauri, ist 40 000 000 000 000 Kilometer entfernt«, sagt er. Um diese Zahl lebendiger zu machen, erklärt er: Wenn man sich mit Lichtgeschwindigkeit von der Erde her aufmachte — also mit rund 300 000 Kilometern pro Sekunde — würde man vier und ein viertel Jahr brauchen, um Proxima Centauri zu erreichen.

Auf diese Weise ließ er die weiten Entfernungen realer erscheinen, als ein anderer Redner, dem ich einst zuhörte, der nur die Entfernungen in Alaska beschreiben wollte. Er erklärte, die Größe Alaskas betrüge 590 804 Quadratmeilen — und dachte mit der bloßen Nennung dieser Zahl die Größe des Landes veranschaulicht zu haben. Können Sie sich dabei vielleicht ein Bild von der Größe des 49. Amerikanischen Bundesstaates machen? Mir sagte das nichts. Um Alaskas riesiges Ausmaß bildhaft zu erfassen habe ich warten müssen, bis ich aus anderer Quelle erfuhr, daß seine Größe die Summe der Flächen folgender Staaten übertrifft: Vermont, New Hampshire, Maine, Massachusetts, Rhode Island, Connecticut, New York, New Jersey, Pennsylvania, Delaware, Maryland, West Virginia, North Carolina, South Carolina, Georgia, Florida, Tennessee und Mississippi. Jetzt haben die 590 804 Quadratmeilen eine andere Bedeutung, nicht wahr? Nun können Sie sich vorstellen, daß es in Alaska viel, viel Raum gibt.

Vor ein paar Jahren beschrieb einer unserer Kursteilnehmer den entsetzlichen Blutzoll tödlicher Unfälle auf unseren Überlandstraßen mit diesem schrecklichen Bild: »Sie fahren quer durch den Kontinent von New York nach Los Angeles. Anstelle der Straßenmarkierungen stellen Sie sich Särge vor, die aufrecht an der Straße stehen. In jedem ist ein Opfer der Straßenschlacht des vorigen Jahres. Auf Ihrer ganzen Fahrt treffen Sie alle fünf Sekunden einen solchen unheimlichen Pfosten — denn zwölf sind auf jeder einzelnen Meile errichtet — von einem Ende Amerikas bis zum anderen!« Nie bin ich mit meinem Auto lange unterwegs, bis dieses Bild mit größter Deutlichkeit wieder vor meinem Auge steht.

Woran liegt das? Weil die Eindrücke, die das Ohr empfängt, schwer im Gedächtnis haften. Sie rollen davon, wie Hagelkörner an der glatten Rinde einer Buche hinabrollen. Wie steht es aber mit Eindrücken des Auges? Vor ein paar Jahren sah ich eine Kanonenkugel, die im Fachwerk eines alten Hauses am Ufer der Donau steckte; eine Kanonenkugel, die von Napoleons Artillerie während der Schlacht bei Ulm abgefeuert worden war. Visuelle Eindrücke sind wie diese Kanonenkugel, sie haben eine ungeheure Durchschlagskraft. Sie bohren sich ein. Sie bleiben stecken. Sie verdrängen alle entgegengesetzten Einflüsse.

VERMEIDEN SIE FACHAUSDRÜCKE

Üben Sie einen Beruf aus, der großes Fachwissen erfordert wie bei einem Anwalt, einem Arzt, einem Ingenieur oder arbeiten Sie in einem hochspezialisierten Berufszweig —, dann sollten Sie doppelt bemüht sein, sich einfach und klar auszudrücken und notwendige Einzelheiten zu geben, wenn Sie zu Außenstehenden sprechen.
Seien Sie doppelt vorsichtig. Ich habe infolge meiner beruflichen Verpflichtungen Hunderten von Rednern zuhören müssen, die gerade an diesem Punkt versagten, jämmerlich versagten. Diesen Rednern schien es überhaupt nicht bewußt zu sein, daß ein Durchschnittspublikum auf ihrem Fachgebiet ganz und gar unwissend ist. Was geschah also? Sie redeten weiter und weiter und äußerten Gedanken in Ausdrücken, die ihrem eigenen Erfahrungsbereich entsprachen und für sie in jeder Einzelheit verständlich waren — doch für den Außenstehenden waren diese Worte so klar wie der Missouri, wenn starke Regengüsse auf die frisch gepflügten Maisfelder in Iowa und Kansas gefallen sind.

Was sollte ein solcher Redner tun? Er sollte den folgenden Rat lesen und beherzigen, der aus der Feder des ehemaligen Senators Beveridge aus Indiana stammt:

Es ist äußerst nützlich, sich die am wenigsten intelligente Person des Hörerkreises herauszusuchen und danach zu streben, dieser Person Interesse an dem Vortrag abzugewinnen. Das kann nur durch glasklare Argumentation erreicht werden. Noch besser ist es, seine Rede auf einen kleinen Jungen oder ein kleines Mädchen abzustimmen, die mit ihren Eltern zugegen sind.

Sagen Sie zu sich — wenn Sie mögen, sagen Sie es laut zu Ihren Hörern —, daß Sie versuchen wollen, so einfach zu sprechen, daß das Kind Sie verstehen kann und Ihre Erläuterungen so gut behalten wird, daß es hinterher erzählen kann, was Sie vorgetragen haben.

In einem unserer Kurse bemerkte ein Arzt in einer Rede, daß »diaphragmatisches Atmen eine außerordentliche Hilfe für die peristaltische Aktivität des Darmes und eine Wohltat für die Gesundheit« sei. Er war im Begriff, diesen Teil seiner Rede mit eben diesem Satz abzuschließen und eilig etwas neues aufzugreifen, als ihn der Lehrer unterbrach und um ein Handzeichen derjenigen bat, die eine klare Vorstellung von dem Unterschied diaphragmatischer und anderer Atmung hatten und warum diese für das gesundheitliche Wohlbefinden so wichtig sei; schließlich auch, um was es sich bei peristaltischer Aktivität handele. Das Ergebnis dieser Befragung überraschte den Doktor. Daher nahm er den Faden nochmals auf und erklärte und erweiterte folgendermaßen:

Das Diaphragma oder Zwerchfell ist ein dünner Muskel, der gleichzeitig den Boden der Brust und vor allem der Lungen bildet sowie andererseits das Dach der Bauchhöhle. Ruht er,

während ausschließlich Brustatmung stattfindet, so ist er gekrümmt wie eine umgekehrte Waschschüssel. Bei der Bauchatmung zwingt jeder Atemzug diesen Muskelbogen nach unten, bis er nahezu flach ist, und man kann fühlen, wie die Magenmuskeln sich gegen den Leib pressen.
Dieser Druck des Zwerchfells massiert die Organe des oberen Teiles der Bauchhöhle und regt sie an, den Magen, die Leber, die Bauchspeicheldrüse, die Milz, das Sonnengeflecht.
Atmet man wieder aus, dann zwingt man Magen und Darm zum Druck gegen das Diaphragma und erzeugt so die Gegenmassage. Diese zweifache Massage unterstützt die Ausscheidung.
Eine große Zahl von Krankheiten haben ihre Ursache im Verdauungssystem. Verdauungsbeschwerden, Verstopfung und innere Vergiftung würden verschwinden, wenn wir Magen und Darm durch tiefe diaphragmatische Atmung richtig übten.

Bei allen Erklärungen ist es richtig, vom Einfachen zum Komplizierten fortzuschreiten. Nehmen wir einmal als Beispiel an, Sie müßten einer Gruppe von Hausfrauen erläutern, weshalb Kühlschränke abgetaut werden müssen. Falsch wäre es, das folgendermaßen zu machen:

Das Prinzip des Gefrierens beruht auf der Tatsache, daß die Verdunstung dem Grundelement des Kühlschrankes Hitze entzieht. Bei diesem Entzug der Hitze, schlägt sich gleichzeitig Feuchtigkeit auf dem Verdampfer nieder, die in einem solchen Maße zunimmt, daß der Verdampfer immer mehr isoliert, und der Motor zu häufigem Anspringen gezwungen wird, um die Wirkung der verstärkten Vereisung aufzuheben.

Beachten Sie wieviel leichter es ist, wenn der Redner mit dem beginnt, was den Hausfrauen vertraut ist:

Sie wissen, wo man im Tiefkühlfach Fleisch einfriert. Sie wissen auch, wie sich dabei Eis an den Wänden des Tiefkühlfaches bildet. Tag für Tag wird die Eisschicht dicker, bis der Kühlschrank abgetaut werden muß, um weiter gut zu arbeiten. Sehen Sie, eine Eisschicht am Gefriergerät ist wie eine Decke, mit der Sie sich im Bett zudecken oder wie Glaswolle an den Wänden, die Ihr Haus isoliert. Je dicker die Eisschicht wird, desto schwerer ist es für das Aggregat, die warme Luft aus dem übrigen Eisschrank herauszuholen und ihn kalt zu halten. Dann muß der Motor häufiger und länger arbeiten, um die gleiche Kälte zu erzielen. Haben Sie einen automatischen Entfroster an Ihrem Kühlgerät, dann kann sich garnicht erst eine dicke Eisschicht bilden. Infolgedessen braucht der Motor dann auch weniger oft und nur für kurze Zeit anzuspringen.

Aristoteles hat einen guten Rat zu diesem Thema gegeben: »Denke wie ein Weiser, aber sprich wie ein Mann aus dem Volk!« Müssen Sie einen Fachausdruck gebrauchen, so benutzen Sie ihn erst dann, wenn Sie ihn so erklärt haben, daß jeder Ihrer Zuhörer weiß, was Sie meinen. Das ist besonders wichtig für Ihre Schlüsselworte, also jene Worte, die Sie wieder und wieder verwenden. Ich war einmal zugegen, als ein Makler einer Gruppe von Frauen die Grundbegriffe vom Bank- und Investmentgeschäft darzulegen versuchte. Er verwendete schlichte Worte und sprach ungezwungen und natürlich. Er machte alles klar, mit Ausnahme seiner Fachworte, die den Frauen unbekannt waren. Er sprach von »Verrechnungsstellen, Stellagegeschäft, abgesicherten Hypotheken und Terminverkäufen«. Was ein faszinierender Vortrag hätte sein können, blieb ein Rätsel, weil der Redner sich nicht vorstellen konnte, daß die Begriffe, die ihm vertraut waren wie das kleine Einmaleins, seinen Zuhörerinnen nichts sagten.

Sie brauchen deshalb kein Schlüsselwort zu umgehen, von dem Sie wissen, daß es nicht verstanden wird. Nur: erklären Sie es, sobald Sie es verwenden. Versäumen Sie das nie! Dazu gibt es schließlich Wörterbücher. Und Sie haben die Pflicht, darin nachzuschlagen!
Möchten Sie etwas über Fernseh-Spots vortragen? Oder über Impulsverkäufe? Über moderne Kunst oder über Kostenrechnung? Über Regierungsunterstützung oder über Autos, die auf der falschen Seite überholen? Möchten Sie einer großzügigeren Einstellung den Kindern gegenüber das Wort reden oder einem besonderen System auf dem Gebiet der Wertanlagen? Verschaffen Sie sich vor allem Gewißheit, daß Ihre Zuhörer Ihre Schlüsselworte auf diesen speziellen Gebieten im gleichen Sinne auffassen, in dem auch Sie sie verstehen.

BENÜTZEN SIE VISUELLE HILFSMITTEL

Die Nerven, die Auge und Gehirn verbinden, sind um ein vielfaches stärker als die zwischen Ohr und Gehirn. Die Wissenschaft hat festgestellt, daß wir Augeneindrücke fünfundzwanzigmal so aufmerksam aufnehmen wie Ohreneindrücke.
»Einmal gesehen ist besser als hundertmal gehört«, lautet ein altes japanisches Sprichwort.
Wollen Sie also klar verstanden werden, so malen Sie mit Worten, lassen Sie Ihre Ideen zu Bildern werden. Das war die Absicht John C. Pattersons, des Begründers der National Cash Register Company. Er schrieb einmal

für das *System Magazine* einen Artikel. Darin zeigte er die Methoden auf, die er bei den Ansprachen vor seinen Arbeitern und Verkäufern verwendete:

Mir scheint, daß nicht das Wort allein genügt, wenn man verstanden werden oder Aufmerksamkeit erringen und festhalten will. Man braucht anschauliche Ergänzungen dazu. Noch besser ist es, Bilder einzubeziehen, die zeigen, was richtig und was falsch ist. Ein Schema ist überzeugender als reine Worte, und ein Bild ist überzeugender als ein Schema. Die ideale Darstellung eines Themas ist die, in der jeder Teil durch ein Bild erhellt wird und die Worte nur diese Bilder miteinander verbinden. Ich habe frühzeitig erkannt, daß beim Umgang mit Menschen ein Bild mehr Wert hat als alles, was ich sagen könnte.

Benutzen Sie eine Karte oder eine graphische Darstellung, dann muß sie groß genug sein. Und übertreiben Sie diese Sache nicht. Zu viele Zeichnungen wirken langweilig. Zeichnen Sie eine Darstellung im Lauf des Vortrages auf, dann tun Sie das nur in groben Zügen und schnell. Niemand erwartet ein großes Kunstwerk. Verwenden Sie Abkürzungen. Schreiben Sie groß und gut lesbar. Fahren Sie fort zu sprechen, während Sie zeichnen. Wenden Sie dem Publikum nicht zu lange den Rücken zu. Wenn Sie Schaustücke benützen, dann folgen Sie den nachstehenden Ratschlägen, und Sie dürfen der gespannten Aufmerksamkeit Ihrer Hörer gewiß sein:

1. Lassen Sie das Schaustück erst sehen, wenn Sie es brauchen.
2. Verwenden Sie Schaustücke, die groß genug sind, daß man sie auch von der letzten Reihe aus sehen kann. Ganz gewiß kann niemand von einem Schaustück lernen, das er nicht sieht.

3. Lassen Sie ein Schaustück niemals von Ihren Zuhörern herumreichen. Warum wollen Sie die Aufmerksamkeit ablenken?
4. Wenn Sie ein Schaustück zeigen, halten Sie es so hoch, daß Ihre Zuhörer es sehen können.
5. Vergessen Sie nicht: Ein Schaustück, das sich bewegt, ist soviel wert wie zehn unbewegliche. Geben Sie wenn möglich eine Vorführung mit Ihrem Schaustück.
6. Blicken Sie beim Reden nicht auf das Schaustück. — Sie reden zu den Hörern, nicht zum Schaustück.
7. Sind Sie mit Ihrem Schaustück fertig, dann bringen Sie es möglichst außer Sicht.
8. Wenn das Schaustück, das Sie benutzen wollen, sich für ein wenig Geheimniskrämerei eignet, sollten Sie es verdeckt auf einem Tische neben sich haben. Machen Sie beim Sprechen Bemerkungen, die Neugier erregen, aber sagen Sie nicht, was Sie da verbergen. Wenn Sie dann so weit sind, es zu enthüllen, haben Sie Neugier, Spannung und echtes Interesse geweckt.

Anschauungsmaterial gewinnt mehr und mehr an Bedeutung als Hilfsmittel zu besserer Verständlichkeit. Wenn Sie sicher sein wollen, daß Ihre Zuhörer Sie genau verstehen, dann bereiten Sie sich gut darauf vor, ihnen sowohl zu sagen als auch zu zeigen, was Sie meinen. Das ist der beste Weg.

Zwei amerikanische Präsidenten, beide Meister in der Kunst der Rede, waren der Ansicht, daß die Fähigkeit, sich klar auszudrücken, das Ergebnis von Übung und Disziplin sind. Wie Lincoln sagte, müssen wir eine Passion für Klarheit haben. Er berichtete Dr. Gulliver, dem Präsidenten des Knox College, wie er diese Leidenschaft frühzeitig entwickelte:

Ich erinnerte mich, daß es mith schon als Kind aufregte, wenn jemand in einer Weise zu mir sprach, die ich nicht verstehen konnte. Ich glaube, ich bin über nichts anderes in meinem Leben jemals zornig geworden. Doch das hat mich immer sehr geärgert. Ich entsinne mich noch, wie ich in mein Schlafkämmerchen ging, nachdem ich mitangehört hatte, wie die Nachbarn über einen bestimmten Abend mit meinem Vater sprachen. Einen großen Teil der Nacht wanderte ich auf und ab und versuchte, den genauen Sinn einiger für mich dunkler Worte herauszufinden. Obgleich ich es oft versuchte, konnte ich, wenn ich derart einem Gedanken nachhing, nicht einschlafen, ehe ich ihn nicht wieder und wieder überdacht und in so einfache Sprache übersetzt hatte, daß ihn nach meiner Meinung jeder Junge aus meinem Bekanntenkreis verstehen müsse. Das war eine Art Passion für mich und ist es bis heute geblieben.

Der andere hervorragende Präsident, Woodrow Wilson, schrieb einige Ratschläge nieder, die wohl wert sind, dieses Kapitel zu beenden:

Mein Vater war ein Mann von großer geistiger Energie. Er erteilte mir die besten Lehren. Ungenauigkeit duldete er nicht, und seit ich begonnen hatte zu schreiben bis zu seinem Tode in 1903, als er einundachtzig Jahre alt war, trug ich alles, was ich schrieb, zu ihm. Er ließ es mich laut lesen, was mir immer schwer gefallen ist. Hin und wieder unterbrach er mich. »Was meinst du damit?« fragte er. Ich sagte es ihm, und dabei drückte ich mich natürlich einfacher aus als auf dem Papier. »Warum hast du es nicht so gesagt?« fuhr er fort. »Schieße nicht mit Schrot auf das, was du meinst und triff dabei alles rundherum. Schieße mit einer Kugel auf das, was du zu sagen hast.«

Kapitel 9

Die überzeugende Rede

Es gab einmal eine kleine Gruppe von Menschen, Männer und Frauen, die sich einem Hurrikan ausgesetzt sahen. Keinem tatsächlichen Hurrikan, sondern etwas sehr ähnlichem; — dem Hurrikan namens Maurice Goldblatt. Ein Mitglied der Gruppe beschrieb das wie folgt:

Wir saßen in Chicago um einen Eßtisch. Wir wußten, daß diesem Mann der Ruf eines gewaltigen Redners vorausging. Wir waren voller Spannung, als er sich erhob, um zu sprechen. Er begann — ein Mann mittleren Alters von angenehmem, gepflegtem Äußerem — mit einem Dank für unsere Einladung. Er wolle über etwas Ernstes sprechen, sagte er, und er hoffe, daß wir ihm verzeihen würden, wenn er uns aufrüttele.
Dann stürmten seine Worte wie ein Wirbelwind auf uns ein. Er beugte sich vor, seine Augen ließen uns nicht los. Er erhob seine Stimme nicht, doch sie schien zu hallen wie ein Gong.
»Blicken Sie um sich«, sagte er. »Blicken Sie aufeinander. Wissen Sie, wie viele von Ihnen, die hier zusammensitzen, an Krebs sterben werden? Jeder vierte von Ihnen, der über fünfundvierzig Jahre alt ist. Jeder vierte!« Er machte eine Pause, und sein Blick wurde heller. »Das ist eine einfache, bittere Tatsache«, sagte er, »aber das braucht nicht so zu bleiben. Man kann etwas dagegen tun. Dieses ›etwas‹ ist die verbesserte Krebsbehandlung und die Forschung nach dem Erreger.«

Er sah uns ernst an, sein Blick wanderte von einem zum anderen. »Wollen Sie nicht helfen bei diesem Vorhaben?« fragte er.
Gab es da noch eine andere Antwort als »Ja!«? »Ja!«, dachte ich, und später erfuhr ich, daß die anderen dasselbe gedacht hatten.
In weniger als einer Minute hatte Maurice Goldblatt uns gewonnen. Er hatte uns persönlich in sein Thema einbezogen. Er hatte uns an seiner Seite in dem Feldzug, den er für das Wohl der Menschen führte.
Jederzeit und überall ist es das Anliegen jedes Redners, ein positives Echo zu gewinnen. Herr Goldblatt besaß einen geradezu dramatischen Grund dafür: Er und sein Bruder Nathan hatten fast aus dem Nichts eine Geschäftskette aufgebaut mit einem Umsatz von über 100 Millionen Dollar pro Jahr. Nach langen, harten Jahren hatten sie märchenhaften Erfolg gehabt — und dann war Nathan nach kurzem Krankenlager an Krebs gestorben. Nach diesem Erlebnis gab die Goldblatt-Stiftung der Universität Chicago die erste Million für Krebsforschung. Darüber hinaus zog sich Maurice Goldblatt vom Geschäft zurück und opferte seine Zeit dafür, die Öffentlichkeit für den Kampf gegen den Krebs zu interessieren.
Diese Fakten und die Wirkung seiner Persönlichkeit gewannen uns für Maurice Goldblatts Sache. Überzeugung, Ernsthaftigkeit und Leidenschaft — die wilde Entschlossenheit, sich uns für ein paar Minuten hinzugeben, wie er sich der großen Sache Jahr für Jahr hingab — all diese Faktoren überwältigten und bewogen uns, seinem Aufruf mit Sympathie und Bereitwilligkeit zu folgen.

VERDIENEN SIE SICH VERTRAUEN

Quintilian beschreibt den Redner als »einen guten Menschen, der etwas zu sagen weiß«. Er verstand darunter Glaubwürdigkeit und Wahrhaftigkeit. Keine rednerische Technik kann diese Elemente wirkungsvollen Redens ersetzen. Pierpont Morgan meint, daß Wahrhaftigkeit die beste Voraussetzung sei, wenn man Kredit erbittet. Sie ist ebenfalls die beste Voraussetzung, wenn es sich darum handelt, das Vertrauen der Hörer zu gewinnen.
»Die Glaubwürdigkeit, mit der ein Mann spricht«, sagt Alexander Woolcott, »verleiht seiner Stimme den Klang der Wahrheit, die kein Heuchler vortäuschen kann.« Besonders wenn wir durch unsere Rede überzeugen wollen, ist es unumgänglich, daß wir unsere Meinung mit der inneren Glut vortragen, die von echter Überzeugung gespeist wird. Ehe wir uns anschicken, andere zu überzeugen, müssen wir selbst überzeugt sein.

BEWIRKEN SIE EINE POSITIVE REAKTION

Walter Dill Scott, vormals Präsident der Northwestern University, behauptet, daß wir »jede Idee, jede Ansicht, jede Schlußfolgerung, die uns gedanklich beschäftigt, so lange für wahr erachten, wie sie nicht durch eine entgegengesetzte Idee in Frage gestellt wird«. Das bedeutet, daß man seine Zuhörer zum Ja-Sagen bringen und in dieser Stimmung halten soll. Mein guter Freund, Professor Harry Overstreet, hat die psychologische Grundlage dieses

Rates in einer Vorlesung an der New School for Social Research in New York untersucht:

Der erfahrene Redner erzielt zu Beginn eine Reihe von Ja-Antworten. Hierdurch führt er seine Zuhörer in positiver Richtung. Das Bild einer rollenden Billardkugel läßt sich anwenden. Gibt man ihr den Anstoß in einer Richtung, so bedarf es geringer Kraft, ihren Schwung zu verstärken, viel größerer Kraft jedoch, sie in entgegengesetzter Richtung zu bewegen.
Hier sind die psychologischen Verhaltensmuster völlig einleuchtend. Wenn ein Mensch »Nein« sagt und das wirklich meint, so tut er viel mehr als ein einsilbiges Wort auszusprechen. Sein gesamter Organismus – Drüsen, Nerven, Muskeln – vereinigen sich in der Haltung des Widerspruchs. Wir finden dann, meist in geringfügigem, gelegentlich aber in bemerkenswertem Ausmaß, eine physische Abwehrhaltung oder Bereitschaft hierzu. Das gesamte System der Nerven und Muskeln geht, kurz gesagt, in Kampfstellung. Wenn andererseits jemand »Ja« sagt, findet keinerlei negative Aktivität statt. Dann ist der Organismus in einer sich zuwendenden, annahmebereiten, offenen Haltung. Je mehr »Ja's« wir zu Beginn erzielen, um so leichter werden wir die Hörer auf unser Hauptziel ausrichten.
Das ist eine sehr simple Technik. Und dennoch wird sie so häufig vernachlässigt. Es scheint, Menschen gewinnen ein Gefühl eigener Bedeutung, wenn sie zu Anfang im Gegenüber Widerspruch oder Feindschaft erwecken. Der Radikale kommt zu einer Besprechung mit seinen konservativen Brüdern – und sofort legt er es darauf an, sie herauszufordern. Was um alles in der Welt nützt das? Handelt er lediglich so, um sich ein gewisses Maß an Vergnügen zu verschaffen, so könnte man es ihm nachsehen. Wenn er aber etwas erreichen will, so fehlt ihm einfach er psychologische Instinkt.
Haben Sie einen Schüler veranlaßt, zu Beginn »Nein« zu sa-

gen — oder einen Kunden, ein Kind einen, Ehegatten, einen Freund —, so bedarf es großer Weisheit und Geduld, diese ablehnende, negative Einstellung in Zustimmung zu verwandeln.

Wie stellt man es an, diese wünschenswerten »Ja-Antworten« gleich zu Beginn zu erhalten? Höchst einfach. Lincoln bekannte: »Mein Verfahren beim Eröffnen und Gewinnen eines Arguments ist es, auf gemeinsamem Gebiet zunächst eine Übereinstimmung zu erzielen.« Diese Möglichkeiten nutzte Lincoln selbst dann, wenn er sich an das äußerst heiße Eisen der Sklaverei wagte. »In der ersten halben Stunde«, erklärte die neutrale Zeitung *The Mirror* in ihrem Bericht über eine seiner Reden, »stimmten seine Widersacher jedem einzigen seiner Worte zu. Von da an begann er, sie Schritt für Schritt zu führen und zu leiten, bis es schien, als habe er sie alle eingefangen.«

Ist es nicht offensichtlich, daß der Redner, der mit seinem Publikum streitet, lediglich Trotz erweckt, da er ja in die Defensive drängt und ein Umschwenken der Ansichten nahezu unmöglich macht? Ist es wohl weise, wenn Sie zu Anfang sagen: »Ich will Ihnen das und das beweisen?« Ist es dann nicht mehr als wahrscheinlich, daß Ihre Zuhörer das als eine Herausforderung empfinden und insgeheim antworten: »Warten wir ab, ob Ihnen das gelingt!«?

Ist es nicht viel günstiger, am Anfang auf etwas hinzuweisen, was Sie und alle Ihre Zuhörer glauben und dann eine passende Frage aufzuwerfen, die jedermann gern beantwortet sähe? Dann gehen Sie mit Ihren Hörern zusammen auf die ernsthafte Suche nach der Anwort. Stellen Sie auf dieser Suche die Tatsachen, wie Sie sie sehen, so klar dar, daß Ihre Hörer Ihre Schlußfolgerungen als die eigenen akzeptieren; so als hätten sie selber sie gefunden. Sie werden einer Wahrheit viel mehr Glauben schenken, die sie selbst entdeckt haben. »Das beste Argument ist jenes, das lediglich eine Erklärung zu sein scheint.« Bei jedem Gegensatz, wie breit und schmerzlich die Kluft auch sein mag, gibt es immer noch etwas Gemeinsames, eine Übereinstimmung der Meinungen, zu der der Redner seine Zuhörer hinführen kann. Das möchte ich illustrieren: Am 3. Februar 1960 richtete der englische Ministerpräsident Harold Macmillan das Wort an die beiden Häuser des Parlaments der Südafrikanischen Union. Vor der gesetzgebenden Körperschaft hatte er den offiziellen Standpunkt seiner Regierung zu vertreten, und zwar zu einer Zeit, als die Apartheid in der afrikanischen Politik vorherrschte. Begann er seine Rede nun mit diesem auffälligen Meinungsunterschied? Keineswegs. Er hob zunächst die großen wirtschaftlichen Erfolge hervor, die Südafrika erzielt und die Bedeutung, die es dadurch für die Welt gewonnen hatte. Dann zeigte er mit Geschick und Takt die Frage der unterschiedlichen Gesichtspunkte auf. Er betonte, daß diese Unterschiede aus jeweils ehrlichen Überzeugungen erwachsen seien. Seine ganze Rede war ein Meisterwerk und erinnerte an eins der sanften, aber doch so festen Worte Lincolns in den Jahren vor dem Ausbruch des Bürgerkrieges. »Als Mitglieder im Vereinigten Königreich«, so sagte der Ministerpräsident, »ist es unser dringender Wunsch, Südafrika Unterstützung und Hilfe zuteil werden zu lassen. Ich hoffe aber, daß Sie es nicht mißverstehen, wenn ich offen sage, daß es in Ihrer Politik einige Aspekte gibt, die uns das unmöglich machen, da wir sonst unehrlich gegenüber unseren festen Überzeugungen handeln würden. Damit meine ich die

politische Bestimmung des freien Menschen, die wir auf unserem eigenen Gebiet zu verwirklichen suchen. Ich meine, wir sollten als Freunde die Tatsache ins Auge fassen, daß in der Welt von heute diese unterschiedliche Auffassung zwischen uns steht, ohne daß wir dabei sofort über Schuld oder Nichtschuld befinden.«
Ganz gleich, wie sehr ein Hörer zur Opposition neigte: eine solche Feststellung mußte zumindest die Fairness des Redners verdeutlichen.
Was wäre das Resultat gewesen, wenn Ministerpräsident Macmillan sogleich angefangen hätte, die politischen Unterschiede hervorzuheben, statt zunächst bei der Übereinstimmung zu verweilen? Professor James Harvey Robinsons erhellendes Buch *The Mind in the Making* erteilt die psychologische Antwort auf diese Frage:

Es kommt vor, daß wir unsere Ansicht wechseln ohne jeden Widerstand oder heftige innere Kämpfe. Wird uns aber gesagt, daß wir unrecht haben, verärgert uns dieser Vorwurf, und wir verhärten uns dagegen. Wir sind unglaublich sorglos, wenn wir Meinungen bilden, fühlen uns aber aufgerufen, sie leidenschaftlich zu verteidigen, wenn uns irgend jemand diese Meinungen rauben will. Offensichtlich sind uns nicht die Vorstellungen selbst so teuer, es ist vielmehr unsere Selbstachtung, die bedroht wird. ... Das kleine Wort *mein* ist das allerwichtigste in unseren Belangen. Hiermit immer zu rechnen, ist der Anfang der Weisheit. Es ist gleichgültig, ob es dabei um *mein* Essen, *meinen* Hund und *mein* Haus, *meinen* Glauben, *mein* Land oder *meinen* Gott geht. Uns ärgert nicht nur der Vorwurf, unsere Uhr ginge falsch, unser Auto sei schäbig, sondern auch, daß unsere Ansicht bezüglich der Marskanäle, der Aussprache des Wortes Epiktet, des medizinischen Wertes von Salizyl oder des Datums von der Schlacht von Cannae Gegenstand der Korrektur sein sollte. ... Wir möchten auch weiterhin glauben, was wir immer als Wahrheit angesehen haben, und der Groll, der entsteht, wenn unsere Ansichten in Zweifel gezogen werden, veranlaßt uns, nach jeder Art von Entschuldigung zu suchen, um daran festhalten zu können. Unsere sogenannte Beweisführung besteht dann aus Argumenten, die uns weiterhin glauben lassen, was wir schon immer geglaubt haben.

SPRECHEN SIE MIT ANSTECKENDER BEGEISTERUNG

Es ist für den Zuhörer nicht leicht, widersprüchliche Ansichten zu entwickeln, wenn der Redner seine Vorstellungen mit innerer Anteilnahme und ansteckender Begeisterung vorträgt. Ich sage »ansteckend«, weil dies das Wesen der Begeisterung ist. Sie schwemmt alle negativen und opponierenden Gedanken davon. Wenn es Ihr Ziel ist, jemanden zu überzeugen, dann denken Sie daran, daß es nützlicher ist, Gefühle zu erregen als Gedanken hervorzurufen. Gefühle sind mächtiger als kalte Ideen. Wer Gefühle erregen will, dem muß es völlig ernst sein. Egal, was für zierliche Sätze ein Redner drechseln mag, egal, wie anschaulich seine Beispiele sein mögen oder wie harmonisch seine Stimme, wie schwungvoll seine Gesten sind: spricht er nicht aus voller Überzeugung heraus, so sind das alles nur leere und verwirrende Verzierungen. Wenn Sie ein Publikum beeindrucken wollen, dann müssen Sie selbst beeindruckt sein. Der Geist, der aus Ihren Augen leuchtet, der in Ihrer Stimme klingt, der Ihr ganzes Wesen durchdringt, wird sich Ihren Zuhörern mitteilen. Immer wenn Sie als Redner auftreten, und ganz besonders, wenn Sie dabei überzeugen wollen, sollten Sie sich

bewußt sein: Sie selbst, Ihre Haltung, Ihr Tun bestimmen die Haltung Ihrer Zuhörer. Sind Sie lau — so wird auch Ihr Publikum es sein; sind Sie oberflächlich und widersprüchlich, so werden Ihre Hörer es auch sein.
»Wenn die Gemeinde einschläft, gibt es nur eines«, schrieb Henry Ward Beecher, »geben Sie dem Küster einen langen Stock, und lassen Sie ihn den Prediger damit anstacheln.«
Ich habe einmal einem Dreierausschuß angehört, der zu beurteilen hatte, wem die Curtis-Medaille der Universität Columbia verliehen werden sollte. Ein halbes Dutzend Bewerber fand sich ein, alle wohl vorbereitet, alle voller Eifer, ihre Sache gut zu machen. Doch waren sie mit einer einzigen Ausnahme nur darauf aus, die Medaille zu gewinnen. Ihr Wunsch zu überzeugen, war, wenn überhaupt vorhanden, nur wenig ausgeprägt.
Ihre Themen hatten sie gewählt, weil sie rednerische Glanzleistungen ermöglichten. An den von ihnen vorgetragenen Argumenten hatten sie wenig persönliches Interesse. Und ihre unterschiedlichen Reden waren mehr oder weniger Übungen in der Kunst des Vortragens.
Die Ausnahme bildete ein Zulu-Prinz. Das von ihm gewählte Thema lautete: *Afrikas Anteil an der heutigen Zivilisation.* Jedes seiner Worte war von innerstem Empfinden erfüllt. Seine Rede war nicht einfach eine Übungsaufgabe, sie war ein lebendiges Gebilde, von Überzeugung und Leidenschaft getragen. Er sprach als Vertreter seines Volkes, seines Kontinents. Voller Klugheit, Begeisterung und voll guten Willens überbrachte er uns eine Botschaft, aus der die Hoffnungen seines Volkes und das Verlangen seiner Mitbürger nach Verständnis herausklangen.

Wir gaben ihm den Preis, obgleich er möglicherweise nicht fähiger war, vor einer größeren Zahl von Zuhörern zu sprechen, als zwei oder drei der anderen Bewerber. Doch wir hatten in seiner Rede das echte Feuer der Aufrichtigkeit erkannt, in ihr loderte die Wahrheit. Mit dieser Rede verglichen waren die anderen lediglich flackernde Flämmchen.
Der Prinz hatte erkannt, daß man sein Ich mit dem Verstand allein nicht zum Ausdruck bringen kann; man muß vielmehr enthüllen, wie tief der eigene Glaube an das ist, was man sagt.

BRINGEN SIE IHREN ZUHÖRERN ACHTUNG UND ZUNEIGUNG ENTGEGEN

»Die menschliche Persönlichkeit verlangt Liebe, und sie verlangt gleichermaßen Achtung«, äußerte Dr. Norman Vincent Peale als Einleitung zu einer Rede über den Berufsschauspieler. »Jedes menschliche Wesen hat ein inneres Gefühl für Wert, für Bedeutung und Würde. Wenn man dieses Gefühl in einem Menschen verletzt, hat man ihn für immer verloren. Doch wenn man ihn liebt und achtet, so unterstützt man ihn, und er liebt und achtet einen gleichermaßen.
Einmal trat ich zusammen mit einem Schauspieler auf. Ich kannte ihn nicht näher; doch späterhin hörte ich, daß er Schwierigkeiten hatte, und ich glaube, daß ich den Grund kenne.
Ehe ich an der Reihe war, hatte ich schweigend neben ihm gesessen. ›Sie sind doch nicht etwa nervös?‹ fragte er.

›O doch‹, antwortete ich, ›ehe ich zu meinen Hörern zu sprechen habe, bin ich immer etwas nervös. Ich habe eine außerordentliche Achtung vor meinen Zuhörern, und die Verantwortung ihnen gegenüber macht mich schon ein wenig nervös. Geht es Ihnen nicht ebenso?‹
›Nein‹, sagte er, ›Warum sollte ich nervös sein? Die Zuhörer fallen ja auf alles herein. Sie sind ein Haufen Trottel.‹
›Da gebe ich Ihnen nicht recht‹, sagte ich. ›Sie sind unsere höchsten Richter. Ich habe große Achtung vor ihnen.‹«
Als Dr. Peale dann von der schwindenden Popularität dieses Mannes las, war er überzeugt davon, daß der Grund hierfür in einer Einstellung zu suchen sei, die andere zurückstößt, statt sie zu gewinnen.
Welch beispielhafte Lektion für uns alle, die wir den Wunsch haben, uns anderen mitzuteilen!

SEIEN SIE FREUNDLICH

Ein Atheist forderte einst William Paley heraus, er möge ihm doch beweisen, daß sein Unglaube unzutreffend sei. Völlig ruhig zog Paley seine Uhr hervor, öffnete den Deckel und sagte: »Würde ich Ihnen sagen, daß diese Räder, Zahnräder und Federn sich selbst geschaffen und sich selbst zusammengefügt und dann aus eigener Kraft begonnen haben sich zu bewegen, würden Sie dann nicht meinen Verstand bezweifeln? Das täten Sie ganz gewiß. Doch blicken Sie auf die Sterne. Jeder von ihnen hat seinen genau bestimmten Lauf — die Erde und die Planeten um die Sonne und das gesamte Sonnensystem, das sich täglich mehr als eine Million Meilen im Universum weiterbewegt. Jeder Stern ist die Sonne eines anderen Sonnensystems und bewegt sich ebenfalls durch das All. Dennoch gibt es keine Zusammenstöße, keine Störungen, kein Durcheinander. Alles vollzieht sich in Ruhe, Ordnung und Klarheit. Ist es leichter zu glauben, daß das alles zufällig geschieht, oder daß jemand es erschaffen hat?«

Stellen Sie sich vor, er hätte dem Andersgläubigen stattdessen geantwortet: »Kein Gott? Seien Sie doch kein Esel! Sie wissen gar nicht, was Sie da für einen Unsinn reden!« Was wäre dann geschehen? Ohne Zweifel ein Wortgefecht, das sich zu einem ebenso nichtigen wie glühenden Kampf gesteigert hätte. Der Atheist würde in großem Eifer mit der Wut einer Wildkatze für seine Ansicht gekämpft haben. Warum? Weil, wie Professor Overstreet ausgeführt hat, es sich um *seine* Ansichten handelte, und *sein* kostbares, unentbehrliches Selbstgefühl wäre verwundet gewesen, *sein* Stolz hätte auf dem Spiel gestanden.

Der Stolz aber ist ein hochexplosiver Bestandteil der menschlichen Natur. Wäre es daher nicht viel weiser, wenn wir den Stolz eines anderen zu unserem Verbündeten machten, statt ihn gegen uns zu haben? Auf welche Weise können wir das erreichen? Indem wir, wie Paley es tat, zeigen, daß das, was wir vorschlagen, etwas anderem sehr ähnlich ist, was unser Gegner bereits glaubt. Das macht es ihm leichter, unseren Vorschlag zu akzeptieren. Dadurch werden Widerspruch und Kampfhaltung vermieden, die unsere Aussagen ja doch nur zunichte machen würden.

Paley bewies der geistigen Reaktion gegenüber äußerstes

Feingefühl. Dieses Feingefühl lassen die meisten Menschen hingegen vermissen und versäumen es, die Hochburg der Überzeugungen eines anderen nur Arm in Arm mit diesem zu betreten. Irrtümlicherweise glauben sie, daß sie diese Burg stürmen und in einem Fronalangriff berennen müßten, wenn sie sie einnehmen wollen. Was geschieht dann? Im Augenblick, da die Feindschaft ausbricht, geht die Zugbrücke hoch, werden die Tore zugeworfen und verriegelt, Pfeile werden auf die Armbrüste gelegt — die Schlacht der Worte und Wunden ist im Gange. Solch ein Kampf endet stets mit einem Rückzug — keiner hat den anderen im geringsten überzeugt.
Die sehr viel vernünftigere Methode, der ich das Wort rede, ist keineswegs neu. Paulus hat sie vor langer Zeit angewandt. Er bediente sich ihrer in der berühmten Rede an die Athener auf dem Areopag — er verwendete sie mit einer Gewandtheit und Klugheit, die neunzehn Jahrhunderte später noch unsere Bewunderung verdient. Er war ein außerordentlich gebildeter Mann, und nach seiner Bekehrung zum Christenglauben wurde er dank seiner Beredsamkeit dessen hervorragendster Wortführer. Eines Tages langte er in Athen an, dem nachperikleischen Athen, das den Höhepunkt seiner Macht und Herrlichkeit bereits überschritten und dessen Verfall begonnen hatte. Die Bibel sagte von dem Athen jener Tage: »Die Athener aber alle, auch die Ausländer und Gäste, waren auf nichts anderes gerichtet, als etwas Neues zu sagen oder zu hören.«
Radio und Zeitung gab es nicht. — Es muß recht schwer für die Bürger Athens gewesen sein, täglich etwas Neues aufzutreiben. Da kam Paulus. Er bot etwas Neues. Man sammelte sich um ihn, amüsiert, voller Neugier, voller Interesse. Sie führten ihn auf den Areopag und bestürmten

ihn: »Können wir auch erfahren, was das für eine neue Lehre ist, die du vertrittst? Denn du bringst etwas Neues vor unsere Ohren: so wollten wir gerne wissen, was das sei.«

Mit anderen Worten: Sie baten ihn um eine Rede. Und Paulus erfüllte ihre Bitte. In dieser Absicht war er ja gekommen. Vielleicht hat er sich auf einen Klotz oder Stein gestellt und, etwas nervös wie alle guten Redner, sich die Hände gerieben und geräuspert, ehe er begann.

Die Worte ihrer Einladung gefielen ihm allerdings keineswegs:

»Neue Lehren«, »ungewöhnliche Dinge«. — Das war Gift. Solche Gedanken mußte er ausrotten. Sie bildeten den Nährboden für widerstreitende Anschauungen und zerstörerische Meinungen. Er wollte ihnen seinen Glauben vielmehr so darlegen, daß sie ihn mit ihrem eigenen Gedankengut verbinden konnten — mit etwas, an das sie bereits glaubten. Das würde Meinungsverschiedenheiten mildern. Aber wie könnte er das erreichen? Er überlegte einen Augenblick. Dann kam ihm ein vorzüglicher Gedanke. Und er begann mit seiner unsterblichen Rede: »Ihr Männer von Athen. Ich sehe, daß Ihr in allen Dingen gar sehr die Götter fürchtet.«

Sie verehrten viele Götter, sie waren in der Tat sehr fromm. Und sie waren stolz darauf. Paulus zollte ihnen Anerkennung, das gefiel ihnen. So begannen sie, sich für ihn zu erwärmen. Eine der Regeln für wirkungsvolles Sprechen lautet: Eine Feststellung soll man durch ein Beispiel untermauern. Genau das tat auch Paulus: »Ich bin umher gegangen und habe eure Heiligtümer gesehen und fand einen Altar, darauf war geschrieben: ›Dem unbekannten Gott.‹«

Das beweist, daß die Athener sehr fromm waren. Sie fürchteten so sehr, eine Gottheit zu kränken, daß sie einen Altar für den unbekannten Gott errichtet hatten, eine Art Blanko-Versicherung, um auch gegen eine unbewußte Kränkung und unbeabsichtigte Vernachlässigung irgendeiner Gottheit gedeckt zu sein. Daß Paulus ausdrücklich diesen Altar erwähnte, zeigte den Athenern, daß er kein leerer Schmeichler war. Seine Bemerkung war vielmehr das Zeugnis echter Anerkennung aufgrund seiner Beobachtung.

Und nun folgt die geradezu geniale Äußerung: »Nun verkündige ich euch denselben, den ihr unwissend anbetet.«

»Neue Lehren« — »ungewöhnliche Dinge«? Nichts derartiges. Er war ja nur gekommen, um einige Wahrheiten über einen Gott zu verkünden, den sie bereits verehrten, ohne zu wissen, wer er war. Etwas, das sie noch nicht glaubten, mit etwas in Verbindung bringen, das sie bereits leidenschaftlich taten, das war das wirkungsvolle Verfahren des Paulus.

Er unterbreitete ihnen seine Lehre der Erlösung und Auferstehung, er flocht einige Worte ihrer griechischen Dichter ein und schloß seine Rede. Einige seiner Zuhörer verspotteten ihn, andere aber sagten: »Wir wollen dich davon ein andermal hören.«

Die Schwierigkeit, wenn wir andere überzeugen wollen, besteht darin, unsere Idee in ihre Gedankengänge zu projizieren und die Entstehung einer gegensätzlichen Meinung zu verhindern.

Wer hierbei Geschick zeigt, kann andere durch sein Wort beeinflussen. Die Regeln aus meinem Buch *Wie man Freunde gewinnt* sind hier ganz besonders hilfreich.

Fast jeden Tag Ihres Lebens sprechen Sie mit Menschen, deren Ansichten hier oder da von den Ihren abweichen. Sind Sie nicht unentwegt bemüht, andere von Ihren Anschauungen zu überzeugen — zu Hause, im Büro, in den unterschiedlichsten Situationen, die Sie mit anderen zusammenführen? Sind Ihre Methoden unfehlbar, oder könnte man sie verbessern? Wie fangen Sie das an? Mit dem Takt Lincolns und Macmillans? Dann besitzen Sie die seltene Gabe des Verhandlungsgeschicks und ungewöhnlichen Taktgefühls. Es ist nützlich, sich immer wieder der Worte Woodrow Wilsons zu entsinnen: »Wenn Sie zu mir kommen und sagen: ›Setzen wir uns zusammen und halten Rat miteinander. Selbst wenn wir unterschiedlicher Meinung sind, wollen wir uns klar werden, warum das so ist und den Ursprung dieser unterschiedlichen Meinung herausfinden‹, dann werden wir rasch feststellen, daß die Kluft zwischen uns gar nicht so groß ist, daß wir nur in wenigen Punkten einander widersprechen, in vielen Punkten aber übereinstimmen. Und wenn wir nur Geduld, Offenheit und den Wunsch haben, uns zu verständigen, dann werden wir uns verständigen.«

Kapitel 10

Stegreifreden

Kürzlich traf sich eine Gruppe führender Männer aus Wirtschaft und Regierung bei der Einweihung eines neuen Laboratoriums einer pharmazeutischen Gesellschaft. Mehrere Mitarbeiter des Leiters der Forschung sprachen nacheinander von der faszinierenden Aufgabe der Biologen und Chemiker: Sie entwickeln neue Impfstoffe gegen ansteckende Krankheiten, neue Antibiotika, um Viren unschädlich zu machen, neue Beruhigungsmittel, um Spannungen zu vermindern. Die Resultate ihrer, erst an Tieren dann an Menschen durchgeführten Versuche, sind faszinierend.
»Das ist wunderbar«, sagte ein Beamter zu dem Direktor der Forschungsabteilung. »Ihre Leute sind regelrechte Zauberkünstler. Aber warum stehen Sie nicht auch da vorn und halten eine Rede?«
»Ich kann nicht frei sprechen — nicht in der Öffentlichkeit«, sagte der Abteilungsdirektor mit düsterer Miene.
Kurz darauf sprach der Vorsitzende ihn überraschend an: »Wir haben nichts von dem Direktor unserer Abteilung gehört«, sagte er, »er hält nicht gerne Reden; ich möchte ihn aber bitten, ein paar Worte an uns zu richten.« Es war jammervoll. Der Direktor erhob sich und brachte nicht mehr als zwei oder drei Sätze heraus. Er bat um

Entschuldigung, daß er nicht ausführlicher spräche; und das war eigentlich alles, was er von sich gab.
Da stand er, auf seinem Gebiet ein hervorragender Könner, und machte einen so unbeholfenen und verwirrten Eindruck. Das wäre nicht nötig gewesen. Er hätte lernen können, aus dem Stegreif zu sprechen. Nie habe ich es erlebt, daß ein ernstlich bemühtes und wirklich entschlossenes Mitglied eines unserer Kurse das nicht gelernt hätte. Zunächst erfordert es allerdings etwas, was dem Abteilungsleiter mangelte: der Entschluß, die eigene Schüchternheit zu bezwingen. Dann bedarf es möglicherweise eine ganze Zeit lang des unerschütterlichen Willens, die Aufgabe zu vollbringen, wie schwer das auch fallen mag.
»Ich mache es ganz ordentlich, wenn ich meine Rede vorbereitet und geübt habe«, werden Sie vielleicht sagen. »Aber ich finde keine Worte, wenn man mich unerwartet zum Reden auffordert.«
Die Fähigkeit, die Gedanken zu sammeln und unmittelbar auszusprechen, ist in mancher Hinsicht sogar noch wichtiger als die Fähigkeit, nach langen und sorgfältigen Vorbereitungen eine Rede zu halten. Die Erfordernisse des modernen Geschäftslebens und das zunehmende Tempo, in dem mündliche Verständigung verlangt wird, machen es zur zwingenden Notwendigkeit, unsere Gedanken schnell beieinander zu haben und flüssig zu äußern. Viele entscheidende Entschlüsse in Industrie und Verwaltung werden heutzutage nicht von einem einzelnen, sondern am Konferenztisch gefaßt. Der einzelne hat noch das Wort, doch was er zu sagen hat, muß mit Sicherheit und Entschiedenheit innerhalb der Konferenz vorgetragen werden. An dieser Stelle hat die Fähigkeit zur Stegreifrede ihre Bedeutung und zeitigt Ergebnisse.

ÜBEN SIE DIE STEGREIFREDE

Jedermann, der mit normaler Intelligenz und einer guten Portion Selbstkritik ausgestattet ist, kann eine brauchbare, häufig sogar eine vorzügliche Stegreifrede halten. Das heißt also, er ist fähig, »frisch von der Leber weg« zu reden. Es gibt verschiedene Möglichkeiten, wie Sie Ihre Fähigkeit, sich bei überraschender Aufforderung fließend auszudrücken, verbessern können. Eine Methode dazu ist von einigen berühmten Filmschauspielern erfolgreich praktiziert worden.
Vor etlichen Jahren schrieb Douglas Fairbanks einen Artikel für das *American Magazine*. Darin beschrieb er ein Spiel, das er, Charlie Chaplin und Mary Pickford seit zwei Jahren nahezu jeden Abend spielten. Es war mehr als ein Spiel. Es war die Übung der schwierigsten Form der Redekunst — der Stegreifrede. Wie Fairbanks es beschrieb, ging dieses »Spiel« folgendermaßen vor sich:

Jeder von uns schreibt ein Thema auf ein Stückchen Papier. Dann falten wir die Zettel zusammen und mischen sie. Einer zieht einen Streifen und hat sofort aufzustehen und sechzig Sekunden zum angegebenen Thema zu sprechen. Nie wählen wir das gleiche Thema ein zweitesmal. Einmal hatte ich über »*Lampenschirme*« zu sprechen. Versuchen Sie es nur selbst, wenn Sie das für leicht halten. Irgendwie schaffte ich es.
Jeder von uns hat dabei sehr viel dazugelernt. Wir wissen jetzt sehr viel mehr über eine Menge verschiedenartigster Dinge. Doch, wir lernen auch, und das ist noch viel wichtiger, im Handumdrehen unser Wissen und unsere Gedanken zu allen möglichen Themen parat zu haben. Wir lernen, unsere Gedanken zu gebrauchen.

Während meiner Kurse muß jeder Teilnehmer mehrfach aus dem Stegreif sprechen. Langjährige Erfahrung hat mich gelehrt, daß diese Übung zweierlei bewirkt: Erstens beweist es den Kursteilnehmern, daß sie imstande sind, auch vor einem Publikum einen klaren Kopf zu behalten und ihre Gedanken schnell zu formulieren, und zweitens stärkt diese Erfahrung ihre Sicherheit und ihr Selbstvertrauen, wenn sie an ihre vorbereiteten Reden gehen. Es wird ihnen klar, daß sie schlimmstenfalls, wenn sie einmal den Faden ihrer vorbereiteten Rede verloren haben, sich immer noch aus dem Stegreif weiterhelfen können, bis sie ihren Gedanken wiedergefunden haben.
Daher heißt es ab und zu im Kursus: »Heute Abend erhält jeder von Ihnen ein anderes Thema. Sie erfahren es erst in dem Augenblick, wenn Sie zu Ihrer Rede aufstehen. Viel Glück!« Was geschieht dann? Ein Buchprüfer erlebt, daß er aufgefordert wird, über Werbung zu sprechen. Ein Werbekaufmann hat über Kindergärten zu reden. Das Thema eines Lehrers mag das Bankwesen sein. Ein Geistlicher soll vielleicht etwas über Produktion sagen und ein Produktionsleiter etwas über Transportwege. Lassen die Teilnehmer nun die Köpfe hängen und geben auf? Nie! Sie geben ja nicht vor, als Experten zu sprechen. Sie drehen und wenden ihr Thema, bis ihnen etwas Vertrautes hierzu einfällt. Bei den ersten Versuchen werden sie möglicherweise keine großartigen Reden halten. Aber sie treten nach vorn, und sie sprechen trotzdem. Für manche ist es leicht, für manche ist es schwierig, aber sie werfen die Flinte nicht ins Korn. Sie alle machen die Erfahrung, daß sie diese Aufgabe viel besser schaffen, als sie vorher gedacht haben. Das ist ein aufregendes Erlebnis. Sie erkennen, daß sie eine Fähigkeit entwickeln kön-

nen, von der sie nicht einmal wußten, daß sie sie besaßen.

Ich glaube, wenn diese Menschen das fertigbrachten, kann es — mit Willenskraft und Zuversicht jeder fertigbringen. Je öfter man übt, um so leichter wird es einem fallen.

Eine andere Methode, die wir anwenden, um Menschen daran zu gewöhnen, frei und unvorbereitet zu sprechen, ist die *Kettenrede*. Das ist eine anregende Übung bei einer unserer Sitzungen. Ein Kursteilnehmer wird aufgefordert, unter Aufbietung aller ihm zu Gebote stehenden Fantasie eine Geschichte zu beginnen. Lassen wir ihn beispielsweise sagen: »Als ich neulich in meinem Hubschrauber flog, näherte sich mir ein Schwarm fliegender Untertassen. Ich versuchte zu landen, aber ein kleines Männchen in der vordersten fliegenden Untertasse hob ein Gewehr und schoß auf mich. Ich . . .«

An dieser Stelle ertönt eine Glocke als Zeichen dafür, daß die Redezeit dieses Teilnehmers zu Ende ist, und der neben ihm Sitzende muß die Geschichte fortführen. Wenn schließlich jeder der Anwesenden seinen Beitrag geleistet hat, mag die Geschichte am Ufer der Marskanäle enden oder im Sitzungssaal der Regierung.

Diese Methode, Geschick beim Vortragen einer unvorbereiteten Rede zu entwickeln, hat sich als eine vorzügliche Einrichtung erwiesen. Je mehr derartige Übungen jemand macht, desto besser wird er sich bewähren, wenn die Aufforderung zum Sprechen im täglichen Leben an ihn ergeht.

GEDANKLICHE VORBEREITUNG AUF DIE STEGREIFREDE

Wenn Sie irgendwo aufgefordert werden, ohne Vorbereitung zu sprechen, wird üblicherweise von Ihnen erwartet, daß Sie etwas zu einem Ihnen vertrauten Thema sagen. Die Schwierigkeit besteht hierbei darin, sich auf die gegebene Lage einzustellen und danach zu entscheiden, was Sie in der verfügbaren Zeit bewältigen können. Man entwickelt darin die größte Geschicklichkeit wenn man sich gedanklich auf derartige Situationen einstellt. Nehmen Sie an einer Geschäftsbesprechung teil, sollten Sie sich ständig fragen, was Sie sagen würden, wenn man Sie in diesem Augenblick aufriefe. Welcher Gesichtspunkt würde gerade jetzt dem Thema am besten entsprechen? Wie könnten Sie Ihre Zustimmung oder Ablehnung des eben vorgetragenen Vorschlages in Worte kleiden?

Darum ist der erste Hinweis, den ich Ihnen gebe, dieser: Halten Sie sich in jedem Augenblick bereit, sofort das Wort zu ergreifen. Das erfordert beständiges Mitdenken — und Denken ist das allerschwerste auf der Welt. Aber ich bin ganz sicher, daß sich noch nie jemand als Stegreifredner bewährt hat, der nicht viele Stunden mit der Analyse aller möglichen Situationen zugebracht hat, bei denen er zugegen war. Wie sich ein Flugzeugpilot bereithält, im Falle der Gefahr mit kühler Entschlossenheit zu handeln, indem er immer wieder im Geiste jene Probleme ins Auge faßt, die jederzeit auftreten können, so muß ein Mann, der als Stegreifredner glänzen will, sich dadurch vorbereiten, daß er zahllose Reden mit geschlossenen Lippen hält.

Derartige Darbietungen sind eigentlich keine »Stegreifreden« — sie sind Reden, auf die man sich lediglich allgemein vorbereitet hat. Da das Thema bekannt ist, besteht die Aufgabe ausschließlich in der Ordnung Ihrer Gedanken entsprechend der Gelegenheit und der verfügbaren Zeit. Als Stegreifredner werden Sie naturgemäß nur kurz zu sprechen haben. Entscheiden Sie, welcher Gesichtspunkt des Themas der Situation am besten gerecht wird. Entschuldigen Sie sich nicht dafür, daß Sie nicht vorbereitet sind. Das ist ja ohnehin bekannt. Springen Sie so rasch wie möglich mitten ins Thema hinein. Und — ich bitte Sie herzlich — folgen Sie diesem Ratschlag:

BEGINNEN SIE SOFORT MIT EINEM BEISPIEL

Warum? Dafür gibt es drei Gründe: Erstens, Sie befreien sich sofort von dem Zwang, intensiv über den nächsten Satz nachdenken zu müssen — denn Beispiele lassen sich leicht erzählen, selbst in einer Stegreifrede. Zweitens, Sie geraten sofort in Schwung, und die anfängliche Nervosität verflüchtigt sich rasch und gibt Ihnen die Möglichkeit, sich für Ihr Thema zu erwärmen. Drittens, Sie gewinnen sofort die Aufmerksamkeit Ihrer Zuhörer. Wie in Kapitel sieben dargestellt, ist das Erlebnis-Beispiel eine todsichere Methode, auf der Stelle Aufmerksamkeit zu erlangen. Ein Publikum, das voller Spannung Ihrem Beispiel folgt, wird Ihnen Sicherheit geben, wenn Sie diese am nötigsten brauchen — während der ersten paar Augenblicke Ihrer Rede. Kommunikation ist ein Vorgang in zwei

Richtungen. Ein Redner, der die Aufmerksamkeit fesselt, merkt das sofort. Wenn er feststellt, mit welcher Anteilnahme man ihm lauscht, wenn er fühlt, wie glühend die Erwartung ist, so als liefe ein elektrischer Funke durch die Reihen seiner Zuhörer, dann ist das für ihn ein Aufruf fortzufahren, sein Bestes zu geben, diesem Vertrauen gerecht zu werden. Diese Verbindung zwischen Redner und Publikum ist der Schlüssel zu allem erfolgreichen Sprechen. Fehlt er, so ist echte Kommunikation unmöglich. Darum bestehe ich so dringend darauf, daß Sie mit einem Beispiel beginnen, ganz besonders dann, wenn man Sie unerwartet auffordert, ein paar Worte zu sagen.

SPRECHEN SIE MIT LEBHAFTIGKEIT UND KRAFT

In diesem Buch wurde etwas schon mehrfach erläutert: Wenn Sie mit Energie und Eindringlichkeit sprechen, wird Ihre äußere Lebhaftigkeit eine nützliche Wirkung auf Ihre innere Verfassung ausüben. Haben Sie jemals einen Menschen beobachtet, der während eines Gesprächs plötzlich anfängt zu gestikulieren? Seine Sprache wird dabei sehr schnell flüssig, manchmal brillant, und die Zuhörer beginnen, ihm begierig zu lauschen. Die Verbindung zwischen körperlicher und geistiger Tätigkeit ist außerordentlich eng. Wir verwenden dieselben Wörter, wenn wir körperliche und geistige Vorgänge beschreiben. So sagen wir zum Beispiel: »wir greifen eine Idee auf« oder: »wir klammern uns an eine Vorstellung«. Wenn wir unseren Körper in Erregung bringen, werden wir gleichzeitig, wie William James ausführt, unseren Denkapparat in intensive Tätigkeit versetzen. Darum rate ich Ihnen, gehen Sie ganz in Ihrer Rede auf. Das wird Ihnen zum Erfolg als Stegreifredner verhelfen.

VERWENDEN SIE DAS PRINZIP DES HIER UND JETZT

Sie werden es erleben, daß jemand Ihnen auf die Schulter tippt und sagt: »Wie wäre es mit ein paar Worten?« Oder es passiert ohne alle Vorwarnung. Entspannt und voller Vergnügen lauschen Sie den Worten des Ansagers. Da merken Sie plötzlich, daß er von Ihnen spricht. Jedermann wendet sich Ihnen zu, und ehe Sie dessen gewahr geworden sind, hat man Sie als nächsten Redner angekündigt. In einer derartigen Zwangslage drohen Ihre Gedanken, sich zu verflüchtigen, wie Stephen Leacocks berühmter jedoch verwirrter Reiter, der sein Pferd bestieg und »in alle Richtungen entfloh«.
Dann heißt das Gebot der Stunde: Ruhe bewahren! Sie können eine Atempause gewinnen, wenn Sie den Vorsitzenden anreden. Dann aber ist es am besten, sich an das Anliegen der Versammlung zu halten. Zuhörer sind Menschen, und Menschen interessieren sich für sich selbst und für das, was sie tun. Daher gibt es drei Quellen, aus denen Sie schöpfen können, wenn Sie eine unvorbereitete Rede zu halten haben.
Erstens, die Zuhörer selbst. Erinnern Sie sich hieran, ich bitte Sie! Das Sprechen wird Ihnen dann leichter fallen. Sprechen Sie über Ihre Hörer, wer sie sind und was sie

tun, insbesondere, welche Dienste sie ihrer Stadt oder der ganzen Menschheit leisten. Geben Sie ein bestimmtes Beispiel.

Zweitens, der Anlaß. Gewiß können Sie etwas über die näheren Umstände sagen, die diese Zusammenkunft veranlaßten. Handelt es sich um einen Gedenktag, ein Festessen, eine Jahresversammlung, ein politisches oder nationales Anliegen?

Schließlich können Sie, wenn Sie ein guter Zuhörer gewesen sind, Ihre Anerkennung für etwas Besonderes in der Ansprache des Vorredners ausdrücken und ausführlicher darauf eingehen. Die erfolgreichsten Stegreifreden sind jene, die wirklich aus dem Stegreif gehalten werden. In ihnen drückt der Redner das aus, was ihn in bezug auf seine Zuhörer und den Anlaß bewegt. Solche Reden passen sich der Gelegenheit an wie der Handschuh der Hand. Sie sind für diese und nur für diese Gelegenheit maßgeschneidert. Hierin liegt ihr Erfolg. Sie erblühen im Augenblick und verwelken schnell wie kostbare, seltene Blüten. Doch die Freude, die Sie Ihren Zuhörern damit bereiten, lebt weiter. Und schneller, als Sie für möglich halten, wird man Sie als einen Meister der Stegreifrede ansehen.

REDEN SIE NICHT AUS DEM STEGREIF – HALTEN SIE EINE STEGREIFREDE

Diesen Unterschied gibt es. Es ist nicht damit getan, einfach darauflos zu reden und ein paar unzusammenhängende Dinge wahllos aufzuzählen. Sie müssen Ihre Gedanken logisch um einen Hauptgedanken anordnen, der sehr wohl der eigentliche Zweck Ihrer Rede sein kann. Ihre Beispiele müssen in engem Zusammenhang damit stehen. Und lassen Sie mich noch einmal eindringlich sagen: Wenn Sie mit Begeisterung sprechen, werden Sie selbst bemerken, daß Ihre frisch von der Leber weg gesprochenen Worte eine Lebendigkeit und einen Schwung besitzen, über die Ihre vorbereiteten Reden nicht verfügen.

Nehmen Sie sich ein paar der in diesem Kapitel gemachten Ratschläge zu Herzen, dann können Sie sehr wohl ein gerngehörter Stegreifredner werden. Üben Sie nach den im Anfang des Kapitels angegebenen Techniken.

Bei einer Konferenz können Sie schon ein wenig vorausplanen und sich für alle Fälle bereithalten. Rechnen Sie damit, daß Sie aufgefordert werden zu einem Kommentar oder zu Vorschlägen, so schenken Sie den anderen Rednern sorgfältige Aufmerksamkeit. Bemühen Sie sich schon beim vorbereitenden Üben darum, Ihre Gedanken in möglichst wenig Worte zu fassen. Sind Sie an der Reihe, so äußern Sie sich so einfach und knapp wie möglich. Ihre Ansicht interessiert. Tragen Sie sie kurz vor, und setzen Sie sich wieder hin.

Norman Bel-Geddes, der Architekt und Industrie-Designer, pflegte zu sagen, er sei nicht fähig, seine Gedanken in Worte zu fassen, wenn er nicht auf den Beinen wäre. Seine besten Äußerungen tat er, wenn er in seinem Büro auf und ab gehen konnte und seinen Partnern seine Gesamtplanung für Bauten oder Austellungen vortrug. Im Sitzen zu sprechen mußte er erst lernen, und er hat es natürlich gelernt.

Den meisten von uns geht es umgekehrt: Wir müssen

erst lernen, im Stehen zu sprechen. Und natürlich können wir das lernen. Das Geheimnis ist nur, einmal anzufangen, eine kurze Rede zu halten, dann noch eine und noch eine; fangen Sie immer wieder an. Sie werden feststellen, daß Ihnen mit jeder erfolgreichen Rede die Sache leichter fällt. Jede Rede wird besser sein als die vorausgegangene. Schließlich werden Sie merken, daß die unvorbereitete Rede vor einem größeren Kreis im Grunde gar nichts anderes ist, als unvorbereitetes Sprechen zu Ihren Freunden zu Hause in Ihrem Wohnzimmer.

Rückblick auf Teil Drei

DAS ZIEL DER VORBEREITETEN UND DER UNVORBEREITETEN REDE

Kapitel 7

Die kurze Rede, die zum Handeln auffordert

Ihr Beispiel — Ein Ereignis aus Ihrem Leben
Legen Sie eine einmalige persönliche Erfahrung zugrunde
Beginnen Sie mit einer Einzelheit Ihres Beispiels
Bringen Sie wichtige Einzelheiten
Sagen Sie klar, was Sie von Ihren Zuhörern erwarten
Geben Sie Ihre Aufforderung kurz und eindeutig
Machen Sie es den Hörern leicht, Ihre Forderung zu erfüllen
Tragen Sie Ihre Aufforderung mit Schwung und Überzeugung vor
Nennen Sie den Gewinn, den Ihre Zuhörer erwarten können
Die Begründung muß dem Beispiel entsprechen
Stellen Sie nur einen Grund heraus

Kapitel 8

Die informierende Rede

Begrenzen Sie Ihr Thema nach der verfügbaren Zeit
Ordnen Sie die Reihenfolge Ihrer Gedanken
Numerieren Sie die einzelnen Teile während des Vortrags
Vergleichen Sie Unbekanntes mit Bekanntem
Verwandeln Sie Tatsachen in Bilder
Vermeiden Sie Fachausdrücke
Benützen Sie visuelle Hilfsmittel

Kapitel 9

Die überzeugende Rede

Verdienen Sie sich Vertrauen
Bewirken Sie eine positive Reaktion
Sprechen Sie mit ansteckender Begeisterung
Bringen Sie Ihren Zuhörern Achtung und Zuneigung entgegen
Seien Sie freundlich

Kapitel 10

Stegreifreden

Über die Stegreifrede
Gedankliche Vorbereitung auf die Stegreifrede
Beginnen Sie sofort mit einem Beispiel
Sprechen Sie mit Lebhaftigkeit und Kraft
Verwenden Sie das Prinzip des Hier und Jetzt
Reden Sie nicht aus dem Stegreif — Halten Sie eine Stegreifrede

Teil 4

Die Kunst der Kommunikation

Dieses Kapitel ist ausschließlich dem Vortragen Ihrer Rede gewidmet.
Abermals werden hier die Grundlagen erfolgreichen Sprechens betont, wie es schon im ersten Teil dieses Buches geschah. Ausdrucksfähigkeit folgt aus der Themenbeherrschung und dem lebhaften Mitteilungsbedürfnis. Nur auf diesem Wege wird Ihr Vortrag lebendig und natürlich sein.

Kapitel 11

Die Rede vortragen

Würden Sie das glauben? Es gibt lediglich vier Möglichkeiten des Kontakts mit unserer Umwelt. Man schätzt uns danach ein, wie wir diese vier Kontaktmöglichkeiten nutzen: was wir tun, wie wir aussehen, was wir sagen und wie wir es sagen. Mit diesem letzten Punkt — *wie* wir etwas sagen — werden wir uns im vorliegenden Kapitel auseinandersetzen. Als ich meine Kurse über das Sprechen in der Öffentlichkeit begann, verwandte ich viel Zeit auf Sprechübungen. Dadurch sollten die Kursteilnehmer Klangfülle entwickeln, den Stimmumfang vergrößern und ihre Stimme modulieren. Doch sehr bald sah ich ein, wie völlig unsinnig es ist, Erwachsene lehren zu wollen, auf welche Weise sie den Ton in die obere Mundhöhle projizieren müssen, um »liquide« Vokale hervorbringen zu können. Das alles ist gut und schön für jene, die es sich leisten können, drei oder vier Jahre an die Kunst der Stimmbildung zu wenden. Mir wurde klar, daß meine Kursteilnehmer ihr angeborenes Stimm-Material als gegeben hinzunehmen hätten. Ich lernte, daß es besser sei, die Zeit und Energie, die ich bisher auf das richtige Atmen verwandt hatte, für das viel wichtigere Ziel, nämlich die Überwindung von Schüchternheit und Hemmungen einzusetzen. So konnten meine Schüler schnellere und andauernde Resultate von erstaunlichem Ausmaß erzielen. Ich bin dankbar, daß ich die Einsicht hatte, danach zu handeln.

DURCHBRECHEN SIE DEN PANZER IHRER BEFANGENHEIT

Mehrere Sitzungen in meinem Kurs dienen dazu, erwachsene Menschen von ihrer Verkrampfung und Spannung zu befreien. Ich habe buchstäblich auf den Knien gelegen und meine Kursteilnehmer beschworen, aus ihrem Schneckenhaus herauszukommen, um selbst die Erfahrung zu machen, wie gerne und wie herzlich die Welt ihnen dann entgegenkommt. Zugegeben, es war nicht leicht, aber es hat sich gelohnt. Es ist damit so, wie Marschall Foch von der Kriegskunst sagt: ». . . sie ist einfach in der Planung, aber unglücklicherweise äußerst schwierig in der Durchführung.« Der größte Stein des Anstoßes ist selbstverständlich die Steifheit, die Unbeweglichkeit — nicht nur des Körpers, sondern ebensowohl des Geistes; eine Art von Verhärtung der Gesamteinstellung, die das Leben mit sich bringt.

Vor einem Publikum natürlich zu sein, ist nicht leicht. Schauspieler wissen ein Lied davon zu singen. Als Sie ein Kind von etwa vier Jahren waren, hätten Sie sich vermutlich auf ein Podest stellen und völlig natürlich zu einer Zuhörerschaft sprechen können. Was geschieht aber, wenn Sie mit vierundzwanzig oder vierundvierzig Jahren auf ein Podium steigen und zu sprechen beginnen? Haben Sie dann auch jene unbefangene Sicherheit, die Sie mit vier Jahren besaßen? Möglicherweise — aber die Wette steht tausend zu eins, daß Sie steif, gestelzt und unnatürlich werden und sich in Ihr Schneckenhaus zurückziehen. Es geht bei diesem Unterricht in der Kunst des Vortragens nicht darum, zusätzliche Eigenschaften zu vermitteln. Die Schwierigkeit liegt vielmehr darin, die Schüler von Hindernissen zu befreien, die ihnen verwehren, mit derselben Natürlichkeit zu sprechen, die sie zeigen würden, wenn beispielsweise jemand im Begriff wäre, sie niederzuschlagen. Viele hundertmal habe ich Redner mitten in ihrer Rede unterbrochen und sie beschworen, »wie ein Mensch« zu sprechen. Hunderte von Nächten bin ich nach Hause gekommen — ausgepumpt und erschöpft von dem Versuch, den Kursteilnehmern natürliches Sprechen beizubringen. O nein, glauben Sie mir, das ist nicht so leicht, wie es sich anhört.

In einer der Sitzungen meines Kurses fordere ich die Teilnehmer auf, Teile eines Dialogs schauspielerisch darzustellen, einige davon sogar im Dialekt. Ich bitte sie, sich mit Feuereifer in diese dramatischen Übungen zu stürzen. Tun sie das, dann entdecken sie zu ihrer Überraschung, daß sie sich dabei ganz wohl fühlten, auch wenn andere vielleicht darüber gelacht haben. Auch die anderen Kursteilnehmer sind von der schauspielerischen Fähigkeit ihrer Mitschüler überrascht. Weshalb habe ich das in den Kurs eingefügt? Wenn man sich einmal vor einer Gruppe hat gehen lassen, zieht man sich nicht mehr ganz in sein Schneckenhaus zurück, wenn es im Alltag darum geht, seine Meinungen in einem kleinen oder größeren Kreis zu vertreten. Sie fühlen sich plötzlich befreit wie ein Vogel, der im Käfig gefangen war und nun seine Flügel ausbreitet. Das ist ein Grund, warum die Menschen in die Theater und in die Kinos drängen: Dort sehen sie Mitmenschen, die ohne Hemmungen handeln, die ihren Gefühlen freien Ausdruck geben.

AHMEN SIE NIEMAND NACH – SEIEN SIE SIE SELBST

Wir alle bewundern Redner, die echte Darstellungskunst in ihren Vortrag zu legen vermögen, die sich nicht scheuen, sich auszudrücken; die keine Angst haben, auf ihre unverwechselbar eigene und phantasievolle Weise, den Zuhörern zu sagen, was sie zu sagen haben.
Kurz nach Beendigung des Ersten Weltkrieges traf ich in London zwei Brüder, Sir Ross und Sir Keith Smith. Gerade hatten sie den ersten Flug von London nach Australien geschafft und damit einen von der australischen Regierung ausgesetzten Preis von fünfzigtausend Dollar gewonnen. Durch ganz England war die Kunde wie ein Lauffeuer gegangen, und der König hatte die Brüder geadelt.
Captain Hurley, ein berühmter Landschaftsfotograf, hatte sie auf einem Teil der Flugreise begleitet und Aufnahmen gemacht. Ich war ihnen behilflich, einen Lichtbildervortrag über diesen Flug zusammenzustellen und unterrichtete sie in der Kunst des Vortrags. Vier Monate lang wurden diese Lichtbildervorträge täglich zweimal in der Londoner Philharmonie gehalten. Ein Bruder sprach am Nachmittag, der andere am Abend. Die Brüder hatten genau dasselbe erlebt, Seite an Seite hatten sie gesessen, als sie um die halbe Welt geflogen waren, und sie hielten,

fast Wort für Wort, die gleiche Rede. Und dennoch klang es durchaus nicht gleich.

Außer den Worten selbst gibt es bei einer Rede noch etwas anderes, das zählt. Man könnte es als die Würze der Rede bezeichnen. Es kommt nicht nur darauf an, was gesagt wird, sondern vor allem, wie es gesagt wird. Der große russische Maler Brulloff korrigierte einst das Bild eines Schülers. Voller Staunen blickte der Schüler auf die veränderte Zeichnung und rief aus: »Wie denn, Sie haben nur eine Winzigkeit geändert, aber es ist etwas völlig anderes!« Brulloff erwiderte: »Kunst beginnt, wo diese Winzigkeit anfängt.« Das gilt für das Sprechen in der Öffentlichkeit genauso gut wie für das Malen oder das Klavierspiel eines Virtuosen. Im englischen Parlament geht eine alte Redensart: Alles hängt davon ab, *wie* einer spricht, und nicht was einer spricht. Quintilian sagte das bereits, als England noch römische Kolonie war.

»Alle Ford-Wagen sind genau gleich«, pflegte ihr Hersteller zu sagen. Bei den Menschen ist das nicht so; keiner gleicht einem anderen ganz genau. Jedes neue Leben ist ein neues Ereignis unter der Sonne — nie hat es zuvor etwas genau gleiches gegeben, und nie wieder wird es genau das gleiche geben. Ein junger Mensch sollte diese Einstellung zu sich selbst gewinnen. Er sollte sein einmaliges Ich finden, das ihn von allen anderen Menschen unterscheidet. Diese Individualität sollte er bis zum Äußersten ausschöpfen. Gesellschaft und Erziehung mögen versuchen, sie zu verwischen, denn ihr Wesen ist es, uns alle in dieselbe Form zu pressen. Aber ich sage: Lassen Sie diesen Funken nicht erlöschen — nur durch ihn können Sie volle menschliche Entfaltung erlangen.

Das alles ist doppelt wahr in bezug auf erfolgreiches

Sprechen. Auf der ganzen Welt gibt es kein anderes menschliches Wesen, das so ist wie Sie. Milliarden Menschen haben zwei Augen und eine Nase und einen Mund, aber keiner gleicht Ihnen vollkommen, und keiner von ihnen hat genau Ihre Art, Ihr Wesen, Ihren Geist. Wenige von ihnen werden so sprechen, sich so ausdrücken, wie Sie es tun, wenn Sie sich natürlich geben. Mit anderen Worten: Sie haben eine Persönlichkeit. Das ist der kostbarste Besitz, den Sie als Redner haben. Halten Sie daran fest. Pflegen Sie ihn. Entwickeln Sie ihn. Er ist der Funke, der Kraft und Überzeugung in Ihre Rede bringen wird. »Nur durch ihn haben Sie Anspruch darauf, ernstgenommen zu werden.« Ich bitte Sie dringend, versuchen Sie nicht, sich in eine Form zu pressen — dadurch würden Sie Ihre einmalige Persönlichkeit einbüßen.

UNTERHALTEN SIE SICH MIT IHREN ZUHÖRERN

Ich möchte Ihnen eine Illustration geben, die typisch ist für die Art und Weise, wie Tausende von Menschen sprechen. Während eines Aufenthaltes in Murren in der Schweiz, wohnte ich im Hotel einer Londoner Gesellschaft. Gewöhnlich wurden jede Woche einige Vortragsredner aus England geschickt, um vor den Gästen zu sprechen. Unter ihnen war eine bekannte englische Schriftstellerin. Ihr Thema lautete: »Die Zukunft des Romans.« Sie gab zu, daß sie das Thema nicht selbst gewählt hatte. Und sie hatte nichts darüber zu sagen, was ihr am Herzen lag. In Eile hatte sie sich ein paar unzu-

sammenhängende Notizen gemacht. Sie stand vor ihren Zuhörern und ignorierte sie einfach. Sie schaute sie nicht einmal an, sondern starrte teils über ihre Köpfe hinweg, teils auf ihre Notizen, teils auf den Boden vor sich. Mit einem abwesenden Blick in ihren Augen und einem unbeteiligten Klang ihrer Stimme haspelte sie ihre Worte ab, in den bekannten luftleeren Raum hinein. Das hat überhaupt nichts mit dem Vortrag einer Rede zu tun. Es ist ein Selbstgespräch. Ihm fehlt der *Geist der Kommunikation*, der die erste Voraussetzung für ein gutes Gespräch ist. Die Zuhörer müssen fühlen, daß eine Botschaft unmittelbar vom Geist und vom Herzen des Redners an ihren Geist und ihre Herzen ergeht. Die Rede, die ich eben beschrieben habe, könnte genausogut in der sandigen, wasserlosen Öde der Wüste Gobi gehalten worden sein. Sie klang tatsächlich viel eher so, als würde sie an einem solchen Ort vorgetragen und nicht vor einer Gruppe lebendiger, menschlicher Lebewesen.
Über das Vortragen ist eine Menge Unsinn geschrieben worden. Es ist von Regeln, Riten und Geheimnissen umgeben worden. Altmodische »Vortragskunst« hat es oftmals lächerlich gemacht. Der Geschäftsmann, der beim Buchhändler oder in der Bibliothek nachsah, hat dicke Bände über Redekunst gefunden, die völlig nutzlos waren. Obwohl sich das Schulwesen auf anderen Gebieten in fast allen Staaten Amerikas weiter entwickelt hat, werden die Schüler heute noch gezwungen, altmodisch gezierte Rhetorikstücke aufzusagen — eine Sache, die so überholt und nutzlos ist wie eine Petroleumlampe.
Seit den zwanziger Jahren ist eine völlig neue Redeweise entstanden. Im Einklang mit dem Zeitgeist ist sie so modern und praktisch wie das Auto, so unmittelbar wie

das Telegramm, so nüchtern und präzise wie ein Werbetext. Ein Publikum von heute würde das Feuerwerk großer Worte, das einst so sehr im Schwange war, nicht mehr dulden.

Moderne Zuhörer — gleichgültig, ob es sich um fünfzehn Leute an einem Konferenztisch oder um eine tausendköpfige Menge unter einem Zeltdach handelt — erwarten vom Redner, daß er genauso unmittelbar spricht, wie er es bei einem Schwatz mit dem Nachbarn tut. Sie erwarten von ihm, daß er mit ihnen in derselben Weise redet, in der er sich mit einem einzelnen unter ihnen unterhalten würde — in derselben Weise, doch mit größerer Energie und größerem Nachdruck. Um natürlich zu erscheinen, braucht man zu einer Rede vor 40 Leuten jedoch mehr Energie, als wenn man nur zu einem Menschen spricht; genauso wie eine Statue auf der Spitze eines Gebäudes erheblich größere Ausmaße als eine untenstehende haben muß, um für den auf der Straße stehenden Betrachter in Lebensgröße zu erscheinen.

Als Mark Twain in Nevada in einem Goldgräberlager Vorträge hielt, kam am Ende eines Vortrages ein alter Goldgräber zu ihm und fragte: »Sind das die natürlichen Töne Ihrer Beredsamkeit?«

Das ist es, wonach die Zuhörer verlangen: »die natürlichen Töne Ihrer Beredsamkeit«, nur ein wenig verstärkt. Es gibt nur einen Weg, auf dem der Kunstgriff dieser erweiterten Natürlichkeit erreicht werden kann: Übung. Und wenn Sie beim Üben feststellen, daß Sie einen gespreizten Ton annehmen, halten Sie ein, und sagen Sie energisch zu sich selbst: »Halt! Wie redest du denn? Wach auf! Sei ein Mensch!« Dann suchen Sie sich im Geiste einen Menschen aus der Zuhörerschaft heraus, jemanden in der letzten Reihe oder die unaufmerksamste Person, die Sie finden können, und sprechen Sie zu dieser Person. Vergessen Sie, daß noch andere Zuhörer zugegen sind. Unterhalten Sie sich mit dieser Person. Stellen Sie sich vor, sie habe Ihnen eine Frage gestellt, und Sie antworteten ihr, und nur Sie seien in der Lage, diese Frage zu beantworten. Stünde diese Person auf und spräche zu Ihnen und Sie erwiderten darauf, so würde dieser Vorgang sofort und unvermeidlich Ihre Rede einer Unterhaltung ähnlicher machen und damit natürlicher und unmittelbarer. Darum stellen Sie sich vor, genau das geschähe. Sie können sogar so weit gehen, tatsächlich Fragen zu stellen und Antworten zu geben. Sie können beispielsweise mitten in Ihrer Rede sagen: »Und Sie werden fragen ›Wie können Sie diese Behauptung beweisen?‹ Ich habe diesen Beweis, er lautet: . . .« Und dann fahren Sie fort, indem Sie die Frage beantworten. Das kann man in völlig natürlicher Art tun. Es wird die Eintönigkeit des Vortrages unterbrechen und ihm den unmittelbaren und angenehmen Klang der Unterhaltung verleihen.

Sprechen Sie vor der Handelskammer genauso, wie Sie mit Hans Meyer sprechen würden. Was ist eine Versammlung in der Handelskammer anderes als eine Ansammlung von Hans Meyers? Warum sollten die Methoden, die erfolgreich sind, wenn man zu diesen Männern einzeln spricht, nicht ebenso erfolgreich sein, wenn mehrere zusammen sind?

Weiter oben wurde in diesem Kapitel der Vortrag einer Schriftstellerin beschrieben. Im gleichen Ballsaal, in dem sie gesprochen hatte, wurde uns ein paar Abende später das Vergnügen zuteil, Sir Oliver Lodge zu hören. Sein Thema hieß *Atome und Welten*. Mehr als ein halbes

Jahrhundert hatte er sich in Gedanken, Studium, Versuchen und Forschung mit diesem Thema auseinandergesetzt. Das Thema war Bestandteil seines Herzens, seines Geistes und seines Leben, und es drängte ihn, darüber zu sprechen. Er vergaß, daß er vorhatte, eine »Rede zu halten«. Das war seine geringste Sorge. Wichtig war ihm nur, seinen Hörern etwas über Atome zu erzählen, und zwar genau, klar und eindringlich. Mit Eifer versuchte er, uns sehen zu lassen, was er sah, fühlen zu lassen, was er fühlte.

Und was war das Ergebnis? Er hielt eine hervorragende Rede. Zauber und Kraft lagen in dem Vortrag, der einen tiefen Eindruck hinterließ. Sir Oliver Lodge hatte ungewöhnliche Fähigkeiten als Redner. Aber ich bin sicher, daß er sich selbst gar nicht in diesem Lichte sah. Ich bin sicher, daß wenige Menschen, die ihn gehört haben, ihn überhaupt als »öffentlichen Redner« angesehen haben.

Wenn Sie in der Öffentlichkeit so sprechen, daß die Zuhörer annehmen, Sie hätten einen Kursus für öffentliches Sprechen absolviert, dann machen Sie Ihrem Lehrer keine Ehre; vor allem nicht, wenn es ein Lehrer einer meiner Kurse ist. Sein Wunsch ist es, daß Sie mit solcher Natürlichkeit sprechen, daß Ihre Zuhörer nicht im Traume daran denken, Sie könnten eine »richtige Ausbildung« haben. Ein gutes Fenster zieht nicht die Aufmerksamkeit auf sich, es dient nur dazu, Licht einzulassen. Mit einem guten Redner ist es ebenso. Er ist so entwaffnend natürlich, daß seine Zuhörer die Art seines Vortrages gar nicht bemerken. Sie beachten nur sein Thema.

LEGEN SIE IHR HERZ IN IHRE REDE

Glaubwürdigkeit, Begeisterung und tiefe Überzeugung werden Ihnen ebenfalls helfen. Wenn ein Mensch unter der Wirkung seiner Gefühle steht, kommt sein wirkliches Selbst zum Vorschein. Die Schranken sind gefallen. Das Feuer seiner Empfindungen hat alle Barrieren verzehrt. Er handelt impulsiv. Er spricht von innen heraus. Er ist natürlich.

So kommen wir schließlich auch beim Vortragen Ihrer Rede wieder auf das zurück, worauf in diesem Buch schon wiederholt hingewiesen wurde, nämlich: Legen Sie Ihr Herz in Ihre Rede!

»Nie werde ich die Beschreibung vergessen«, sagte Dean Brown in seinem Predigtseminar der Yale Divinity School, »die einer meiner Freunde von einem Gottesdienst in London gab. Der Prediger war George MacDonald, er hatte an jenem Morgen als Text das elfte Kapitel aus dem Hebräerbrief gelesen. Zu Beginn seiner Predigt sagte er: ›Sie haben alle von diesen Männern des Glaubens gehört. Ich möchte nicht versuchen zu erklären, was Glaube ist. Es gibt Theologieprofessoren, die das weit besser können. Ich bin hier, um Ihnen zu helfen, diesen Glauben zu erlangen.‹ Dann folgte ein so schlichtes, von Herzen kommendes und großartiges Zeugnis des eigenen Glaubens dieses Mannes an die unsichtbaren, ewigen Wahrheiten, daß seine Worte Glauben im Geist und in den Herzen aller seiner Zuhörer weckten. *Sein Herz war in seiner Rede, und seine Botschaft hatte eine Wirkung, weil sie der wahrhaften Schönheit seines eigenen Innenlebens entsprang.*«

Sein Herz war in seiner Rede. Das ist das Geheimnis.

Doch ich weiß, daß dieser Rat nicht gerne gehört wird. Er scheint unklar und unbestimmt. Der Durchschnittsmensch erwartet narrensichere Regeln, etwas Bestimmtes, etwas Handgreifliches, Gebrauchsanweisungen, so klar wie die Anweisungen über das Fahren eines Autos.
Das erwartet er — und das würde ich ihm nur zu gerne geben. Das wäre leicht für ihn und leicht für mich. Es gibt auch solche Regeln und Gebrauchsanweisungen, aber eine Kleinigkeit an ihnen stimmt nicht: sie sind einfach unbrauchbar. Sie berauben eine Rede all ihrer Natürlichkeit und Unmittelbarkeit, ihres Lebens und ihrer Eigentümlichkeit. Ich weiß, wovon ich rede. In jungen Jahren habe ich einen Großteil meiner Kraft darauf verschwendet, diese Regeln auszuprobieren. In diesem Buch werden Sie sie vergeblich suchen, weil es, wie Josh Billings in einem seiner lichten Momente bemerkte: »... keinen Zweck hat, so viele Dinge zu wissen, die gar nicht so sind.«
Edmund Burke schrieb Reden, die hinsichtlich der Logik, Argumentation und Komposition so vorzüglich sind, daß sie noch heute als klassische Beispiele der Redekunst in den Colleges des Landes studiert werden. Als Redner aber war Burke ein bekannter Versager. Ihm war die Fähigkeit der Übermittlung seiner Prachtstücke nicht gegeben, er verstand es nicht, sie interessant und wirkungsvoll darzustellen. Darum wurde er »die Mittagsglocke« des Unterhauses genannt. Wenn er sich zum Sprechen erhob, dann husteten die anderen Mitglieder, scharrten mit den Füßen und begannen entweder zu schlafen oder in Scharen den Saal zu verlassen.
Sie mögen mit all Ihrer Kraft ein Stahlmantelgeschoß auf einen Mann schleudern und werden doch kein Loch

in seiner Kleidung hervorrufen. Mit einer Pulverladung dahinter können Sie sogar ein Talglicht durch eine Holzplatte schießen. Es tut mir leid, sagen zu müssen, daß so manche Talglicht-Rede mit Schießpulver einen stärkeren Eindruck hinterläßt als eine Stahlmantel-Rede, hinter der weder Kraft noch Begeisterung steckt.

ÜBEN SIE SICH, IHRE STIMME KRAFTVOLL UND ANPASSUNGSFÄHIG ZU MACHEN

Wenn wir unsere Gedanken wirklich auf unsere Zuhörer übertragen, so machen wir von den unterschiedlichsten körperlichen und stimmlichen Möglichkeiten Gebrauch. Wir ziehen unsere Schultern hoch, bewegen unsere Arme, runzeln unsere Brauen, vergrößern unseren Stimmumfang, wechseln Stimmhöhe und Modulation und sprechen schnell oder langsam, wie Gelegenheit und Thema es gebieten. Es ist wichtig, sich daran zu erinnern, daß alles das Wirkungen sind, nicht Ursachen. Alle äußerlich sichtbaren Wirkungen hängen von unserer geistigen und gefühlsmäßigen Einstellung ab. Darum ist es ja so wichtig, daß wir ein Thema haben, das wir wirklich kennen und das uns erregt. Darum muß es uns drängen, unsere Zuhörer an unserem Thema teilhaben zu lassen.

Obwohl die meisten von uns, wenn wir älter werden, die Ursprünglichkeit und Natürlichkeit der Jugend schätzen, neigen wir doch dazu, uns an bestimmte Formen körperlichen und stimmlichen Ausdrucks zu gewöhnen. Wir sind weniger bereit, Gesten zu verwenden und Lebendigkeit zu zeigen, wir heben oder senken unsere Stimme kaum noch. Kurz gesagt, wir verlieren die Frische und Ursprünglichkeit der echten Unterhaltung. Wir fallen in die Gewohnheit, zu langsam oder zu rasch zu sprechen und unsere Ausdrucksweise zu vernachlässigen, wenn wir nicht sorgsam darauf achten. Sie wurden in diesem Buch immer wieder zu natürlichem und ungezwungenem Handeln aufgefordert. Vielleicht nehmen Sie deshalb an, ich würde einen mageren Wortschatz oder eintönige Vortragsweise entschuldigen, wenn sie nur natürlich ist. Ganz im Gegenteil! Was ich sagen will ist, daß wir *unsere eigenen* Gedanken entwickeln und sie in lebhafter Weise zum Ausdruck bringen sollen — mit Kraft und Begeisterung. Kein guter Redner wird meinen, daß er seinen Wortschatz nicht erweitern, seinen Reichtum an Fantasie, die Vielfalt und Kraft seines Ausdrucks nicht zu steigern vermöge. Jeder, dem an der Verbesserung seiner selbst gelegen ist, wird auf diesen Gebieten nach beständigem Fortschritt streben.

Es ist gut, seinen Stimmumfang, die Abwechslung der Tonhöhe und das Sprechtempo ständig selbst zu kontrollieren. Das läßt sich mit einem Tonbandgerät durchführen. Sinnvoll ist es auch, wenn ein Freund diese Beurteilung unterstützt. Ist es möglich, den Rat eines Fachmanns einzuholen, so ist das um so besser. Diese Übungen muß man daheim anstellen. Wenn Sie vor Ihren Zuhörern stehen, können Sie nicht an Redetechniken denken; das wäre für die Wirkung Ihrer Rede tödlich. Stehen Sie vor Ihren Hörern, dann geben Sie Ihr ganzes Ich in Ihre Rede; konzentrieren Sie sich ganz darauf, Ihre Zuhörer geistig und gefühlsmäßig zu bewegen. Ich wette zehn zu eins, daß Sie dann mit mehr Nachdruck und Kraft reden werden, als Sie je aus Büchern gewinnen könnten.

Rückblick auf Teil Vier

DIE KUNST DER KOMMUNIKATION

Kapitel 11

Die Rede vortragen

Durchbrechen Sie den Panzer Ihrer Befangenheit
Ahmen Sie niemand nach — Seien Sie Sie selbst
Unterhalten Sie sich mit Ihren Zuhörern
Legen Sie Ihr Herz in Ihre Rede
Üben Sie sich, Ihre Stimme kraftvoll und anpassungsfähig zu machen

Teil 5

Wirkungsvolles Sprechen — eine Herausforderung

In diesem Teil übertragen wir die Prinzipien und Techniken dieses Buches auf das tägliche Sprechen — von der Unterhaltung bis zur öffentlichen Ansprache.
Wir dürfen nun annehmen, daß Sie auch außerhalb der Lehrsituation imstande sind, eine Rede zu halten. Dabei wird es sich um zwei unterschiedliche Möglichkeiten handeln. Entweder werden Sie einen anderen Redner einzuführen oder selbst eine längere Rede zu halten haben. Aus diesem Grunde geht es nun in einem ganzen Kapitel darum, wie man einen Redner vorstellt. Ein anderes Kapitel behandelt die längere Rede, von der Einführung bis zum Schluß.
Das Schlußkapitel führt Ihnen noch einmal vor Augen, daß die in diesem Buch erläuterten Prinzipien bei alltäglichen Gesprächen genauso nützlich sind wie beim Reden in der Öffentlichkeit.

Kapitel 12

Die Einführung von Rednern – Verleihung und Annahme von Preisen

Wenn Sie in der Öffentlichkeit sprechen sollen, dann kann es Ihre Aufgabe sein, einen anderen Redner einzuführen oder selbst eine längere Rede zu halten, die unterrichten, unterhalten, überzeugen oder andere zum Handeln auffordern soll. Vielleicht sind Sie im Vorstand eines Bürgervereins oder Mitglied eines Frauenclubs und haben die Aufgabe, den Hauptredner der nächsten Veranstaltung einzuführen. Oder vielleicht wissen Sie schon, daß Sie demnächst vor einer Elternversammlung, vor Ihrer Verkaufsgruppe, bei einem Gewerkschaftstreffen oder anläßlich der Tagung einer politischen Organisation sprechen sollen. In Kapitel dreizehn werde ich Ihnen Hinweise geben, wie man sich auf eine längere Rede vorbereitet. Das vorliegende Kapitel wird Ihnen dabei helfen, einen anderen Redner einzuführen. Ich möchte Ihnen auch einige wertvolle Winke geben, wie man sich bei der Übergabe oder der Annahme eines Preises verhält. John Mason Brown, der Schriftsteller und Redner, dessen lebendige Ansprachen überall im Lande große Hörerscharen gewonnen haben, besprach sich eines Abends mit dem Mann, der ihn dem Publikum vorzustellen hatte.

»Hören Sie auf, sich Sorgen zu machen, was Sie sagen sollen«, sagte dieser Mann zu Brown. »Entspannen Sie sich. Ich glaube nicht an so etwas wie die Vorbereitung eines Vortrages. Das ist Kohl, vermiest den Charme der ganzen Sache, mordet die Fröhlichkeit. Ich warte einfach auf den Einfall, der mir kommt, wenn ich vorne stehe — und der hat mich noch nie im Stich gelassen.« Diese zuversichtlichen Worte ließen John Mason Brown eine gute Einführung erwarten, wie er in seinem Buch »Accustomed As I Am« schreibt. Als der Mann aber vorne stand, hörte man folgendes:

Meine Herren, darf ich um Ihre Aufmerksamkeit bitten? Heute habe ich betrübliche Nachrichten für Sie. Wir hatten Isaac F. Marcosson gebeten, zu uns zu sprechen, aber er war verhindert. Er ist krank. (Applaus). So baten wir Senator Bledridge, Ihnen einen Vortrag zu halten, aber er war unabkömmlich. (Applaus). Schließlich haben wir auch noch vergeblich versucht, Dr. Lloyd Grogan aus Kansas City zu veranlassen herzukommen. (Applaus). Stattdessen ist hier nun — John Mason Brown. (Schweigen).

Bei der Erinnerung an diesen Reinfall sagte Brown nur: »Wenigstens hat mein Freund, den sein Einfall nie im Stich ließ, meinen Namen richtig ausgesprochen.«
Sie erkennen natürlich, daß dieser Mann, der sich so zuversichtlich auf seine Einfälle verließ, kaum etwas hätte schlechter machen können, selbst wenn er es versucht hätte. Seine Einführung verletzte alle Verpflichtungen, die er sowohl dem Redner als auch dessen Zuhörern gegenüber hatte. Es gibt nur ganz wenige Dinge, die man in solcher Situation beachten muß. Sie sind aber äußerst wichtig — und es ist erstaunlich, wieviele Veranstalter oder Verantwortliche bei dieser Aufgabe versagen.

Die einführende Rede dient dem gleichen Zweck, wie eine gesellschaftliche Vorstellung. Sie führt den Redner und das Publikum zueinander, schafft eine freundliche Atmosphäre und läßt Anteilnahme auf beiden Seiten entstehen. Wer da sagt: »Du brauchst keine Rede zu halten, du sollst ja nur den Redner einführen«, macht sich der Untertreibung schuldig. Keine Rede wird häufiger zu kläglicherem Flickwerk als die Einführungsrede. Vermutlich deshalb, weil so viele Vorsitzende, deren Pflicht es ist, sie vorzubereiten und zu halten, sie als unbedeutend ansehen.

Einführung oder Introduktion — dieser Ausdruck ist aus zwei lateinischen Wörtern entstanden: *intro* — nach innen, hinein und *ducere* — führen. Also etwas, das uns so in das Innere des Themas hineinführt, daß wir gerne mehr darüber hören möchten. Sie sollte uns auch in Tatsachen bezüglich des Redners hineinführen, so daß wir wissen, warum gerade dieser Redner etwas zu dem vorliegenden Thema zu sagen hat. Mit anderen Worten: Eine Einführung soll das Thema und den Redner dem Publikum »verkaufen«. Und das sollte in möglichst kurzer Zeit geschehen.

So sollte es sein! Aber ist es so? In neun von zehn Fällen nicht. Die meisten Einführungen sind jämmerliche, kümmerliche Unternehmungen; so ungenügend, daß sie nicht mehr zu entschuldigen sind. Das wäre aber nicht nötig. Wenn der Redner, der die Einführung übernommen hat, die Wichtigkeit seiner Aufgabe kennt und sie richtig anpackt, wird er sich bald als ausgezeichneter Ansager einen Namen machen, und man wird seinen Dienst bei wichtigeren Anlässen suchen.

Es folgen nun einige Vorschläge, die Ihnen helfen können, ein gute und der Sache angemessene Einführungsrede zu halten.

BEREITEN SIE GENAU VOR, WAS SIE SAGEN WOLLEN

Obgleich eine gewöhnliche Einführungsrede kurz ist, kaum länger als eine Minute, bedarf sie sorgfältiger Vorbereitung. Als erstes müssen Sie Tatsachen zusammentragen. Diese werden sich um drei Schwerpunkte gruppieren: das Thema der folgenden Rede, die Qualifikation des Redners für dieses Thema und sein Name. Oft wird noch ein vierter Punkt bedeutungsvoll: warum das vom Redner gewählte Thema für die Zuhörerschaft von besonderem Interesse ist.
Vergewissern Sie sich, daß Ihnen die Formulierung des Themas genau bekannt ist. Dazu sollten Sie etwas über die geplante Abhandlung des Themas wissen. Nichts ist unangenehmer für den Redner, als wenn er die Einführungsrede berichtigen muß. Das können Sie vermeiden, indem Sie sich genau über das Thema informieren und in keiner Weise dem vorgreifen, was der Redner sagen will. Ihre Pflicht ist es ausschließlich, den Titel korrekt wiederzugeben und aufzuzeigen, warum das Thema für die Hörer von Interesse ist. Versuchen Sie, diese Angaben direkt vom Redner zu erhalten. Sind Sie aber auf Information von dritter Seite angewiesen, wie zum Beispiel vom Veranstalter, so bemühen Sie sich um schriftliche Angaben, und lassen Sie diese vom Redner unmittelbar vor der Veranstaltung überprüfen.

Vielleicht haben Sie aber bei Ihrer Vorbereitung vor allem Tatsachen über die Qualifikation des Redners einzuholen. In manchen Fällen wird es Ihnen möglich sein, eine brauchbare Zusammenstellung von Daten einem Nachschlagewerk zu entnehmen, falls Ihr Redner eine bekannte Persönlichkeit ist. Hat er örtliche Bedeutung, so könnten Sie sich an das Personalbüro seiner Firma wenden oder auch an einen nahen Freund oder einen Familienangehörigen des Redners. Vor allem geht es ja darum, daß Sie die biographischen Daten korrekt erhalten. Dem Redner nahestehende Personen werden Sie gerne mit Unterlagen versorgen.

Selbstverständlich würden zu viele Einzelheiten langweilen, besonders wenn ein akademischer Grad des Redners andere geringere Titel einschließt. Es ist also zum Beispiel unnötig, auf das abgeschlossen Studium hinzuweisen, wenn er mit dem Doktor- oder dem Professorentitel vorgestellt wird. Ebenso ist es am sinnvollsten, die höchsten und letzten beruflichen Positionen zu nennen, statt einen ganzen Katalog von Stellungen anzuführen, die der Redner seit seiner Jugend bekleidete. Versäumen Sie vor allem nicht, auf das größte Werk seines Lebens hinzuweisen, statt auf irgendwelche weniger wichtigen Dinge einzugehen.

So habe ich es zum Beispiel erlebt, daß ein weithin bekannter Redner, ein Mann, der es eigentlich besser hätte wissen sollen, den irischen Dichter W. B. Yeats vorstellte. Yeats beabsichtigte, eigene Dichtungen vorzutragen. Drei Jahre zuvor war ihm der Nobelpreis für Literatur verliehen worden, die höchste Ehrung, die einem Schriftsteller zuteil werden kann. Ich bin sicher, daß keine zehn Prozent der damals Anwesenden etwas vom Nobelpreis und seiner

Bedeutung wußten. Auf jeden Fall hätte hierüber etwas gesagt werden müssen. Diesen Preis hätte man nennen müssen, auch wenn sonst kein weiteres Wort gefallen wäre. Was aber tat der Veranstalter? Er überging diese Tatsache vollständig und verbreitete sich über Mythologie und griechische Poesie.

Vergewissern Sie sich über den Namen des Redners und die richtige Aussprache. John Mason Brown berichtet, daß er einmal als John Brown Mason und einmal gar als John Smith Mason vorgestellt worden ist. In seinem höchst amüsanten Essay *We have with Us Tonight* erzählt der berühmte kanadische Humorist Stephen Leacock, wie er selbst einmal vorgestellt wurde:

Viele unter uns haben Herrn Learoyds Ankunft mit dem größten Vergnügen entgegengesehen. Durch seine Bücher scheint er uns bereits vertraut wie ein alter Freund. Ich glaube tatsächlich nicht zu übertreiben, wenn ich Herrn Learoyd versichere, daß sein Name stadtbekannt ist. Ich habe das ganz große Vergnügen Sie bekanntzumachen mit — Herrn Learoyd.

Ganz besonders wichtig ist es, daß Sie in Ihrer Vorstellung *bestimmte* Aussagen machen. Nur dann wird die Einführung ihren Zweck erfüllen, die Aufmerksamkeit der Hörer zu erhöhen und sie erwartungsvoll zu stimmen. Ein dürftig vorbereiteter Veranstalter kommt gewöhnlich mit verschwommenen und einschläfernden Ausführungen:

Unser heutiger Redner ist überall als ein Fachmann auf dem Gebiet — dem Gebiet seines Themas bekannt. Wir sind begierig ihn zu hören, weil er aus — aus großer Entfernung zu uns gekommen ist. Es ist mir eine außerordentliche Freude Sie bekanntzumachen mit — warten Sie — wo habe ich doch — ach ja, Herrn Meyer!

Nehmen wir uns nur ein wenig Zeit zur Vorbereitung, so können wir den jammervollen Eindruck vermeiden, den eine solche Einführung auf Redner und Zuhörer machen muß.

VERWENDEN SIE DIE T-I-S-FORMEL

Bei den weitaus meisten Einführungen dient die T-I-S-Formel als praktisches Muster, um die bei der Vorbereitung zusammengestellte Fakten wirkungsvoll zu ordnen:
1. T bedeutet Thema. Beginnen Sie Ihre Einführung mit dem Nennen des genauen Redethemas.
2. I bedeutet Interesse. Auf dieser Stufe Ihrer Einführung schlagen Sie eine Brücke zwischen dem Thema und dem speziellen Interesse der Zuhörer.
3. S bedeutet Sprecher. Hier zählen Sie die hervorragenden Qualifikationen des Redners auf, besonders diejenigen, die sich unmittelbar auf sein Thema beziehen. Ganz zum Schluß nennen Sie seinen Namen, deutlich und klar. Innerhalb dieser Formel hat Ihre Phantasie ausreichenden Spielraum. Die Einführung muß ja nicht abgehackt und trocken wirken. Ich füge deshalb das Beispiel einer Einführungsrede an, die sich an die Regel hält, ohne im mindesten den Eindruck einer Formel zu erwecken. Diese Einführungsrede hielt der Verleger Homer Thorne, als er einer Gruppe von Journalisten George Wellbaum von der New York Telephone Company vorstellte:

Das Thema unseres Redners lautet *Das Telefon dient dir*.
Mir scheint, eines der großen Geheimnisse der Welt — wie die Liebe oder die Beharrlichkeit eines Glückspielers — ist das Mysterium: was geschieht, wenn Sie telefonieren?

Warum bekommt man eine falsche Nummer? Weshalb geht es manchmal rascher, eine Verbindung von New York nach Chicago zu erhalten, als von Ihrer Heimatstadt zur Nachbarstadt gleich jenseits des Hügels? Unser Redner kann diese Fragen und alle anderen über das Telefon beantworten. Zwanzig Jahre lang ist es sein Beruf gewesen, alle nur denkbaren Einzelheiten über das Telefon und das Telefonieren zu verarbeiten und anderen Menschen zu erklären. Er ist leitender Angestellter einer Telefongesellschaft, in der er sich emporgearbeitet hat. Er will heute darüber sprechen, wie seine Gesellschaft uns dient. Wenn Sie mit dem heutigen Telefondienst zufrieden sind, sollten Sie zu dem Redner aufblicken wie zu einem Schutzheiligen. Sollten Sie in letzter Zeit Enttäuschungen mit Ihrem Telefon erlebt haben, so lassen Sie ihn eine Lanze zur Verteidigung brechen.
Meine Damen und Herren, es spricht zu Ihnen der Vizepräsident der New Yorker Telefongesellschaft, George Wellbaum.

Achten Sie darauf, wie vorzüglich der Einführungssprecher es verstand, die Gedanken der Zuhörer auf das Telefon zu lenken. Indem er Fragen stellte, erweckte er ihre Neugier. Dann wies er darauf hin, daß der Redner diese und andere Fragen beantworten würde.
Ich bezweifle, daß diese Einführung niedergeschrieben oder auswendig gelernt wurde. Selbst auf dem Papier macht sie den Eindruck natürlicher Unterhaltung. Nie sollte eine Einführung auswendig gelernt werden. Cornelia Otis Skinner wurde einst von einem Manne eingeführt, dessen auswendig gelernte Worte sie in dem Augenblick, in dem sie begann, vergaß. Sie holte tief Luft und sagte: »Dank des unerschwinglichen Preises von Admiral Byrd sehen wir heute bei uns: Miss Cornelia Otis Skinner«.
Die Einführung sollte ursprünglich sein, natürlich,

aus der Gegebenheit erwachsen, nicht pedantisch und spröde. In der oben wiedergegebenen Einführung von George Wellbaum gibt es keine Klischees, wie: »Ich habe das außerordentliche Vergnügen« und: »Es ist mir eine hohe Ehre, Ihnen vorzustellen.« Das beste Verfahren, einen Redner vorzustellen ist, seinen Namen zu nennen oder zuerst zu sagen: »Ich stelle Ihnen vor...« und dann den Namen zu nennen.
Manche Einführungsredner sprechen einfach zu lange und machen das Publikum dadurch ungeduldig. Andere ergehen sich in geschwollenen Sätzen, um den Redner und die Zuhörer mit der eigenen Bedeutung zu beeindrucken. Wieder andere halten es betrüblicherweise für angebracht, »eingeweckte Witze« von manchmal zweifelhaftem Geschmack vorzutragen; oder sie verwenden Humor, der den Beruf des Redners gönnerhaft oder abwertend behandelt. All diese Fehler sollte jeder vermeiden, der eine gute Einführungsrede halten will.
Hier finden Sie das Beispiel einer anderen Einführung, die sich eng an die T-I-S-Formel hält und dennoch eine unverwechselbare Eigenart hat. Beachten Sie vor allem, wie Edgar L. Schnadig die drei Stufen der Formel ineinanderfügte, als er den berühmten Wissenschaftler und Herausgeber Gerald Wendt vorstellte:

Wissenschaft heute, das Thema unseres Redners, ist eine ernste Angelegenheit. Es erinnert mich an die Geschichte von dem geistesgestörten Patienten, der unter der Wahnvorstellung litt, er habe eine Katze in seinem Leib. Da es dem Arzt unmöglich war, den Patienten von dieser Halluzination zu befreien, nahm er eine Scheinoperation vor. Als der Mann wieder zu sich kam, wurde ihm eine schwarze Katze mit dem Hinweis gezeigt, seine Kümmernisse seien nun behoben. Er entgegnete:

»Es tut mir leid, Herr Doktor, aber die Katze, die mich quält, ist grau.«
In der gleichen Lage befindet sich die Wissenschaft heutzutage. Man sucht nach einer Katze names U-235 — und was kommt heraus? Ein ganzer Wurf kleiner Kätzlein namens Neptunium, Plutonium, Uranium 233 oder dergleichen. Die Elemente sind von einer Vehemenz wie der Winter in Chicago. Der Alchemist der grauen Vorzeit, den wir als ersten Nuklearwissenschaftler ansehen können, wünschte sich auf seinem Totenbett nur einen einzigen weiteren Lebenstag, um die Geheimnisse des Universums entdecken zu können. Heute produziert die Wissenschaft Geheimnisse, die sich das Universum nie hat träumen lassen.
Unser Redner weiß etwas von der Wissenschaft, wie sie ist und wie sie einmal sein wird. Er ist Professor für Chemie an der Universität Chicago, Dekan am Pennsylvania State College und Direktor des Battelle Instituts für wissenschaftliche Forschungen in Columbus im Staate Ohio. Er hat als Wissenschaftler in Staatsdiensten und als Herausgeber und Autor gearbeitet. Geboren wurde er in Davenport im Staate Iowa und schloß sein Studium an der Harvard Universität ab. Er vervollkommnete seine Kenntnisse in Rüstungsbetrieben und hat ausgedehnte Studienreisen in Europa unternommen.
Unser Redner ist der Autor und Herausgeber zahlreicher Lehrbücher verschiedener Zweige der Wissenschaft. Sein berühmtestes Buch, *Science for the World of Tomorrow*, erschien, als er der wissenschaftliche Direktor der Weltausstellung in New York war. Als beratender Redakteur von *Time*, *Life*, *Fortune* und *March of Time* hat er mit seinen Erläuterungen über neue wissenschaftliche Erkenntnisse einen großen Leserkreis erreicht. Das Buch *Atomic Age* unseres Redners erschien 1945, zehn Tage nachdem die Bombe auf Hiroshima fiel. Sein Lieblingssatz heißt: »Das Beste haben wir noch vor uns«, und so ist es auch. Ich bin stolz, Ihnen den Schriftleiter von *Science Illustrated* vorstellen zu können: Dr. Gerald Wendt.

Vor einigen Jahren war es eine Art Modekrankheit, den Redner bei der Einführung mit einem Übermaß an Lob zu überschütten. Er wurde von dem vorstellenden Redner mit Lorbeeren und bloßen Schmeicheleien überhäuft.
Tom Collins, der bekannte Humorist aus Kansas City in Missouri, erzählte dem Autor von *The Toastmaster's Handbook*, Herbert Prochnow: »Für einen Redner, der eine humorvolle Rede halten will, ist es tödlich, wenn den Zuhörern angekündigt wird, sie würden sich vor Lachen biegen. Dann ist es besser, einzupacken und nach Hause zu gehen, denn man ist von vornherein ruiniert.«
Aber man sollte auch nicht ins Gegenteil verfallen.
Stephen Leacock erinnert sich, daß er nach einer Einführung zu sprechen hatte, die folgendermaßen schloß:

Heute beginnen wir mit der ersten Vortragsreihe dieses Winters. Der Reihe des letzten Winters war, wie Sie alle wissen, kein Erfolg beschieden. Wir haben tatsächlich am Ende des Geschäftsjahres mit einem Defizit abgeschlossen. So folgen wir in diesem Jahr einer neuen Linie und versuchen es einmal mit billigeren Kräften. Darf ich Ihnen Herrn Leacock vorstellen?

Stephen Leacock kommentiert trocken: »Urteilen Sie selbst, wie man sich fühlt, wenn man sich, als ›billige Kraft‹ etikettiert, vor ein Publikum schleppt.«

SEIEN SIE BEGEISTERT

Führen Sie einen Redner ein, dann ist das *Wie* Ihrer Ausführungen genauso wichtig, wie das, *was* Sie sprechen. Sie sollten um Freundlichkeit bemüht sein. Anstatt zu sagen, wie beglückt Sie sind, sollten Sie bei Ihren Worten wirklich Freude ausstrahlen. Können Sie am Ende Ihrer Vorstellung, wenn Sie den Namen des Redners nennen, Ihre Worte zu einem Höhepunkt führen, so wächst die Spannung, und das Publikum wird den Redner mit stärkerem Applaus empfangen. Diese Entfaltung der freudigen Erwartung der Zuhörer wird auf den Redner einwirken und ihm helfen, sein Bestes zu geben.

Am Ende der Einführung, wenn Sie den Namen des Redners nennen, sollten Sie an die Wörter *Pause, Teilung, Nachdruck* denken. Mit Pause ist gemeint, daß ein kurzer Augenblick völliger Stille vor der Nennung des Namens die Erwartung steigert. Mit Teilung ist gemeint, daß Vor- und Nachname durch ein kurzes Einhalten getrennt werden, so daß die Zuhörer den Namen wirklich klar verstehen können. Mit Nachdruck ist gemeint, daß der Name mit Schwung und Kraft ausgesprochen werden sollte.

Und noch etwas sollten Sie beachten. Ich bitte Sie ausdrücklich: Wenn Sie den Namen des Redners aussprechen, dann wenden Sie sich nicht ihm zu, sondern sehen Sie weiter die Zuhörer an, bis Sie die letzte Silbe des Namens ausgesprochen haben — dann erst wenden Sie sich dem Redner zu. Unendlich oft habe ich erlebt, daß Veranstalter ausgezeichnete Vorstellungsreden gehalten, sie aber am Ende verdorben haben, indem sie sich zum Schluß dem Redner zuwandten und seinen Namen nur zu ihm hin aussprachen; auf die Weise blieb er den Zuhörern völlig unverständlich.

SEIEN SIE WIRKLICH AUFRICHTIG

Leisten Sie sich weder abwertende Bemerkungen noch Witze. Eine augenzwinkernde Art der Einführung wird von manchen Zuhörern leicht mißverstanden. Sprechen Sie warmherzig, aber dennoch aufrichtig, Sie befinden sich in einer gesellschaftlichen Situation, die höchstes Taktgefühl erfordert. Möglicherweise stehen Sie dem Redner freundschaftlich nahe — das ist für die Zuhörer aber nicht der Fall, und die eine oder andere Bemerkung, die Sie in aller Unschuld tun mögen, könnte möglicherweise falsch ausgelegt werden.

DIE ÜBERREICHUNG EINES PREISES

»Es ist bewiesen, daß das tiefste Sehnen des menschlichen Herzens auf Anerkennung und Ehre gerichtet ist.«
Als die Schriftstellerin Margery Wilson diese Worte schrieb, drückte sie ein allgemein gültiges Gefühl aus. Wir alle wünschen uns, im Leben voranzukommen. Wir möchten anerkannt werden. Das Lob eines anderen, und sei es nur ein Wort — ganz zu schweigen von der bei offiziellem Anlaß überreichten Ehrengabe — hebt unsere Stimmung in wahrhaft wunderbarer Weise.
Der Tennisstar Althea Gibson hat dieses »heiße Verlangen des menschlichen Herzens« höchst zutreffend in dem Titel ihrer Autobiographie formuliert. Sie nannte ihr Buch *I Wanted To Be Somebody, Ich wollte Jemand sein.* Wenn wir einen Preis zu überreichen haben, bekräftigen wir, daß der Empfänger *Jemand* ist. Er hat Erfolg mit

einem bestimmten Bemühen gehabt. Er ist des Lobes würdig. Wir sind zusammengekommen, um ihm dieses Lob zu spenden. Was wir sagen, sollte kurz sein, aber wir müssen es sorgfältig überdacht haben. Es mag dem nicht viel bedeuten, der es gewöhnt ist, Ehrungen entgegenzunehmen; aber für weniger vom Glück Begünstigte kann es etwas sein, das ihr ganzes ferneres Leben überstrahlt. Darum sollten wir die Worte, die wir zu diesem Anlaß sprechen wollen, sehr sorgfältig wählen. Hier ist eine bewährte Formel:

1. Sagen Sie, warum diese Ehrung vorgenommen, dieser Preis verliehen wird; vielleicht als Belohnung für langjährige Dienste, für den Gewinn eines Wettkampfes, für eine einzige bemerkenswerte Leistung. Erklären Sie das kurz.

2. Sagen Sie etwas darüber, weshalb die Zuhörer am Leben und der Tätigkeit des Menschen, der hier geehrt wird, interessiert sind.

3. Sagen Sie, wie sehr die Ehrung verdient und wie herzlich die Mitfreude der Anwesenden ist.

4. Beglückwünschen Sie den Empfänger, und sprechen Sie im Namen aller die guten Wünsche für die Zukunft aus.

Nichts ist für diese kleine Rede so wichtig wie Aufrichtigkeit. Das ist jedermann klar, ohne daß darüber viele Worte gemacht werden müssen. Deshalb ist es für Sie, der eine Verleihungsrede zu halten hat, ebensowohl eine Ehre wie für den Empfänger. Die anderen Mitglieder der Gruppe wissen, daß man Ihnen eine Aufgabe zumuten kann, die sowohl Kopf als auch Herz erfordert. Das darf Sie nicht dazu verführen, in gewisse Fehler zu verfallen, die manche Redner machen. Diese Fehler haben mit Übertreibungen zu tun.

In einer Zeit wie der unsrigen ist es leicht, die Tugenden eines Menschen weit über das angemessene Maß hinaus zu übertreiben. Ist ein Preis verdient, so müssen wir das sagen, doch sollten wir keine Worte übermäßigen Lobpreises hinzufügen. Übertriebene Lobesworte sind peinlich für den Empfänger und überzeugen die Anwesenden, die den Fall durchschauen, durchaus nicht.
Genauso sollten wir die Bedeutung der Ehrengabe selbst nicht übertreiben. Statt ihren eigentlichen Wert hervorzuheben, sollten wir lieber Gewicht auf die freundliche Haltung derjenigen legen, die diesen Preis verleihen.

DIE ANNAHME EINES PREISES

Diese Rede sollte sogar noch kürzer als eine Einführung sein. Ganz gewiß sollte man sie nicht auswendig lernen, doch wird es von Vorteil sein, wenn man darauf vorbereitet ist. Wissen wir im voraus, daß uns ein Geschenk überreicht werden soll, so sollten wir nicht um Worte des Dankes verlegen sein.
Nur »Vielen Dank« zu murmeln und »unvergeßlichster Tag meines Lebens«, »noch nie etwas so Wunderbares erlebt« sind banal. Von Herzen kommende Dankbarkeit läßt sich in bescheideneren Worten sehr viel besser ausdrücken. Hier folgt ein Vorschlag, wie man danken kann:
1. Sagen Sie der Gruppe ein herzliches: »Danke schön!«
2. Weisen Sie auf diejenigen hin, die Ihnen geholfen haben — Ihre Mitarbeiter, Angestellten, Freunde oder Familienangehörigen.
3. Sagen Sie, was der Preis Ihnen bedeutet. Ist er einge-

packt, so packen Sie ihn aus und zeigen Sie ihn. Sagen Sie den Anwesenden, wie nützlich oder hübsch er ist und wie Sie ihn verwenden wollen.

4. Schließen Sie mit einem nochmaligen aufrichtigen Ausdruck Ihres Dankes.

In diesem Kapitel haben wir drei spezielle Arten von Reden untersucht. Innerhalb Ihrer Arbeit oder in Zusammenhang mit Tätigkeiten in Organisationen oder Verbänden und Vereinen werden Sie möglicherweise in die Lage kommen, derartige Reden halten zu müssen.

Ich empfehle Ihnen dringend, diese Ratschläge sorgfältig zu befolgen. Dann werden Sie die Befriedigung erleben, zur rechten Zeit die rechten Worte gefunden zu haben.

Kapitel 13

Aufbau der längeren Rede

Kein vernünftiger Mensch würde ein Haus ohne Bauplan bauen. Und warum sollte jemand eine Rede beginnen, ohne die leiseste Ahnung davon zu haben, was er damit erreichen will?
Eine Rede ist eine Reise zu einem Ziel, und sie muß geplant sein. Der Mann, der vom Nichts ausgeht, wird in der Regel auch im Nichts landen.
Ich wollte, ich könnte in leuchtend roten Lettern von unübersehbarer Größe die folgenden Worte Napoleons über jede Eingangspforte der ganzen Welt schreiben, durch die Menschen hindurchgehen, die erfolgreich sprechen lernen wollen: »Die Kriegskunst ist eine Wissenschaft, in der es keinen Erfolg gibt, der nicht zuvor berechnet und überlegt worden ist.«
Das gilt für das Reden genausogut wie für das Schießen. Doch machen die Redner sich das klar? Und wenn es ihnen klar ist, handeln sie danach? Weit gefehlt! Gar manche Rede hat weniger Plan und Gefüge als ein Eintopfgericht. Was ist der erfolgreichste Aufbau für die Darlegung von Gedanken? Das kann niemand sagen, ehe er die Gedanken nicht durchgearbeitet hat. Es ist immer ein neues Problem, eine ständige Frage, die jeder Redner sich wieder und wieder zu stellen und zu beantworten hat.

Unfehlbare Regeln lassen sich nicht aufstellen. Doch können wir auf drei wichtige Teile einer längeren Rede, die zum Handeln aufrufen soll, hinweisen: die Einleitung, um Aufmerksamkeit zu wecken, den Hauptteil und den Schluß. Für jede dieser Stufen gibt es ein paar wohlerprobte Methoden.

GEWINNEN SIE SOGLEICH AUFMERKSAMKEIT

Ich habe einmal Dr. Lynn Harold Hough, den früheren Präsidenten der Northwestern Universität, gefragt, was aus der Sicht seiner langjährigen Redepraxis für einen Vortragenden das Wichtigste sei. Nach einem Augenblick des Nachsinnens erwiderte er: »Einen fesselnden Anfang zu finden; etwas, das sofort die wohlwollende Aufmerksamkeit gewinnt.« Dr. Hough hat mit diesen Worten den zentralen Punkt jeder überzeugenden Rede getroffen: die Frage, wie man gleich mit den ersten Worten seine Zuhörer packt. Hier finden Sie einige Vorschläge, deren Anwendung Ihren ersten Sätzen Aufmerksamkeit verschaffen wird.

Beginnen Sie Ihre Rede mit einem Erlebnis

Lowell Thomas, der als Kommentator, Redner und Filmproduzent einen weltweiten Ruf hat, begann einen Vortrag über Lawrence von Arabien mit folgender Feststellung:

Eines Tages ging ich in Jerusalem die Christliche Straße entlang, als mir ein Mann entgegenkam, der in die prunkvollen Gewänder eines orientalischen Potentaten gehüllt war. An seiner Seite hing das gekrümmte goldene Schwert, das nur die Nachkommen Mohammeds tragen...

Damit hatte er den richtigen Absprung erreicht — durch eine *Geschichte* aus seiner eigenen *Erfahrung*. So fesselt man die Aufmerksamkeit sofort. Diese Art Beginn ist nahezu narrensicher, man kann kaum Schiffbruch damit erleiden. So kommt Bewegung und Schwung in die Rede. Wir folgen dem Redner, weil wir uns selbst in die Geschichte hineinversetzt fühlen und nun wissen wollen, wie sie weitergeht. Ich kenne keine zwingendere Methode, eine Rede zu beginnen, als durch die Erzählung einer Geschichte. Eine meiner eigenen Reden, die ich oft gehalten habe, beginnt mit den Worten:

Ich hatte gerade das College verlassen, als ich eines Abends auf einer Straße in Huron in Süd-Dakota einen Mann sah, der zu einer Menge Menschen sprach. Das machte mich neugierig, daher gesellte ich mich zu der Zuhörerschar. »Wissen Sie«, sagte der Redner, »daß man niemals einen kahlköpfigen Indianer sieht? Oder daß Sie nie eine kahlköpfige Frau sehen? Schön, ich werde Ihnen sagen, warum...«

Kein Herumgerede. Keine »Ankurbelungsphrasen«. Springt man mitten hinein in eine Tatsache, dann hat man es leicht, die Zuhörer zu fesseln.
Ein Redner, der seine Rede mit einer Geschichte aus seiner Erfahrung beginnt, hat festen Boden unter den Füßen, weil er keine Mühe hat, nach Worten und Gedanken zu suchen. Die Erfahrung, auf die er zurückgreift, ist ja seine Erfahrung, ein Teil aus seinem Leben, sein ureigener

Besitz. Das Ergebnis? Eine selbstsichere und entspannte Haltung, die mithelfen wird, ein freundliches Verhältnis zu den Zuhörern herzustellen.

ERREGEN SIE NEUGIER

Powell Healey begann eine Rede im Penn Athletic Club in Philadelphia folgendermaßen:

Es ist zweiundachtzig Jahre her, da erschien in London ein kleines Buch, eine Geschichte, die unsterblich werden sollte. Von vielen Menschen ist es »das größte kleine Buch der Welt« genannt worden. Als es zuerst herauskam, fragten Freunde, die sich am Strand oder auf der Pall Mall begegneten, einander: »Hast Du es gelesen?« Und ohne Unterschied lautete die Antwort: »Ja, Gott segne ihn.« Am Erscheinungstage wurden tausend Exemplare verkauft. Binnen vierzehn Tagen waren es fünfzehntausend. Seither sind ungezählte Tausende von Auflagen erschienen, und das kleine Buch ist in jede Sprache unter dem Himmel übersetzt worden. Vor ein paar Jahren hat J. P. Morgan das Originalmanuskript für eine schwindelnd hohe Summe erworben, und es hat jetzt seinen Platz unter den kostbaren Schätzen seiner berühmten Sammlung von Kunstwerken. Wie heißt dieses weltberühmte Buch? Es ist...

Möchten Sie es wissen? Sind Sie gespannt, mehr darüber zu erfahren? Hat der Redner die wohlwollende Aufmerksamkeit seiner Hörer gewonnen? Haben Sie empfunden, wie dieser Beginn Ihre Aufmerksamkeit gefesselt und Ihr Interesse am Fortgang der Rede gesteigert hat? Warum? Weil er Ihre Neugier entfachte und Sie in Spannung versetzte.
Neugier! Wer ist nicht anfällig für sie?
Sie vielleicht? Fragen Sie jetzt auch, welches Buch das war

und wer der Autor ist? Um Ihre Neugier zu befriedigen: Der Autor ist Charles Dickens, das Buch *Der Weihnachtsabend*.

Neugier erwecken, ist eine bombensichere Methode, das Interesse der Zuhörer zu gewinnen. In meinem Vortrag *Sorge dich nicht — lebe!* versuche ich das auf folgende Weise. Ich beginne: »Im Frühling des Jahres 1871 fiel einem jungen Mann namens William Osler, dem es bestimmt war, ein weltberühmter Arzt zu werden, ein Buch in die Hand. Er las einundzwanzig Worte darin, die eine einschneidende Wirkung auf sein ganzes ferneres Leben hatten.«

Wie lauteten diese einundzwanzig Worte? Und in welcher Weise beeinflußten sie seine Zukunft? Das sind die Fragen, die Ihre Zuhörer bestimmt beantwortet haben möchten.

ERWÄHNEN SIE EINE FESSELNDE TATSACHE

Clifford R. Adams, der Direktor des Eheberatungsinstituts des Pennsylvania State College schrieb im *Reader's Digest* einen Artikel über Partnerwahl unter dem Titel *How to Pick a Mate*. Er begann mit folgenden, aufsehenerregenden Fakten — mit Tatsachen, die atemberaubend sind und einen fesselnden Anfang bieten:

Heutzutage sind die Aussichten, daß junge Menschen ihr Glück in der Ehe finden, tatsächlich äußerst gering. Das Ansteigen unserer Scheidungsrate ist erschreckend. 1940 scheiterte jede fünfte oder sechste Ehe. Für das Jahr 1946 rechnet man damit, daß es jede vierte sein wird. Und wenn diese Entwicklung anhält, wird es in den fünfziger Jahren jede zweite Ehe sein.

Und hier zwei weitere Beispiele, wie man mit fesselnden Tatsachen beginnt:
»Das Kriegsministerium sagt voraus, daß in der ersten Nacht eines Atomkrieges zwanzig Millionen Amerikaner getötet werden würden.«
»Vor einigen Jahren bezahlten die Zeitungen des Scripps-Howard-Konzern 176 000 Dollar, um zu untersuchen, wie Kunden Einzelhandelsgeschäfte beurteilen. Es war die kostspieligste, wissenschaftlichste und umfangreichste Marktuntersuchung, die je über Einzelhandelsprobleme angestellt wurde. Interviewer suchten 54 047 Haushalte in sechzehn verschiedenen Städten auf. Eine der Fragen lautete: ›Was gefällt Ihnen nicht an den Ladengeschäften in dieser Stadt‹?
Fast zwei Fünftel aller Antworten auf diese Frage waren gleichlautend: »Unhöfliche Verkäufer.«
Diese Methode, eine Rede mit aufsehenerregenden Tatsachen zu beginnen, stellt sofort einen Kontakt zu den Zuhörern her, weil sie sie beunruhigt. Sie ist eine Art Schocktherapie. Sie zwingt zum Zuhören, weil sie durch etwas Unerwartetes die Aufmerksamkeit auf das Thema der Rede lenkt.
Die Teilnehmerin eines unserer Kurse in Washington, Meg Scheil, wandte die Methode so meisterhaft an, wie ich es kaum je erlebt habe. Sie begann:
»Zehn Jahre war ich in Gefangenschaft; nicht in einem gewöhnlichem Gefängnis, sondern in einem, dessen Mauern die Sorgen über meine Unzulänglichkeit und dessen Tore meine Angst vor Kritik waren.«
Möchten nicht auch Sie mehr wissen über diese lebensecht geschilderte Erfahrung?
Bei dem Bemühen um den aufsehenerregenden Anfang

einer Rede kann man aber auch übertreiben. Man kann leicht zu sehr dramatisieren und allzu sensationell erscheinen. Das muß natürlich vermieden werden. Ich entsinne mich eines Redners, der seine Rede mit einem Pistolenschuß begann. Aufsehen erregte er in der Tat, doch er beleidigte zugleich die Trommelfelle seiner Zuhörer.
Im Ton sollte Ihr Redeanfang einer Unterhaltung gleichen. Wollen Sie feststellen, ob der Anfang Ihrer Rede tatsächlich so wirkt, können Sie das sehr gut am Mittagstisch ausprobieren. Ist Ihr Redebeginn für eine Unterhaltung am Tisch nicht geeignet, so hat er vermutlich auch nicht die Unterhaltungstonart, die Ihre Zuhörer anspricht. In der Praxis aber ist der Beginn einer Rede, der doch die Aufmerksamkeit des Zuhörers gewinnen sollte, leider oft auch ihr langweiligster Teil. Kürzlich hörte ich einen Redner zum Beispiel so beginnen: »Glauben Sie an Gott, und vertrauen Sie Ihrer eigenen Kraft...« Ein allzu predigthafter Satz, um eine Rede zu beginnen! Doch beachten Sie seinen zweiten Satz, er ist fesselnd, in ihm hört man den Schlag des Herzens: »1918 wurde meine Mutter Witwe und hatte kein Geld, um ihre drei kleinen Kinder zu versorgen.« Warum berichtete der Redner nicht gleich in seinem ersten Satz über die Mühsal, die seine verwitwete Mutter zu tragen hatte, um ihre drei kleinen Kinder durchzubringen?
Wenn Sie Ihre Zuhörer interessieren wollen, dürfen Sie nicht mit einer Einleitung beginnen. Springen Sie vielmehr gleich mitten in Ihre Geschichte hinein.
So hält es Frank Bettger. Er ist der Autor des Buches *How I Raised Myself from Failure to Success in Selling*. Er ist ein Künstler, wenn es darum geht, mit seinem ersten Satz Erwartung und Spannung zu schaffen. Ich

weiß, wovon ich spreche, denn wir haben miteinander alle Staaten Nordamerikas bereist und im Auftrag der United States Junior Chamber of Commerce Vorträge über die Kunst des Verkaufens gehalten. Ich habe die prachtvolle Art, wie er seine Rede über Begeisterung begann, immer bewundert. Da wurde nicht gepredigt. Da wurde nicht belehrt. Da gab es keine Gemeinplätze. Gleich beim ersten Satz war Frank Bettger mit Schwung mitten drin in seinem Thema. Seine Rede über Begeisterung begann er etwa folgendermaßen:
»Ich hatte kaum als Profi im Baseball angefangen, da erhielt ich einen der schwersten Schocks meines Lebens.«
Welche Wirkung hatte dieser Beginn auf seine Zuhörer? Ich weiß es, ich war zugegen, ich sah die Reaktion. Bettger hatte sofort die Aufmerksamkeit eines jeden eingefangen. Jeder war begierig zu erfahren, wie und wodurch ihm dieser Schock versetzt wurde und was er daraufhin unternahm.

BITTEN SIE UM HANDZEICHEN

Eine vorzügliche Möglichkeit, Aufmerksamkeit zu gewinnen, ist die Bitte an die Zuhörer, als Antwort auf eine Frage die Hand zu erheben. So habe ich zum Beispiel meinen Vortrag *Wie man Müdigkeit überwindet* mit der Frage begonnen:
»Darf ich diejenigen unter Ihnen bitten, die Hand zu heben, die der Ansicht sind, daß sie rascher ermüden, als Sie Ihrer Meinung nach sollten?«
Beachten Sie diesen Hinweis: Falls Sie um ein Handzeichen bitten wollen, sollten Sie vorher darauf hinweisen, daß Sie das beabsichtigen. Beginnen Sie nicht etwa fol-

gendermaßen: »Wieviele unter Ihnen sind der Ansicht, daß die Einkommensteuer gesenkt werden sollte? Ich bitte um Handzeichen!« Geben Sie dem Publikum vielmehr die Möglichkeit sich auf diese Befragung vorzubereiten, indem Sie zum Beispiel sagen: »Jetzt möchte ich Sie durch Heben der Hand um die Beantwortung einer äußerst wichtigen Frage bitten. Die Frage lautet: ›Wieviele von Ihnen sind der Ansicht, daß Rabattmarken eine nützliche Erfindung sind?‹«

Die Technik, um ein Handzeichen zu bitten, ruft eine unbezahlbare Reaktion hervor: Sie bezieht die Anwesenden in die Rede ein. Wenden Sie diese Technik an, dann ist Ihre Rede nicht länger eine einseitige Angelegenheit. Die Zuhörer machen mit, sie geben Antwort. Wenn Sie fragen: »Wieviele unter Ihnen ermüden schneller, als sie selbst erwarten?«, denkt jeder über seinen eigenen Fall nach — über sich, seine Kümmernisse, sein Müdewerden. Er hebt die Hand und blickt vermutlich um sich, um zu sehen, wer sich sonst noch gemeldet hat. Er vergißt, daß er einer Rede zuhört. Er lächelt. Er nickt einem Freund zu, der neben ihm sitzt. Das Eis ist gebrochen.

Sie, als Redner, fühlen sich gelöst — und den Zuhörern geht es genauso.

STELLEN SIE EINEN VORTEIL IN AUSSICHT

Versprechen Sie Ihren Zuhörern, daß sie etwas Wünschenswertes erlangen können, wenn sie Ihre Ratschläge befolgen. Sie werden sich dann über mangelnde Aufmerksamkeit nicht zu beklagen haben. Hier folgen einige Illustrationen dessen, was ich meine:

»Jetzt werde ich Ihnen sagen, wie man sich gegen vorzeitige

Ermüdung schützt. Ich werde Ihnen sagen, wie Sie jedem Tag eine Stunde hinzufügen können, wie Sie täglich eine weitere Stunde wach und leistungsfähig sein werden.« »Ich werde Ihnen mitteilen, wie Sie Ihr Einkommen erhöhen können.«

»Ich verspreche, Ihnen einen sicheren Weg zu größerer Popularität zu zeigen, wenn Sie mir nur zehn Minuten zuhören wollen.«

Das Versprechen im Eingangssatz erreicht mit Sicherheit Aufmerksamkeit, weil es das unmittelbare Eigeninteresse der Zuhörer betrifft. Allzu häufig wird es von Rednern versäumt, ihre Themen mit den Interessen der Zuhörer zu verbinden. Statt die Pforte zur Aufmerksamkeit zu öffnen, schlagen sie sie mit langweiligen Eingangsbemerkungen zu. Sie befassen sich umständlich mit der Vorgeschichte des Themas oder quälen sich mit den angeblich zum Verständnis des Themas notwendigen Voraussetzungen ab.

Ich entsinne mich einer Rede, die ich vor einigen Jahren hörte, deren Thema an sich von größter Bedeutung für das Publikum war: Die Notwendigkeit regelmäßiger Gesundheitsüberwachung. Und wie begann der Redner seinen Vortrag? Fügte er der natürlichen Anziehungskraft des Themas einen interessanten Beginn hinzu? Nein! Er fing mit einer farblosen Aufzählung historischer Tatsachen in bezug auf sein Thema an. Dabei wäre die Technik, mit einem Versprechen zu beginnen, so wunderbar passend gewesen. Zum Beispiel:

Wissen Sie, wie hoch Ihre Lebenserwartung ist? Diese Frage können Lebensversicherungsgesellschaften anhand von Tabellen beantworten, die nach Durchschnittswerten von Millionen von Menschen ausgearbeitet worden sind. Sie dürfen damit rechnen, daß Sie zwei Drittel der Zeit zwischen Ihrem jetzigen Alter und achtzig Jahren erreichen werden... Nun, ist Ihnen das genug? Nein, Nein! Wir alle wollen leidenschaftlich gern länger leben, und wir möchten beweisen, daß diese Voraussage falsch ist. Doch wie, werden Sie fragen, läßt sich das erreichen? Wie kann ich mein Leben über die erschreckend kleine Zahl von Jahren hinaus verlängern, die die Statistiker mir zubilligen? Es gibt eine Antwort hierauf, es gibt einen Weg, auf dem Sie das erreichen können, und ich will Ihnen sagen, was Sie zu tun haben...

Ich überlasse es Ihnen zu beurteilen, ob diese Art Beginn das Interesse fesselt, ob es zwingt, dem Redner zuzuhören. Sie *müssen* ihm zuhören, weil er nicht nur über Sie, über Ihr Leben gesprochen, sondern versprochen hat, Ihnen etwas von allerhöchstem, persönlichen Wert mitzuteilen. Keine langweilige Aufzählung unpersönlicher Tatsachen an dieser Stelle. Sich einem solchen Redebeginn zu entziehen, ist nahezu ausgeschlossen.

VERWENDEN SIE EIN SCHAUSTÜCK

Um Aufmerksamkeit zu erlangen, ist es vielleicht das einfachste Verfahren der Welt, etwas hochzuhalten, damit die Leute es anschauen können. Fast jedes Geschöpf, vom einfachsten bis zum kompliziertesten, reagiert auf diese Art von Anstoß. Auch vor dem anspruchvollsten Publikum läßt sich diese Methode häufig mit gutem Erfolg anwenden. S. S. Ellis aus Philadelphia beispielsweise begann eine Rede in einem unserer Kurse einmal so: Er hielt eine Münze zwischen Daumen und Zeigefinger hoch über seinen Kopf. Natürlich schaute jeder hin. Dann fragte er: »Hat einer von Ihnen wohl solch eine Münze

auf der Straße gefunden? Es würde bedeuten, daß der glückliche Finder in dem neu erschlossenen Wohngelände kostenlos ein Grundstück bekäme. Er hätte sich lediglich unter Vorweisen dieser Münze zu melden bei...« Und dann fuhr Mr. Ellis fort und verurteilte die irreführenden und unsauberen Praktiken, mit denen gewissenlose Geschäftsleute auf diese Weise Kunden einfingen.
Alle vorstehend erwähnten Methoden sind empfehlenswert. Sie lassen sich einzeln oder auch miteinander verbunden anwenden. Machen Sie sich klar, daß die Art Ihres Redebeginns weitgehend bestimmt, ob die Hörer Sie und Ihre Botschaft annehmen werden.

VERMEIDEN SIE UNERWÜNSCHTE AUFMERKSAMKEIT

Ganz dringend bitte ich Sie darum, sich daran zu erinnern, daß Sie nicht nur Aufmerksamkeit, sondern *wohlwollende* Aufmerksamkeit gewinnen wollen. Bitte beachten Sie, daß ich *wohlwollend* gesagt habe. Kein vernünftiger Mensch wird damit seine Rede beginnen, daß er sein Publikum beleidigt oder anstößige oder unangenehme Feststellungen trifft, die die Zuhörer gegen ihn und seine Botschaft einnehmen würden. Wie häufig aber kommt es vor, daß Redner gleich zu Beginn die Aufmerksamkeit durch einen der folgenden Einfälle auf sich ziehen wollen.

Die Entschuldigung

Beginnen Sie nicht mit einer Entschuldigung; das wäre kein guter Start. Wie oft haben wir alle schon gehört, daß ein Redner zu Anfang die Aufmerksamkeit auf mangelnde Vorbereitung oder die Nichteignung seiner Person lenkte. Sind Sie nicht vorbereitet, so wird das Publikum das vermutlich auch ohne Ihre Unterstützung merken. Warum sollten Sie Ihre Zuhörer kränken, indem Sie ihnen die Meinung nahelegen, sie seien keiner Vorbereitung wert, sondern bekämen nur ein abgestandenes Gericht aufgewärmt? Nein, Entschuldigungen will niemand hören. Wir wollen unterrichtet und interessiert werden — *interessiert*, behalten Sie das gut. Fesseln Sie die Aufmerksamkeit Ihrer Zuhörer mit dem Anfangssatz, nicht erst mit dem zweiten Satz, nicht mit dem dritten: mit dem allerersten!

Die »witzige« Geschichte

Vielleicht ist es Ihnen aufgefallen, daß ich eine Methode zum Beginn einer Rede nicht empfohlen habe. Eine Methode noch dazu, die bei vielen Rednern sehr beliebt ist: der Beginn mit einer sogenannten witzigen Geschichte. Betrüblicherweise hat der Anfänger das Empfinden, er müsse seine Rede durch einen Witz auflockern und hält sich für einen begnadeten Humoristen. Machen Sie einen großen Bogen um diese Fallgrube — oder Sie werden zu Ihrer Bestürzung feststellen, daß die komische Geschichte viel öfter armselig als erheiternd wirkt. Noch dazu ist sie möglicherweise dem einen oder anderen Zuhörer schon bekannt.

Dennoch ist der Sinn für Humor eine wichtige Hilfe für jeden Redner. Eine Rede muß weder im Ganzen noch im Anfang schwerfällig oder von düsterer Ernsthaftigkeit sein. Ganz im Gegenteil. Wenn Sie die Gabe haben, die Lachmuskeln Ihrer Zuhörer durch einen witzigen Hinweis auf ein örtliches Ereignis oder die Bemerkung eines früheren Redners oder irgendetwas zur augenblicklichen Situation Passendes zu reizen, dann tun Sie das auf jeden Fall. Stellen Sie irgendeine Ungereimtheit fest. Übertreiben Sie sie. Solche Art von Humor wird viel eher zum Erfolg beitragen, als abgestandene Witze über Tünnes und Schäl oder Schwiegermütter oder zerstreute Professoren.

Leichter ist es vielleicht, dadurch Vergnügen hervorzurufen, daß Sie etwas von sich selbst erzählen. Schildern Sie sich selbst in irgendeiner komischen oder peinlichen Situation. Wer über sich selbst lachen kann, zeigt wirklich Humor. Diese Devise befolgt Jack Benny seit Jahren und ist damit einer der erfolgreichsten Radiokomiker. Er macht sich selbst zur Zielscheibe des Spottes, wenn es um seine Geigenkünste geht, seinen Geiz oder sein Alter. Dabei entwickelt er so viel echten Humor, daß seine Beliebtheit von Jahr zu Jahr zunimmt.

Zuhörer öffnen Herz und Verstand Rednern gegenüber, die sich absichtlich herabsetzen, indem sie die Aufmerksamkeit auf Unzulänglichkeiten oder eigenes Versagen hinlenken — in humorvoller Weise natürlich. Versucht man hingegen, als überlegener Fachmann und Besserwisser aufzutreten, so schreckt man seine Hörer nur ab und stößt sie vor den Kopf.

BEGRÜNDEN SIE IHRE HAUPTGEDANKEN

Will man mit einer längeren Rede zu einer Handlung auffordern, so wird man mehrere Gesichtspunkte vortragen. Dabei gilt es stets zu beachten, daß weniger — mehr bedeutet. Sie wirken also am eindringlichsten, wenn Sie nur wenige Gedanken darlegen, diese aber einzeln begründen. In Kapitel sieben wurde eine Methode erklärt, wie man in einer zum Handeln auffordernden Rede den Zweck der Rede hervorhebt. Indem man ihn nämlich durch eine Geschichte — eine Erfahrung aus dem eigenen Leben illustriert. Diese Methode wird deshalb so häufig angewandt, weil sie dem ursprünglichen menschlichen Verlangen nach einer Geschichte entspricht. Ein Geschehnis oder Erlebnis wird vom Durchschnittsredner am häufigsten angewandt; doch ist das durchaus nicht die einzige Möglichkeit, den Zweck der Rede zu begründen. Genauso können Sie Statistiken verwenden, die ja nichts anderes sind als wissenschaftlich geordnete Beispiele; oder ein Expertenzeugnis, eine Analogie, ein Schaustück oder eine Vorführung.

STATISTIKEN

Man verwendet sie, um die Ausmaße bestimmter Vorfälle zu zeigen. Sie können besonders dann beeindrucken und überzeugen, wenn eine isolierte Erfahrung nicht genug aussagt. Die Wirkungskraft der Schluckimpfung gegen Kinderlähmung wurde durch im ganzen Land gesammelte statistische Angaben gemessen. Einzelfälle ihres Versagens waren Ausnahmen, die die Regel bestätigten.

Einer dieser Einzelfälle würde die Unwirksamkeit der Polio-Schutzimpfung ganz bestimmt nicht bestätigen.
Statistiken an sich können ermüdend sein. Sie sollten überlegt verwendet und in eine Sprache gekleidet werden, die sie lebendig und anschaulich machen.
Hier folgt ein Beispiel dafür, wie beeindruckend Statistiken sein können, wenn man sie mit uns vertrauten Dingen vergleicht. Um seine Behauptung zu belegen, unglaublich viel Zeit gehe dadurch verloren, daß viele New Yorker Telefonanrufe nicht prompt annähmen, brachte ein Angestellter folgende Ausführungen:

Von jeweils hundert vermittelten Telefonanrufen dauert es bei sieben Anrufen länger als eine Minute, bis der Hörer abgenommen wird. Auf diese Weise gehen Tag für Tag 280 000 Minuten verloren. Im Laufe von sechs Monaten wird dadurch in New York eine Zeitspanne versäumt, die der Summe aller Arbeitstage entspricht, seit Columbus Amerika entdeckt hat.

Reine Zahlen und Daten sind für sich gesehen niemals eindrucksvoll. Sie müssen illustriert und wenn möglich, auf unsere Erfahrung übertragen werden. Ich entsinne mich eines Lehrvortrages in der gewaltigen Generatorenhalle am Grand Coulee Staudamm. Der Redner hätte uns die Quadratmeterzahlen vom Ausmaß des Raumes geben können, doch das wäre bei weitem nicht so überzeugend gewesen wie die von ihm angewandte Methode. Er teilte uns mit, daß der Raum groß genug sei, um 10 000 Menschen ein Fußballspiel auf einem normalen Spielfeld ansehen zu lassen, und dann würde zusätzlich an beiden Seiten noch Platz für mehrere Tennisplätze bleiben.
Vor vielen Jahren berichtete ein Kursteilnehmer im CVJM in Brooklyn, wie viele Häuser im vergangenen Jahr durch Feuer zerstört worden seien. Er fügte hinzu,

daß diese Häuser, nebeneinander gestellt, eine Reihe von New York bis nach Chicago gebildet hätten. Außerdem sagte er, daß die Reihe der bei diesen Bränden umgekommenen Menschen — bei einem jeweiligen Zwischenraum von einer halben Meile — wieder von Chicago bis New York zurückreichen würde.
Die Zahlen, die er zuerst genannt hatte, vergaß ich fast augenblicklich, doch sehe ich noch heute ohne besondere Mühe die weit über tausend Kilometer lange Reihe brennender Häuser vor mir, obwohl seit der Rede Jahre vergangen sind.

ZEUGNISSE VON FACHLEUTEN

Immer können Sie Ihre Ansichten eindrucksvoll unterstreichen, wenn Sie in Ihrer Rede Expertenzeugnisse heranziehen. Ehe man solche Zeugnisse verwendet, sollte man sich folgende Fragen vorlegen:
1. Stimmt das Zitat, das ich verwenden will, genau?
2. Entstammt das Zitat dem Fachwissen des Betreffenden? Wenn ich ein Wort von Joe Louis über Geldanlagen zitiere, habe ich zwar einen berühmten Mann genannt, aber nicht auf seinem Fachgebiet.
3. Stammt das Zitat von einem Mann, den die Zuhörer kennen und achten?
4. Ist die Feststellung zuverlässig? Spielen weder persönliche Meinungen noch Vorurteile hinein?
Vor vielen Jahren begann ein Mitglied meines Kurses in der Handelskammer von Brooklyn seine Rede über die Notwendigkeit der Spezialisierung mit einem Zitat von Andrew Carnegie. War er dabei wohlberaten? Ja! Denn er zitierte einen Mann, den das Publikum als Fachmann

respektierte. Noch heute ist dieses Zitat wert wiederholt zu werden:

Ich glaube, daß der wahre Weg zu außerordentlichem Erfolg auf jedem Gebiet der ist, sich zum Meister auf diesem Gebiet zu machen. Ich glaube nicht an die Wirksamkeit der Idee, man könne seine Kräfte auf viele Unternehmungen verteilen. Selten habe ich, wenn überhaupt, einen Mann kennengelernt, der vielerlei Interessen nachgegangen ist und dabei großen finanziellen Erfolg hatte — einen Fabrikanten auf jeden Fall nicht. Männer mit Erfolg sind Männer, die eine Richtung eingeschlagen haben und ihr treu geblieben sind.

ANALOGIEN

Eine Analogie ist nach Webster eine *Beziehung der Ähnlichkeit zweier Dinge..., die nicht in der Gleichheit der Dinge an sich besteht, sondern in der Ähnlichkeit ihrer Eigenschaften, Begleitumstände oder Wirkungsweisen.* Der Gebrauch einer Analogie ist eine vorzügliche Methode, um einen wichtigen Gedanken zu untermauern. Es folgt nun der Auszug einer Rede über die *Notwendigkeit größerer Stromerzeugung* von C. Girard Davidson, die er als Staatssekretär im Innenministerium hielt. Beachten Sie die Verwendung eines Vergleichs, einer Analogie zur Begründung seiner Ansicht:

Eine gesunde Wirtschaft muß sich aufwärtsentwickeln, oder sie kommt ins Abtrudeln. Ein Flugzeug bietet sich als Parallele an. Es besteht aus einer nutzlosen Ansammlung von Schrauben und Muttern und anderem Material, solange es am Boden steht. Bewegt es sich aber durch die Lüfte, so ist es in seinem Element und dient nützlichen Zwecken. Um oben zu bleiben, muß es sich vorwärtsbewegen, denn wenn es sich nicht bewegt, so sinkt es. Eine Rückwärtsbewegung ist unmöglich.

Nun folgt eine weitere Analogie, die vielleicht eine der hervorragendsten in der Geschichte der Redekunst ist. Sie wurde von Lincoln verwandt, als er während einer schwierigen Periode im Bürgerkrieg seinen Kritikern antwortete:

Meine Herren, wollen Sie sich bitte für einen Augenblick folgenden Fall vorstellen: Nehmen Sie an, Sie hätten Ihr gesamtes Vermögen in Gold eingetauscht und dieses Gold in die Hände von Blondin, dem berühmten Seiltänzer gelegt, der es auf einem über die Niagarafälle gespannten Seil ans andere Ufer bringen soll. Würden Sie an diesem Seil zerren, während er hinüberschreitet, oder würden Sie ihm zurufen: »Blondin, neigen Sie sich ein wenig tiefer! Gehen Sie ein bißchen schneller!« Nein, ich bin ganz sicher, das täten Sie nicht. Sie würden Ihren Atem anhalten, und Sie würden Ihren Mund halten, und Sie würden das Seil unberührt lassen, bis er sicher am anderen Ufer wäre. Nun ist die Regierung in der gleichen Lage. Sie trägt ein gewaltiges Gewicht über ein stürmisches Meer. Ungezählte Schätze liegen in ihren Händen. Sie macht alles, so gut sie kann. Stören Sie sie nicht! Halten Sie still, und sie wird Sie sicher hinüberbringen.

VORFÜHRUNGEN MIT ODER OHNE SCHAUSTÜCK

Angestellte der Heizungsfirma Iron Fireman brauchten für ihre Kundengespräche ein Hilfsmittel, um anschaulich darzustellen, daß es günstiger sei, den Brennstoff von unten in einen Ofen einzufüllen, statt von oben. Dazu entwickelten sie die folgende simple, aber eindrucksvolle Demonstration. Der Redner zündet eine Kerze an, dann sagt er:

Sehen Sie selbst, wie ruhig die Flamme brennt und wie groß sie ist. Da praktisch der gesamte Brennstoff in Hitze umgewandelt wird, gibt es so gut wie keinen Rauch.

Die Flamme der Kerze wird von unten her mit Brennstoff gespeist — in der gleichen Weise, wie den Iron Fireman Öfen der Brennstoff von unten zugeführt wird. Stellen wir uns einmal vor, diese Kerze würde von oben her gespeist, wie das bei von Hand bedienten Öfen der Fall ist. (Nun dreht der Redner die Kerze um, so daß die Flamme unten ist.)

Riechen Sie den Rauch. Beachten Sie, wie die Flamme zu ersticken droht, wie rot sie infolge der unvollkommenen Verbrennung ist; und schließlich geht sie aus. Das ist das Ergebnis der unzulänglichen Versorgung mit Brennstoff von oben her.

Vor einigen Jahren schrieb Henry Morton Robinson für das Magazin *Your Life* einen interessanten Artikel unter der Überschrift *Wie Anwälte Prozesse gewinnen*. In diesem Artikel beschreibt er, wie ein Anwalt namens Abe Hummer, der eine Versicherungsgesellschaft in einer Unfallsache vertrat, eine handgreifliche und deshalb überzeugende Vorführung gab. Der Kläger, ein Herr Postlethwaite, sagte aus, daß er infolge eines Sturzes in einen Fahrstuhlschacht eine Schulter so stark verletzt habe, daß er den rechten Arm nicht mehr heben könne.

Hummer schien ernstlich bekümmert. »Nun zeigen Sie dem Gericht doch einmal, Herr Postlethwaite«, sagte er herzlich, »wie hoch Sie den Arm noch heben können.« Äußerst vorsichtig erhob Postlethwaite den Arm bis zur Höhe seines Ohres. »Und jetzt zeigen Sie uns einmal, wie hoch Sie ihn heben konnten, ehe Sie verletzt wurden«, drängte Hummer. »So hoch«, sagte der Kläger, und sein Arm schoß zu voller Länge in die Höhe.

Sie können selbst schließen, wie das Gericht auf diese Demonstration reagierte.

In einer längeren Rede, die Handlung bewirken soll, können Sie drei, höchstens vier Hauptpunkte aufführen. In weniger als einer Minute lassen sich diese aufzählen. Sie lediglich vor den Zuhörern zu nennen, wäre töricht und langweilig. Wie haucht man diesen Grundgedanken Leben ein? Das liegt an dem Material, das Sie zu ihrer Entwicklung verwenden. Dadurch kommt sprühendes Leben in Ihre Rede. Durch den Gebrauch von Ereignissen, Vergleichen und Vorführungen machen Sie Ihre wichtigsten Gedanken klar und lebendig. Durch den Gebrauch von Statistiken und Zeugnissen erhärten Sie die Wahrheit und unterstreichen die Bedeutung Ihrer Hauptpunkte.

DER AUFRUF ZUM HANDELN

Eines Tages schaute ich bei George F. Johnson, dem Industriellen und Menschenfreund, herein, um ein paar Minuten mit ihm zu plaudern. Damals war er der Präsident der großen Endicott-Johnson Corporation. Doch noch interessanter war für mich die Tatsache, daß er ein Redner war, der seine Zuhörer zum Lachen und manchmal auch zum Weinen bringen konnte; und oft behielten sie für lange Zeit seine Worte im Gedächtnis.
Er hatte kein Privatbüro. In einer Ecke seiner großen, geschäftigen Fabrik hatte er sich eingerichtet, und seine Art war so schlicht wie sein großer alter Holzschreibtisch. »Sie kommen im richtigen Augenblick«, sagte er, als er aufstand, um mich zu begrüßen. »Ich habe gerade etwas Ungewöhnliches unternommen. Ich habe mir notiert, was ich am Ende einer Rede sagen will, die ich heute Abend den Arbeitern halten werde.«

»Man ist immer erleichtert, wenn man eine Rede fix und fertig vorbereitet hat, vom ersten bis zum letzten Wort«, sagte ich.

»O, ich habe durchaus noch nicht alles genau vorbereitet«, sagte er. »Nur die Hauptidee und die besondere Art, wie ich schließen will.« Er war kein Berufsredner. Er suchte nie nach klingenden Worten oder zierlichen Redewendungen. Doch hatte er aus seiner Erfahrung eines der Geheimnisse erfolgreicher Kommunikation gelernt. Er wußte, daß eine Rede nur gut ist, wenn sie einen guten Abschluß findet. Es war ihm klar, daß der Schluß der Teil einer Rede ist, auf den alles Vorhergesagte hinzielen muß, sollen die Zuhörer beeindruckt werden.

In der Strategie der Rede ist das Ende der wichtigste Punkt, denn die abschließenden Worte klingen in den Ohren nach, wenn man geendet hat; sie werden vermutlich am längsten in der Erinnerung haften. Im Gegensatz zu George Johnson sehen Anfänger selten ein, wie wichtig das ist. Oft lassen die Abschlüsse ihrer Reden viel zu wünschen übrig.

Welches sind ihre häufigsten Fehler? Beschäftigen wir uns mit einigen und suchen nach Abhilfe.

Da ist zunächst der Mann, der mit den Worten schließt: »Das ist alles, was ich dazu zu sagen habe, deshalb sollte ich wohl schließen.« Er verhüllt gewöhnlich seine Unfähigkeit, eine Rede befriedigend zu beenden, mit den Worten: »Ich danke Ihnen.« Das ist kein Abschluß. Das ist ein Mißbrauch. Das schmeckt nach Amateur. Das ist nahezu unverzeihlich. Wenn Sie nichts mehr zu sagen haben, warum hören Sie dann nicht auf und setzen sich. Die Folgerung, daß das alles ist, was Sie zu sagen haben, können Sie mit Zuversicht dem Publikum überlassen.

Dann gibt es den Redner, der alles sagt, was er zu sagen hat, aber nicht weiß, wie man aufhört. Wenn ich mich recht erinnere, war es Josh Billings, der den Rat erteilte, den Stier beim Schwanz statt bei den Hörnern zu packen, denn so könne man ihn leichter wieder loslassen. Dieser Redner aber hat den Stier vorne gepackt und möchte sich gern von ihm trennen. Doch so sehr er sich auch müht, er schafft es nicht, einen hilfreichen Zweig oder Baum zu erreichen. So dreht er sich schließlich im Kreis, wiederholt sich und hinterläßt einen schlechten Eindruck...
Das Heilmittel? Der Abschluß muß irgendwann geplant werden, nicht wahr? Ist es weise, diese Planung vorzunehmen, wenn Sie Ihren Zuhörern gegenüberstehen — während Sie unter der Anspannung des Redens stehen, während Ihr Geist mit dem beschäftigt ist, was Sie sagen? Oder rät Ihnen nicht der gesunde Menschenverstand, daß man das ruhig und gelassen im voraus einplanen sollte? Wie bringt man es fertig, seine Rede mit einem Höhepunkt zu schließen? Dazu mache ich einige Vorschläge:

FASSEN SIE ZUSAMMEN

Hält ein Redner eine längere Ansprache, so ist es leicht möglich, daß den Zuhörern wegen der Fülle des Stoffes die Hauptpunkte nur undeutlich im Gedächtnis haften. Daran denken aber nur wenige Redner. Weil ihnen selbst diese Punkte glasklar vor Augen stehen, nehmen sie irrtümlicherweise an, sie müßten ihren Hörern genauso klar sein. Das stimmt absolut nicht. Der Redner hat ja eine geraume Zeit über diesen Gedanken gebrütet. Doch für seine Zuhörer sind das alles völlig neue Gesichtspunkte, die ihnen wie eine Handvoll Kletten zugeworfen worden sind. Manche mögen haften, doch eine große Zahl ist vermutlich fortgerollt. Es ist wahrscheinlich, daß die Zuhörer nach dem Wort Shakespeares »sich an eine Menge Dinge erinnern — doch an nichts genau«.

Von einem anonymen irischen Politiker heißt es, er habe folgendes Rezept für das Halten einer Rede gegeben: »Sag ihnen zuerst, was du ihnen sagen willst — dann sag es ihnen — dann sag ihnen, was du ihnen gesagt hast.« Es ist oft sehr ratsam, »ihnen zu sagen, was du ihnen gesagt hast«.

Es folgt ein gutes Beispiel eines leitenden Chicagoer Bahnbeamten, der seine Rede mit folgender Zusammenfassung beendete:

Kurzum meine Herren, unsere eigenen Erfahrungen mit der Einführung dieser Bremsen, die Erfahrung mit dem Gebrauch im Osten, Westen und Norden, das gute System, das ihrer Funktion zugrunde liegt, die jährliche Einsparung großer Summen durch Unfallverhütung — veranlassen mich, Ihnen ernstlich und unzweideutig die sofortige Übernahme auch in unserem Südabschnitt zu empfehlen.

Sehen Sie, was er versucht hat? Sie können es sogar sehen und fühlen, ohne den Rest der Rede gehört zu haben. In einundfünfzig Wörtern hat er praktisch alle, in seiner ganzen Rede aufgeführten Punkte zusammengefaßt.

Empfinden Sie nicht auch, daß eine derartige Zusammenfassung nützt? Wenn ja, so übernehmen Sie dieses Verfahren.

FORDERN SIE TATEN

Der soeben wiedergegebene Redeschluß ist auch ein ausgezeichnetes Beispiel für einen Abschluß, der zum Handeln auffordert. Der Redner wollte, daß etwas geschehen soll: die Einführung bestimmter Bremsen im Südabschnitt seines Betriebes. Seinen Aufruf zum Handeln begründete er mit der Einsparung von Geld und mit der Vermeidung von Unfällen. Der Redner forderte Aktion — und er erhielt sie. Es geht hier nämlich nicht um eine Übungsrede. Sie wurde vor der Direktorenversammlung eines Verkehrsbetriebes gehalten, und sie erreichte den Einbau der Bremsklotzvorrichtung, um die der Redner nachgesucht hatte. Wenn Sie mit Ihrer Rede Handlung bewirken wollen, so ist mit Ihren letzten Worten der Zeitpunkt gekommen, die Aufforderung dazu ergehen zu lassen. Also *sagen* Sie, was Sie wollen! Sagen Sie Ihren Zuhörern, daß Sie mitmachen, geben, abstimmen, schreiben, telefonieren, unterschreiben, untersuchen, unterstützen oder was auch immer tun sollen. Beachten Sie dabei aber folgende Regeln:

Fordern Sie etwas Spezielles. Sagen Sie nicht: »Helfen Sie dem Roten Kreuz.« Das ist zu allgemein. Sagen Sie stattdessen: »Senden Sie Ihren Beitrag von einem Dollar noch heute Abend an das Rote Kreuz, in dieser Stadt, Hauptstraße 125.«

Fordern Sie von Ihren Zuhörern etwas, das sie erfüllen können. Sagen Sie nicht: »Stimmen Sie gegen den Dämon Alkohol!« Denn gerade in diesem Augenblick wird ja gar nicht für oder gegen den Alkohol abgestimmt. Sie könnten statt dessen Ihre Zuhörer auffordern, in eine Antialkoholiker-Organisation einzutreten oder sie durch eine Spende in ihrem Feldzug gegen den Alkoholismus zu unterstützen.

Machen Sie es Ihren Zuhörern so leicht wie irgend möglich, Ihre Aufforderung zu erfüllen. Sagen Sie nicht:

»Schreiben Sie Ihrem Abgeordneten und fordern Sie ihn auf, gegen diese Gesetzesvorlage zu stimmen.« Das würden 99 % Ihrer Zuhörer doch nicht tun. Es liegt ihnen nicht wirklich am Herzen. Oder es ist zu mühsam. Oder sie werden es vergessen. Also machen Sie es Ihren Zuhörern leicht und angenehm, das Gewünschte zu tun.
Auf welche Weise? Indem Sie selbst an Ihren Abgeordneten einen Brief schreiben, in dem es heißt: »Wir, die Unterzeichneten, bitten Sie dringlich, gegen die Gesetzesvorlage 74321 zu stimmen.« Lassen Sie den Brief mit einem Kugelschreiber herumgehen. Aller Wahrscheinlichkeit nach werden Sie eine Fülle von Unterschriften erhalten — und möglicherweise Ihren Kugelschreiber einbüßen.

Kapitel 14

Die Anwendung des Erlernten

In der vierzehnten Sitzung meines Kurses habe ich oft mit Vergnügen erlebt, daß Kursteilnehmer berichten, wie sie die Techniken dieses Buches im täglichen Leben angewandt haben. Kaufleute verweisen auf höhere Umsätze, Angestellte auf Beförderungen oder ein erweitertes Aufgabengebiet, und das alles dank der größeren Geschicklichkeit, die sie durch die Anwendung der Regeln für wirkungsvolles Sprechen erwarben.
Es ist, wie N. Richard Diller es in *Today's Speech* ausdrückt: »Die Rede, die Art der Rede, der Umfang der Rede und die Atmosphäre der Rede ... kann zum Herzblut eines industriellen Kommunikations-Systems werden.« R. Fred Canaday, verantwortlicher Leiter der General Motors Dale Carnegie Kurse für erfolgreiche Führerschaft, schrieb in der gleichen Zeitschrift: »Einer der Hauptgründe, warum wir bei General Motors Redekurse für so wichtig halten, ist die Erkenntnis, daß jede Führungskraft mehr oder weniger auch Lehrer ist. Vom Einstellungsinterview an über die Orientierungsphase der Probezeit bis hin zur normalen Diensttätigkeit und möglichen Beförderung: immer wieder muß der Vorgesetzte erklären, beschreiben, zurechtweisen, informieren, wiederholen und die ungezählten Aufgaben besprechen,

die an jeden einzelnen in seiner Abteilung herantreten.«

Wenn wir die mündliche Kommunikation immer besser beherrschen lernen bis zu den Gebieten, die der öffentlichen Rede am engsten verwandt sind — wie Diskussionen und Konferenzen, die Entscheidungen fällen, Probleme lösen und Unternehmenspolitik betreiben — so erkennen wir wiederum, wie die sichere Beherrschung wirkungsvollen Redens, wie dieses Buch sie lehrt, sich auf unser tägliches Sprechen übertragen läßt. Die Regeln für erfolgreiches Sprechen vor Gruppen sind unmittelbar anwendbar auf die Teilnahme an Konferenzen wie auch deren Leitung.

Die Entwicklung der darzustellenden Idee, die Wahl der richtigen Worte und die Überzeugungskraft und Begeisterung bei ihrer mündlichen Darlegung sind die Elemente, die das Leben der Idee bis zum entscheidenden Punkte der Durchführung garantieren. All diese Elemente sind in diesem Buch ausführlich behandelt worden. Dem Leser obliegt es, das Erlernte auf jede Besprechung zu übertragen, an der er teilnimmt.

Sie werden vielleicht fragen, wann Sie damit beginnen sollen, das in den vorausgegangenen dreizehn Kapiteln dieses Buches Erlernte in der Praxis anzuwenden. Es mag Sie in Erstaunen versetzen, wenn ich diese Frage mit einem einzigen Wort beantworte: sofort!

Selbst wenn Sie nicht beabsichtigen, in der nächsten Zeit oder überhaupt je eine Rede in der Öffentlichkeit zu halten, bin ich sicher, daß Sie erkennen werden, wie sich die Prinzipien und Techniken dieses Buches auf das alltägliche Leben anwenden lassen. Wenn ich sage: Fangen Sie *jetzt* an, diese Techniken zu gebrauchen, so meine ich die nächste Gelegenheit, bei der Sie überhaupt sprechen. Wenn Sie Ihr eigenes, alltägliches Sprechen analysieren, so werden Sie überrascht sein, wie sehr sich Ihr tägliches Sprechen und die formale Gedankenübermittlung, die auf diesen Seiten behandelt wurde, gleichen.

In Kapitel sieben wurden Sie aufgefordert, sich eins von vier hauptsächlichen Redezielen vor Augen zu halten, wenn Sie vor Gruppen sprechen; mag es sich nun darum handeln zu informieren, zu unterhalten, von der Richtigkeit Ihres Standpunktes zu überzeugen oder Handlung irgendwelcher Art zu bewirken. Sprechen wir in der Öffentlichkeit, so versuchen wir, diese Ziele deutlich auseinanderzuhalten, sowohl hinsichtlich des Inhalts unserer Rede als auch bezüglich der Art des Vortrages.

Im täglichen Leben sind diese Redeziele fließend, mischen sich miteinander und wechseln im Laufe des Tages. In einem Augenblick mögen wir leichthin, freundschaftlich plaudern — im nächsten schon mögen wir unsere Worte einsetzen, um eine Ware zu verkaufen oder ein Kind dazu zu bewegen, sein Taschengeld zu sparen. Indem wir die in diesem Buch beschriebenen Techniken auf unsere Alltagskonversation anwenden, können wir unsere eigene Wirksamkeit verstärken, unsere Ideen überzeugender übermitteln und andere mit Geschick und Takt motivieren.

VERWENDEN SIE BESTIMMTE EIN-
ZELHEITEN IN DER TÄGLICHEN
UNTERHALTUNG

Sehen wir uns als Beispiel nur einmal eine einzige dieser Techniken an. Erinnern Sie sich, daß ich Sie in Kapitel vier aufforderte, Einzelheiten in Ihrer Rede zu schildern? Auf diese Weise bringen Sie auf interessante und anschauliche Art Leben in Ihre Rede. Selbstverständlich dachte ich dabei vorwiegend an Reden vor einer größeren Zuhörerschaft. Doch ist die Verwendung von Einzelheiten nicht in der täglichen Konversation genauso wichtig? Stellen Sie sich nur für einen Moment die wirklich interessanten Unterhalter in Ihrem Bekanntenkreis vor. Sind das nicht gerade die Menschen, die die Fähigkeit zum bildhaften Reden haben — die ihre Worte mit farbigen, dramatischen Einzelheiten füllen?

Ehe Sie Ihre Rede zum Sprühen bringen können, müssen Sie Selbstvertrauen besitzen. Darum wird fast alles, was in den ersten drei Kapiteln dieses Buches gesagt ist, Ihnen im Verkehr mit anderen Menschen zu größerer Sicherheit verhelfen. Spüren Sie erst einmal das Verlangen, Ihre Gedanken in begrenztem Rahmen zu äußern, dann werden Sie bald auch anfangen, in Ihrer Erfahrung Umschau zu halten nach Ideen und Tatsachen, die eine Unterhaltung beleben. Nun beginnt etwas ganz Wunderbares: Ihr Horizont weitet sich, und Sie erfahren, wie Ihr Leben neuen Inhalt gewinnt. Hausfrauen, deren Interessen möglicherweise ein wenig einseitig geworden waren, haben mit großer Begeisterung geschildert, was geschah, als sie anfingen, ihre Kenntnisse von Redetechniken in kleinen Gesprächsgruppen anzuwenden. »Ich habe erkannt, daß mein neuentdecktes Selbstvertrauen mir den Mut gab, mich bei gesellschaftlichen Anlässen zu Wort zu melden«, berichtete Frau R. D. Hart ihren Mitschülern in Cincinnati, »und ich begann mich für aktuelles Geschehen zu interessieren. Statt mich beim Hin und Her der Debatte zurückzuziehen, nahm ich lebhaften Anteil daran. Aber nicht nur das, sondern alles, was ich tat, wurde Wasser auf die Mühle der Unterhaltung, und ich gewann Interesse an einer Fülle neuer Tätigkeiten.«

Für einen Lehrer ist Frau Harts dankbarer Bericht nichts Überraschendes. Sobald der Wunsch, zu lernen und das Erlernte anzuwenden, erregt worden ist, beginnt eine ganze Kettenreaktion, die die gesamte Persönlichkeit belebt. Ein Schwungrad der Leistung ist in Bewegung gesetzt worden; man bekommt, wie Frau Hart, das Gefühl der Erfüllung. Und das alles einfach dadurch, daß man nur eines der in diesem Buch gelehrten Prinzipien angewandt hat.

Obgleich nur wenige unter uns von Beruf Lehrer sind, verwenden wir doch alle die Rede während vieler Gelegenheiten im Laufe des Tages, um andere zu unterrichten. Als Eltern belehren wir unsere Kinder, als Nachbarn erklären wir anderen eine neue Methode, Rosen zu beschneiden, als Reisende tauschen wir Ansichten über die günstigsten Verbindungen aus — fortwährend finden wir uns in Gesprächssituationen, die Klarheit und Logik des Gedankens, Lebhaftigkeit und Schwung des Ausdrucks erfordern. Was in Kapitel acht hinsichtlich der unterrichtenden Rede gesagt wurde, ist auf diese Situation ebenfalls anwendbar.

ERFOLGREICHES SPRECHEN IM BERUFSLEBEN

Wenden wir uns jetzt der Kommunikation zu, soweit sie unser Berufsleben beeinflußt. Als Kaufleute, leitende Angestellte, Bürokräfte, Abteilungsleiter, Lehrer, Geistliche, Krankenschwestern, Ärzte, Anwälte, Wirtschaftler, Techniker ist uns allen die Verantwortung auferlegt, spezielle Wissensgebiete zu erläutern und berufliche Anweisungen zu geben. Unsere Fähigkeit, diese Anweisungen in klarer, prägnanter Sprache zu übermitteln, mag oft der Maßstab sein, nach dem unsere Vorgesetzten unser Können beurteilen. Rasches Denken und gewandte Ausdrucksweise sind Fähigkeiten, die beim Vortragen informierender Reden unerläßlich sind. Doch sind diese Fähigkeiten durchaus nicht auf die formelle Rede beschränkt. Sie können Tag für Tag von jedem von uns angewandt werden. Die Notwendigkeit der Klarheit in der geschäftlichen und beruflichen Rede unserer Tage wird ganz deutlich, wenn wir an die Flut von Redekursen denken, die heute in Industrie, Verwaltung und Berufsorganisationen abgehalten werden.

SUCHEN SIE GELEGENHEITEN, IN DER ÖFFENTLICHKEIT ZU SPRECHEN

Durch die Anwendung der Prinzipien dieses Buches in Ihrer täglichen Unterhaltung werden Sie die größten Erfolge ernten. Doch sollten Sie außerdem jede Gelegenheit wahrnehmen, öffentlich zu sprechen. Wie stellt man das an? Indem man einer Vereinigung, einem Club beitritt, in dem die öffentliche Rede in irgendeiner Form gepflegt wird. Werden Sie kein passives Mitglied, kein »stiller Teilhaber«. Stürzen Sie sich in die Arbeit, helfen Sie mit. Die meisten derartigen Posten sind leicht zu haben. Sehen Sie zu, daß Sie bei der Programmgestaltung mitarbeiten können. Das wird Ihnen die Gelegenheit bieten, sich mit guten Rednern in Ihrem Wohnort bekanntzumachen, und ganz sicher werden Sie aufgefordert werden, Einführungsreden zu halten.

Arbeiten Sie so schnell wie möglich eine Zwanzig- oder Dreißig-Minuten-Rede aus. Benutzen Sie die Ratschläge dieses Buches als Richtschnur. Lassen Sie Ihren Club oder Ihre Organisation wissen, daß Sie auf eine Rede vorbereitet sind. Bieten Sie Ihre Dienste entsprechenden Stellen Ihrer Stadt an. Freiwillige Redner für gemeinnützige oder wohltätige Zwecke werden immer gesucht. Man wird Sie mit dem Handwerkszeug für die jeweilige Gelegenheit ausstatten, und das wird eine große Hilfe bei der Vorbereitung Ihrer Rede sein. Viele gute Redner haben auf diese Weise begonnen. Einige von ihnen haben große Berühmtheit erlangt. Denken Sie beispielsweise an den Radio- und Fernsehstar Sam Levenson, dessen Dienste im ganzen Lande begehrt sind. Er war Oberschullehrer in New York. Nebenberuflich begann er, kurze Reden zu halten über das, was ihm am vertrautesten war — seine Familie, Verwandte, seine Schüler und die ungewöhnlichen Seiten seines Berufes. Diese Reden erregten Aufsehen, und bald wurde er so oft aufgefordert zu sprechen, daß sich Schwierigkeiten in seiner Lehrtätigkeit einstellten. Doch zu dieser Zeit wirkte er bereits als Gast bei

Rundfunksendungen mit; und es dauerte nicht lange, bis Sam Levenson seine Talente ausschließlich auf dem Gebiet der Unterhaltung einsetzte.

SIE MÜSSEN DURCHHALTEN

Lernen wir irgend etwas Neues, Französisch etwa oder Golf spielen oder Reden in der Öffentlichkeit, so werden wir niemals stetige Fortschritte machen. Die Kurve unseres Erfolgs steigt nicht stetig an; sie wird manchmal steil nach oben zeigen, manchmal abfallen und manchmal auf gleicher Höhe verharren. Diese Perioden der Stagnation oder des Rückschrittes sind allen Psychologen wohlbekannt, sie haben ihnen die Bezeichnung »Lernplateaus« gegeben. Wer lernen will, wirkungsvoll und erfolgreich zu sprechen, wird manchmal, vielleicht für Wochen, auf einem dieser Haltepunkte verweilen. Und obwohl er so hart wie möglich daran arbeitet, diesen Stillstand zu überwinden, scheint es doch unmöglich, voranzukommen. Der Schwache verzweifelt und gibt auf. Die Mutigen und Entschlossenen beharren, und sie erleben, daß sie plötzlich, ohne zu wissen wie oder warum, einen großen Fortschritt machen. Wie mit Schwingen heben sie sich von dem Haltepunkt empor und gewinnen Natürlichkeit, Stärke und Überzeugungskraft in Ihrer Rede.

Immer wieder mag es geschehen, daß Sie, wie es auf diesen Seiten wiederholt geschildert wurde, in den ersten Augenblicken, in denen Sie Ihren Zuhörern gegenüberstehen, von einer Woge der Furcht, von einem Schock, von nervöser Ängstlichkeit betroffen werden. Das haben selbst die größten Musiker trotz ungezählter öffentlicher Auftritte erlebt. Paderewski fingerte stets unmittelbar, ehe er sich an den Flügel setzte, nervös an seinen Manschetten herum. Doch sobald er zu spielen begann, verflüchtigte sich das Lampenfieber so rasch wie Nebel im Sommersonnenschein.

Sie werden seine Erfahrung teilen. Wenn Sie nur standhaft bleiben, werden Sie sehr bald alles überwinden, auch diese Anfangsfurcht — denn es wird nur eine Anfangsfurcht sein, weiter nichts. Schon nach den ersten Sätzen werden Sie sich wieder unter Kontrolle haben. Ja, Sie werden mit echtem Vergnügen sprechen.

Einst schrieb ein junger Student der Rechtswissenschaften an Lincoln und bat ihn um Rat. Lincoln antwortete: »Wenn Sie nur ernstlich entschlossen sind, Rechtsanwalt zu werden, so haben Sie es schon mehr als zur Hälfte erreicht... Halten Sie sich stets vor Augen, daß Ihr eigener Entschluß, Erfolg zu haben, wichtiger ist als irgend etwas anderes.«

Lincoln wußte, was er sagte. Er hatte das alles selbst durchgemacht. In seinem ganzen Leben hatte er insgesamt nur ein Jahr lang die Schule besucht. Und Bücher? Lincoln berichtete einmal, daß er im Umkreis von 50 Meilen von seinem Zuhause jedes erreichbare Buch ausgeliehen habe. Gewöhnlich brannte die ganze Nacht hindurch ein Holzfeuer in der Hütte. Manchmal las er beim Schein dieses Feuers. Zwischen den Balken der Hütte klafften Spalten, oft schob er ein Buch dort hinein. Sobald es am Morgen hell genug war, um die Buchstaben erkennen zu können, zog er das Buch aus dem Spalt und las es mit verzehrendem Eifer.

Er ging dreißig, ja vierzig Kilometer zu Fuß, um einem

Redner zuzuhören. Zurückgekehrt, übte er seine Reden überall — auf den Feldern, in den Wäldern, vor der Menge, die sich vor dem Kramladen von Jones in Gentryville zusammengefunden hatte. Er trat in Literatur- und Debattierclubs in New Salem und Springfield ein und übte sich im Reden unter Verwendung aktueller Ereignisse. In Gegenwart von Frauen war er schüchtern. Als er um Mary Todd warb, pflegte er verschämt und schweigsam im Wohnzimmer zu sitzen; er war nicht fähig Worte zu finden, sondern hörte dem zu, was sie sagte. Und doch war das der Mann, der sich durch unermüdliches Üben und Selbsterziehung zu dem Redner machte, der mit dem besten Rhetoriker seiner Tage, Senator Douglas, debattierte. Das war der Mann, der in Gettysburg und dann mit seiner zweiten Antrittsrede zu Höhen der Redekunst aufstieg, die in der Geschichte der Menschheit nur selten erreicht wurden.

So ist es kaum verwunderlich, daß Lincoln angesichts seiner eigenen schrecklichen Hemmungen und bedauernswerten Kämpfe schrieb: »Wenn Sie nur ernstlich entschlossen sind, Rechtsanwalt zu werden, so haben Sie dieses Ziel schon mehr als zur Hälfte erreicht.«

Im Büro des Präsidenten im Weißen Haus hängt ein vorzügliches Bild von Abraham Lincoln. »Oft, wenn ich eine Entscheidung zu fällen hatte«, sagte Theodore Roosevelt, »etwas Verwickeltes und schwer zu Durchschauendes, etwas mit widersprechenden Rechten und Interessen, dann habe ich auf Lincoln geschaut und versucht, ihn mir an meiner Stelle vorzustellen und herauszufinden, was er in meinem Falle wohl getan hätte. Sie mögen das merkwürdig finden — aber es schien tatsächlich so, daß sich meine Probleme dann leichter lösen ließen.«

Warum wollen Sie es nicht ebenso machen wie Roosevelt? Warum wollen Sie nicht, wenn Sie sich entmutigt fühlen und meinen, Sie sollten es aufgeben, ein guter Redner zu werden, auch die Frage überlegen: Was würde Lincoln unter diesen Umständen tun? Sie wissen, was er tun würde. Sie wissen, was er tat. Nachdem er von Stephen A. Douglas als Mitbewerber für den Senat der Vereinigten Staaten geschlagen worden war, mahnte er seine Anhänger »nicht aufzugeben, weder nach einer noch nach einhundert Niederlagen«.

SEIEN SIE IHRER BELOHNUNG GEWISS

Ich möchte Sie dazu bringen können, daß Sie dieses Buch jeden Morgen so lange aufgeschlagen vor sich auf den Frühstückstisch legen, bis Sie die folgenden Worte von Professor William James auswendig wissen:

Kein junger Mensch ängstige sich um das Endresultat seines Ausbildungsweges, in welcher Richtung dieser auch führen mag. Nutzt er nur jede Stunde seines Arbeitstages ehrlich aus, so braucht er keinen Gedanken an das Resultat zu verschwenden. Mit absoluter Sicherheit kann er darauf zählen, daß er eines schönen Morgens erwachen und sich unter den Fähigen seiner Generation finden wird — welchen Beruf er auch immer gewählt haben mag.

Und nun werde ich mit der Unterstützung des berühmten Professors William James so weit gehen zu sagen, daß Sie, wenn Sie nur unentwegt mit Einsatz Ihrer Intelliligenz das durchführen, was dieses Buch Ihnen empfiehlt,

vertrauensvoll darauf hoffen dürfen, eines schönen Morgens als einer der fähigen Redner Ihrer Stadt oder Ihrer Gemeinde zu erwachen.
Ganz gleich, wie märchenhaft Ihnen das klingen mag: *als Grundprinzip ist es wahr.* Ausnahmen gibt es natürlich. Ein Mensch mit beschränkter Geisteskraft und Persönlichkeit, der nicht weiß, worüber er sprechen soll, wird sich nicht zu einem berühmten Redner entwickeln. *Doch vernünftig verstanden, trifft diese Zusicherung wirklich zu.*
Lassen Sie mich das illustrieren: Der ehemalige Gouverneur Stokes aus New Jersey nahm am Abschiedsessen eines unserer Kurse in Trenton teil. Er äußerte, daß die Reden, die er an diesem Abend gehört hatte, ebenso gut gewesen seien wie die Ansprachen im Repräsentantenhaus und im Senat in Washington. Diese »Reden« in Trenton wurden von Geschäftsleuten gehalten, die noch wenige Monate zuvor wegen Lampenfieber gestottert und gestammelt hatten. Sie waren keine werdenden Ciceros, diese New Jerseyer Geschäftsleute — sie waren die typischen amerikanischen Geschäftsleute, wie man sie in jeder Stadt findet. Und doch konnten sie eines Tages feststellen, daß sie sich zu den fähigen Rednern Ihrer Stadt, wenn nicht des ganzen Landes rechnen durften.
Buchstäblich Tausende von Menschen habe ich kennengelernt und sorgfältig beobachtet, wie sie sich um Selbstvertrauen und die Fähigkeit, in der Öffentlichkeit zu sprechen, bemühten. Nur in einigen wenigen Fällen waren die, die Erfolg hatten, Menschen von ungewöhnlichen Geistesgaben. Die meisten gehörten zu dem durchschnittlichen Typ des Geschäftsmannes, wie Sie ihn in Ihrer Heimatstadt auch finden. Aber sie blieben bei der Stange.

Außergewöhnliche Menschen wurden manchmal entmutigt oder waren allzusehr ins Geldverdienen verwickelt; sie erreichten nicht sehr viel. Doch der normalbegabte, zielstrebige Mensch fand sich am Ende des Weges auf dem Gipfel.

Das ist nur menschlich und natürlich. Sehen Sie nicht, wie sich genau dasselbe ständig in der Geschäfts- und Berufswelt ereignet? John D. Rockefeller sen. hat gesagt, die erste Voraussetzung für Erfolg im Geschäft sei Geduld und das Wissen, daß der Lohn am Ende sicher sei. Das ist gleichermaßen eine der Grundvoraussetzungen für den Erfolg in wirkungsvollem Sprechen. Vor einigen Jahren brach ich im Sommer auf, um einen Berg in Österreich, den Wilden Kaiser, zu besteigen. Im Baedekker steht, der Aufstieg sei schwierig, und der Neuling bedürfe eines Bergführers. Mein Freund und ich hatten keinen Führer, und wir waren ganz gewiß Neulinge. Deshalb fragte man uns, ob wir tatsächlich hofften, es zu schaffen.

»Natürlich«, antworteten wir.

»Wie kommen Sie dazu, das zu denken?« wurde weiter gefragt.

»Andere haben den Aufstieg schon ohne Führer gemacht«, sagte ich, »also weiß ich daß es innerhalb der Möglichkeiten liegt. Und ich unternehme nie etwas mit dem Gedanken an eine Niederlage.«

Das ist die richtige Psychologie für alles — von der Rede bis hin zum Angriff auf den Mount Everest.

Wie groß Ihr Erfolg sein wird, bestimmen weitgehend Ihre Gedanken vor Ihrer Rede. Stellen Sie sich deshalb vor, wie Sie mit vollkommener Selbstbeherrschung und Sicherheit zu Ihren Hörern sprechen.

Es liegt in Ihrer Hand, das zu tun. Glauben Sie an Ihren Erfolg. Glauben Sie fest daran, und Sie werden vollbringen, was zum Erfolg führt.

Im Bürgerkrieg führte Admiral Dupont ein halbes Dutzend vorzüglicher Gründe auf, warum er sein Kanonenboot nicht in den Hafen von Charleston geführt habe. Aufmerksam lauschte Admiral Faaragut der Aufzählung. »Aber es gab noch einen weiteren Grund, den Sie nicht genannt haben«, entgegnete er.

»Was meinen Sie?« fragte Admiral Dupont.

Die Antwort war: »Sie glaubten nicht, daß Sie es fertigbringen würden.«

Das Wertvollste, was die meisten unserer Kursteilnehmer durch das Training im Kurs erwerben, ist ein gestärkter Glaube an sich selbst, ein stärkeres Vertrauen auf die Fähigkeit, mehr erreichen zu können. Was ist auf fast allen Gebieten wohl wichtiger für einen Erfolg?

Emerson schrieb: »Nichts Großes ist je ohne Begeisterung erreicht worden.« Das ist weit mehr als eine wohlgesetzte Phrase — es ist der Wegweiser zum Erfolg.

William Lyon Phelps ist vermutlich der beliebteste und populärste Professor gewesen, der je an der Yale Universität gelehrt hat. In seinem Buch *The Excitement of Teaching* sagt er: »Für mich ist Lehren mehr als eine Kunst oder eine Beschäftigung. Es ist Passion. Ich liebe es zu lehren, wie ein Maler es liebt zu malen, wie ein Sänger das Singen, ein Poet das Schreiben liebt. Ehe ich am Morgen das Bett verlasse, denke ich mit hellem Entzücken an meine Studenten.«

Ist es verwunderlich, daß ein von Enthusiasmus für seinen Beruf erfüllter, ein von der vor ihm liegenden Arbeit so freudig erregter Lehrer Erfolg hatte? Billy Phelps übte einen ungeheuren Einfluß auf seine Studenten aus, vor allem durch die Liebe und Begeisterung, die er in seine Lehrtätigkeit legte.

Wenn Sie mit Begeisterung daran gehen, wirkungsvoller sprechen zu lernen, werden Sie erfahren, daß die Hindernisse auf Ihrem Wege verschwinden. Das ist ein Aufruf an Sie, all Ihr Können, all Ihre Kraft auf das Ziel guter Kommunikation mit Ihren Mitmenschen zu richten. Denken Sie an das Selbstvertrauen, die Sicherheit, die Ausgeglichenheit, die Sie gewinnen werden. Denken Sie an das Gefühl der Meisterschaft, das aus der Fähigkeit entspringt, Aufmerksamkeit zu fesseln, Gemütsbewegungen zu bewirken, eine Gruppe zum Handeln zu bewegen. Sie werden feststellen, daß Ihre Fähigkeit, sich gut ausdrücken zu können, Ihnen auch andere Fähigkeiten einbringen wird. Denn die Übung im wirkungsvollen Sprechen ist der sicherste Weg zum Selbstvertrauen in allen Bezirken des Lebens.

In dem Handbuch für die Leiter des Dale Carnegie Kurses stehen folgende Worte: »Wenn Kursteilnehmer entdecken, daß sie die Aufmerksamkeit einer Hörerschaft fesseln können und das Lob des Lehrers und den Beifall der Klassenkameraden verdienen, dann entwickeln sie einen Mut, eine innere Kraft und Ruhe, die sie nie zuvor gekannt haben. Das Ergebnis? Sie unternehmen Dinge und führen sie durch, die sie nie für möglich gehalten hätten. Es verlangt sie, vor Gruppen zu sprechen. Sie nehmen aktiv an Geschäft, Beruf und öffentlichen Aufgaben teil und entwickeln sich zu Führungskräften.«

In den vorhergehenden Kapiteln wurde oft von Führungskräften gesprochen. Klare, wirkungsvolle und betonte Ausdrucksfähigkeit ist in unserer Gesellschaft eines der Kennzeichen von Führungskräften. Diese Ausdrucksfähigkeit muß alle Äußerungen regieren, vom privaten Gespräch bis hin zur öffentlichen Erklärung. Bei richtiger Anwendung wird der Inhalt dieses Buches helfen, Führungseigenschaften zu entwickeln — in der Familie, in der Kirchengemeinde, in öffentlichen Organisationen, im Geschäftsleben und in der Regierung.

Rückblick auf Teil Fünf

WIRKUNGSVOLLES SPRECHEN EINE HERAUSFORDERUNG

Kapitel 12

Die Einführung von Rednern – Verleihung und Annahme von Preisen

Bereiten Sie genau vor, was Sie sagen wollen
Verwenden Sie die T-I-S-Formel
Seien Sie begeistert
Seien Sie wirklich aufrichtig
Die Überreichung eines Preises
Die Annahme eines Preises

Kapitel 13

Aufbau der längeren Rede

Gewinnen Sie sogleich Aufmerksamkeit
Beginnen Sie Ihre Rede mit einem Erlebnis
Erregen Sie Neugier
Erwähnen Sie eine fesselnde Tatsache
Bitten Sie um Handzeichen
Stellen Sie einen Vorteil in Aussicht
Verwenden Sie ein Schaustück
Vermeiden Sie unerwünschte Aufmerksamkeit
Die Entschuldigung
Die »witzige« Geschichte
Begründen Sie Ihre Hauptgedanken
Statistiken
Zeugnisse von Fachleuten
Analogien
Vorführungen mit oder ohne Schaustück

Der Aufruf zum Handeln
Fassen Sie zusammen
Fordern Sie Handlung

Kapitel 14
Die Anwendung des Erlernten
Verwenden Sie bestimmte Einzelheiten in der täglichen Unterhaltung
Erfolgreiches Sprechen im Berufsleben
Suchen Sie Gelegenheiten, in der Öffentlichkeit zu sprechen
Sie müssen durchhalten
Seien Sie Ihrer Belohnung gewiß

INHALT

Einführung   5

Teil Eins

Grundsatzliches über wirkungsvolles Sprechen

  1. Das Erwerben der Grundkenntnisse   11
  2. Selbstvertrauen entwickeln   31
  3. Wirkungsvoll sprechen — schnell und leicht gelernt   50

Teil Zwei

Die Rede, der Redner und die Zuhörer

  4. Das Recht zum Sprechen   69
  5. Die Rede lebendig machen   89
  6. Die Botschaft den Zuhörern übermitteln   101

Teil Drei

Das Ziel der vorbereiteten und der unvorbereiteten Rede

  7. Die kurze Rede, die zum Handeln auffordert   121
  8. Die informierende Rede   143
  9. Die überzeugende Rede   161
  10. Stegreifreden   177

Teil Vier

Die Kunst der Kommunikation

  11. Die Rede vortragen   193

Teil Fünf

Wirkungsvolles Sprechen — eine Herausforderung

  12. Die Einführung von Rednern — Verleihung und Annahme von Preisen   211
  13. Aufbau der längeren Rede   227
  14. Die Anwendung des Erlernten   253

DALE CARNEGIE KURS FÜR KOMMUNIKATION UND MENSCHENFÜHRUNG

Wir beglückwünschen Sie zur Wahl dieses bemerkenswerten Buches. Sie werden sicher davon profitieren. Vielleicht haben Sie dann den Wunsch, mehr über die Verwirklichung dieser Leitsätze für ein besseres und erfüllteres Leben zu erfahren. Informieren Sie sich über den Dale Carnegie Kurs für Persönlichkeitsentfaltung, Kommunikation und Menschenführung (Kontaktanschriften siehe Rückseite).

Das vorliegende Buch wurde ursprünglich von Dale Carnegie für seine Kurse geschrieben. Mehr als 110.000 Menschen haben im vergangenen Jahr in 56 Ländern an Dale Carnegie Kursen teilgenommen. Dieses ungewöhnliche Programm der Erwachsenenbildung brachte ihnen beruflichen sowie persönlichen Erfolg und dadurch größere Befriedigung. Der Dale Carnegie Kurs vermittelt Selbstverwirklichung im besten Sinne des Wortes.

Hauptziele

1. Größeres Selbstvertrauen in einer Atmosphäre der Anerkennung entwickeln.
2. Mit anderen Menschen in Familie, Beruf und Gesellschaft besser auskommen.
3. Seine Gedanken auch vor einer Gruppe klar und überzeugend ausdrücken.
4. Lohnende Ziele durch den bewußten Einsatz von Begeisterung erreichen.
5. Streß und Sorge auf positive und wirkungsvolle Weise bewältigen.
6. Mehr Lebensfreude entwickeln durch die Vorbereitung auf größere Aufgaben.

DALE CARNEGIE KURSE

Programme für Handel und Industrie

Persönlichkeit und Führungsqualität
Dale Carnegie Kurs für Kommunikation und Menschenführung.

Motiviertes Verkaufen
Das Dale Carnegie Verkaufstraining ergänzt Talente und Sachkenntnisse des Mitarbeiters im Außendienst. Die Methoden dieser Ausbildung werden von Verkäufern zahlreicher Firmen erfolgreich angewandt.

Zielorientiertes Management
Das Dale Carnegie Management Seminar behandelt grundlegende Führungsfertigkeiten, damit gesetzte Ziele tatsächlich erreicht werden. Großer Nachdruck wird auf die Menschlichkeit rechten Managements gelegt.

Bessere Zusammenarbeit und Kundenbeziehungen
Dieses kombinierte Programm besteht aus 14 Bausteinen, die nach den individuellen Bedürfnissen der Zielgruppen ausgewählt werden. Schwerpunkte sind innerbetriebliche Zusammenarbeit oder wirksamer Umgang des Verkaufspersonals mit den Kunden.

Workshops für kreative Mitarbeit
Kurzseminare für firmeninterne Veranstaltungen, Tagungen und Konferenzen zu einer Vielzahl von Themen aus dem Betriebsalltag.

Auskunft erhalten Sie:

Deutschland: DIETER ALTEN, Wasmannstr. 15, D 2000 Hamburg 60, Telefon 040/691 43 72

Schweiz: Human Resources Development JOHN R. VETSCH, Fähnlibrunnenstraße 15, CH 8700 Küsnacht, Telefon 01/910 49 03

Dorothy Carnegie

Das Leben meistern

In diesem Buch werden Eigenschaften gefordert, die heutzutage nicht hoch im Kurs stehen. Und doch werden wir als Einzelne oder auch als Gesellschaft unsere Probleme nur dann lösen, wenn wir sie mit nüchterner Selbsteinschätzung und Verantwortungsbereitschaft anpacken. Partnerschaft kann nur gedeihen, wenn wir den anderen um seiner selbst willen ernst nehmen und mit liebevoller Rücksicht behandeln. Schließlich kann keiner ewig jung bleiben und muß sich rechtzeitig mit dem Älterwerden auseinandersetzen.

Die Verfasserin, lange Jahre in der Erwachsenenbildung tätig, untermauert ihr Plädoyer für menschliche Reife durch viele Beispiele aus ihrer Praxis.

Unbequem mögen manche Empfehlungen klingen, notwendig und hilfreich sind sie auf jeden Fall.

ISBN 387470-341-X
Ln. DM 28.–